中国百村调查丛书

『九五』国家社会科学基金重点项目

『十五』国家重点图书出版规划项目

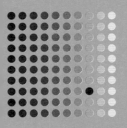

中国古村调查

中国古村调查

中国百村调查丛书·落儿岭村

大别山口的美丽家园

Beautiful Homeland at the Pass of Dabie Mountains

主　编／王开玉
　　　　束学龙
副主编／郑保华
　　　　方金友

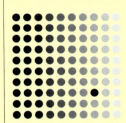

社会科学文献出版社
SOCIAL SCIENCES ACADEMIC PRESS (CHINA)

主　　　　编／王开玉　束学龙

副　主　编／郑保华　方金友

课 题 指 导／韦　伟　马元飞　黄家海　盛志刚　宋　蓓

课 题 组 长／束学龙　王开玉

课题组副组长／郑保华　方金友

课 题 组 成 员／王宏兵　殷民娥　周　艳　宋文娟
　　　　　　　　　吴　丹　王　莉

参加本书编写的还有安徽省市场经济研究会"新型城市化课题组"

各 章 撰 写 者／导　言　　　王开玉

　　　　　　　　第一章　　　王宏兵　方金友

　　　　　　　　第二章　　　王开玉

　　　　　　　　第三章　　　方金友

　　　　　　　　第四章　　　周　艳

　　　　　　　　第五章　　　周　艳　吴　丹　余勤琴

　　　　　　　　第六章　　　吴　丹

　　　　　　　　第七章　　　殷民娥

　　　　　　　　第八章　　　郑保华

　　　　　　　　第九章　　　章玉政

　　　　　　　　第十章　　　宋　蓓

　　　　　　　　第十一章　辛朝惠　严方才　杨仕奎　夏　波

　　　　　　　　第十二章　宋文娟

　　　　　　　　结　语　　　束学龙

附 录 1　　农村居民家庭访谈问卷分析　方金友　吴　丹

附 录 2　　余本仁　苏启贵　文家庭　陈庆泉　储晓军

访谈录　　王开玉等

教育

课题组访谈

居民住宅

纸厂生产车间

整齐的落儿岭村街道 ←——————————

纸业污水处理池

落儿岭村略图

落儿岭村纸业 ——————————→

谨以本书献给改革开放三十周年

中国百村调查丛书总编辑委员会

总　　序

　　中国百村经济社会调查，是继全国百县市经济社会调查之后，又一项由中国社会科学院组织协调的大型社会调查研究项目。进行这项大规模调查研究的目的，是为了加深对我国国情的认识，特别是为了加深对我国现阶段农民仍占总人口70%的农村社会的认识。

　　1988年初，中共中央宣传领导小组提出，为了拓宽拓深对社会主义初级阶段理论的认识，要进行国情调查。中国社会科学院接受承担了这项工作，指派专业人员进行策划、拟定开展国情调查的方案，并于1988年4月在全国社科院院长联席会议上，向全国社会科学界发出了"开展县情市情调查"的倡议，得到了各省、市、自治区社会科学院、党校、高校和政策研究机构的响应和支持，并得到国家社会科学基金会的资助，被列为"七五"国家哲学社会科学重点课题（以后又列为"八五"国家哲学社会科学重点课题），从此，此项大规模的国情调查就在全国31个省、市、自治区开展起来。

　　1988年8月，在全国范围内选定了41个县市作为国情调查的第一批调查点。8月在郑州召开了首次国情调查协调会议，会议主题是讨论如何开展此项调查，怎样选点、怎样调查、调查内容和调查方法，与会代表对此项国情调查的重要意义目标作了进一步的讨论，还就如何组建调查专业队伍等问题交流经验；会议还讨论修定了统一的县、市情调查提纲和调查问卷。

　　1989年5月24～25日在南京召开了第二次国情调查协调会议。会议是在南京师范大学校园里开的，由当时中国社科院分管政法社会学片的副院长郑必坚同志主持，会议集中讨论了本次国情调查成果的编写方针问题，与会者结合已写成的《定州卷》等初稿，进行了热烈争论。最后确定，国情丛书的编写方针是，以描述一个县（市）1949 年以来，特别是改革开放以来的政治、经济、社会、文化的发展状况为主的学术资料性专著。实事求是，以描述为主，要具有科学研究价值、实用价值。会议还决定，本丛书正式定名为《中国国情丛书——百县市经济社会调查》。

1990 年 8 月在北京西郊青龙桥军事科学院招待所召开了第三次国情调查协调会议。出席这次会议的有总编委会的主要成员和各地分课题组的负责人共 80 余人。会前中国社科院党组决定了总编委会的组成人员，主编丁伟志，副主编陆学艺、石磊、何秉孟、李兰亭，何秉孟和谢曙光为正副秘书长。经过多方协商，丛书由中国大百科出版社出版，出版社总编辑梅益等领导同志给予了极大的支持，并于 1991 年成立以谢曙光同志为主任的中国国情丛书编辑部，专事于这套丛书的编辑出版工作。该编辑部后来成为总编委会事实上的日常办事机构。

本次会议的主题是研讨如何定稿。丁伟志同志在会上提出了这套丛书要在坚持正确的政治方向的同时，坚持严肃认真的科学态度，从实地调查到写作、定稿都要贯彻真实、准确、全面、深刻的方针，并为此作了详细的阐述。经过讨论，大家一致通过这个方针，认为这是实现这项大型经济社会调查既定目标的保证，也是检验每项调查、每本书稿的标准。为了保证丛书的质量，会议还确定，各地的书稿定稿后，先送总编委会，由总编委会指定专家进行审阅，通过后再交出版社编辑出版。本次会议还就第二批调查点的布点问题作了认真部署。

青龙桥会议以后，各课题组对初稿按总编委会的要求进行了认真的修改，第一批书稿陆续送到北京。经何秉孟同志为首的专家审稿组的认真审阅，丛书编辑部编辑加工，第一本《中国国情丛书——百县市经济社会调查·定州卷》在 1991 年 4 月正式出版。20 世纪 30 年代，社会学家李景汉教授曾写过《定县社会概况调查》，定州卷则是描述了 30 年代以来特别是 1949 年以后 40 多年的经济社会的变迁状况。

1991 年 4 月，总编委会在河北省香河县中国科学院大气物理所的工作站召开了第四次国情调查协调会议。其时，国情调查的第二批点 21 个县市的调查已在各地展开，会上总结了国情调查 3 年来的经验和教训，对第一批点还未定稿的几个县市作了如何扫尾的安排，对第二批点的调查和写作提出了规范化的要求，特别强调从第二批点开始，都要求对城乡居民进行 500～700 户的问卷调查，今后问卷由总编委会统一印制，抽样、调查方法由总编委会数据组统一规定。经过大家讨论，认为强调县市调查要有居民家庭问卷调查，这是使本项调查更加科学规范，并能获得更深层第一手资料的保证。大家一致同意，从第二批调查点起，没有城乡居民家庭问卷调查及其数据分析的，不能通过评审和出版。会议上总编委会对第三批调查作了部署。

　　1991 年 9 月总编委会在中国社科院报告厅举行了《中国国情丛书——百县市经济社会调查》定州卷、兴山卷、诸城卷、海林卷、常熟卷首批 5 卷成果发布会。丛书总编委会顾问邓力群、中国社科院副院长刘国光、著名学者陈翰笙等专家学者与上述 5 卷的主编和调查点的党政负责同志共百余人出席了会议。著名经济学家董辅礽、文献专家孙越生等学者对丛书首批成果作了评述。专家们对这项大型国情调查首批出版的成果都表示了充分的肯定和赞赏。从此，这套丛书就在国内外公开发行。

　　1993 年 7 月，总编委员会在中央党校召开了第六次国情调查协调会议。在会前，考虑到此项国情调查已经进行了 6 年，各地涌现了一批从事此项调查的专业骨干，他们都有继续长期进行国情调查，并作进一步研究的希望和要求，为了便于交流和研讨问题，经过酝酿并得到中国社会科学院的批准，决定成立中国社会科学院国情调查研究中心，由陆学艺任主任，何秉孟、谢曙光为副主任，北京和各地的一部分专家（多数是从事此项调查的）为研究员，聘请丁伟志、邢贲思为顾问。在协调会议期间国情调研中心举行了成立大会。此次协调会主要是研究讨论并解决调查点的调研、写作中的问题。考虑到前两批点，调查已经完成，但由于研究分析和写作、统稿等方面的原因，有些卷的质量达不到要求（有连续三次退回修改的），而调查的材料已有 3～4 年了，所以会议要求，第一、二批点未完成写作任务的，都要求再做新的调查，要把近几年的变化写进去。会议还布置了第四批点的调查。

到 1994 年底，有约 50 个县市完成了调研和写作，出版了 30 余卷。就全国范围说，100 个县市调查的布点工作已经结束，但各地的课题组仍在继续进行调研和审稿工作。开始时总编委会商定，每个省市自治区根据人口区划的不同，部署 2～5 个调查点，要求选取不同经济发展程度，不同类型（山区、丘陵、平原等）和有各种代表性的县市，以求全面、准确的反映整体国情。1995 年以后，总编委会根据各地调研的实际情况，又陆续批准了一些新调查点，以求填平补齐，使布点尽可能达到合理。另外还有一些是由于丛书出版以后，社会反响很好，有些市、县的领导主动要求列为调查点，如新疆的吐鲁番市、广东的珠海市等，总编委会根据总的布局平衡，也批准了一些新点，所以到最后全国一共布点 108个。

1994 年以后，总编委会的几位同志曾先后到湖北、新疆、广西、辽宁、山东、广东、江苏、云南、江西、海南、黑龙江等省区，同当地社科院、党校的同志一起走访了这些省区被调查点县市的领导和群众，听取他们对丛书的意见，也参加一部分书稿的评审会或出版后的发布会。各地对本丛书调研、写作和出版都很重视，给予了很高的评价，有不少卷被当地评为社会科学优秀著作，得了奖。

从 1988 年 2 月，中国社会科学院开始酝酿组织这项大型国情调查时起，直到 1998 年 10 月到最后一卷出版，历时 10 年零 8 个月，终于完成了这项国情调查任务，这是中国自 1949 年以来进行的少数几次大规模经济社会调查之一。先后共出版了 105 卷，总数 4000 多万字。后来，经过总编委会和国情丛书编辑部的同志开会评议、协商，从中减去了五本。所以，最后送交全国社会科学基金会作为最终成果的是一百本。当时预定的目标，是希望通过对 100 个县市经济社会政治文化等方面的调查，对 1949 年以后特别是改革开放以来所取得的成就以及现代化建设中面临的各种矛盾、问题进行全面系统的调查研究，从多种角度、各个层面来提供第一手的真实准确的资料和数据，以便进一步摸准摸清我国的基本国情，拓宽加深对于社会主义初级阶段理论的认识。可以说，这个目标是基本实现了。这100本国情丛书，每一本都是以描述一个县（或市）的历史和现实发展状况为主的学术资料性专著，它既可以作为制定政策和发展战略的依据，也可以作为全面研究基本国情或研究社会科学某一方面专题的资料，亦可作为进行国情教育的基础参考书，所以这套丛书既具有实用价值，又有科学研究价值。因为它是在20世纪80年代～90年代真实记录分布在全国31个省市自治区的各种类型，各种发展水平的100个县（市）的实际状况和发展轨迹，这些资料来之不易，十分珍贵，所以这套丛书又具有保存价值，历史愈悠久，其价值愈可贵。

国情丛书出版以后，受到国内外学术界的欢迎，认为这是社会科学界的一项很重要的学术资料基本建设，具有十分重要的学术价值。广东省社科院的一位领导说，将来这套丛书的资料和数据能培训一大批博士、硕士出来。实际工作部门的同志也很欣赏，诸城市委的领导，在读了《诸城卷》之后，认为这部书是诸城的百科全书，应该是诸城干部特别是市委市府的领导干部必读的书，对熟悉市情，对做好工作，以及对外交流都很有意义。中国社会科学院在建院20周年，评选建院以来优秀成果时，给《中国国情丛书——百县市经济社会调查》颁发了特别荣誉奖。

国情丛书总编委会原来有个设想，在100个县市情调查告一段落以后，要组织相应的课题组，对这100个县市调查提供的资料和数据，分门别类，进行纵向的专题研究，写出如农业、工业、社会、文化、教育、科技等专题研究专著，最后进行综合研究，写出集大成的国情分析报告。90年代中期曾经启动过几项专题研究，但因人力、财力等各方面的原因，此项研究计划并没有付诸实施，这是美中不足的一个方面，有待以后弥补。

1996年当百县市调查基本告一段落的时候，课题组内外的一部分专家提出，百县市经济社会调查是一项重大的学术成果，对认识国情有很重要的价值。但一个县市，上千、几千平方公里，几十万、上百万人口，所以，对县市经济社会的调查，总体上属于中观层次的调查。对农村基层情况的调查还是比较少。而中国是一个农民占绝大多数的大国，改革开放以后，农村率先改革，这 20 年，农民变化最大，农村基层社会变化最深刻，这是决定中国社会主义现代化命运的基础，是弄清国情必不可少的。如能在百县市情调查的基础上，再做 100 个村的调查，从微观层次上对这些村、乃至村里的每个农户在改革开放以来的变化状况加以调查，经过分析，全面系统地加以描述，形成村户调查的著作，这就更有意义了。百村调查是百县市经济社会调查的姐妹篇，两者结合起来研究，将相得益彰，对加深认识中国的基本国情，就更加完整了。对此建议，总编委会的几位同志经过几次研究，认为这个意见很好，而且很及时。于是做了两件工作：一是组织一个课题组，到河北省三河市行仁庄进行试点调查，形成村的调查提纲，调查问卷和写作方案，以便为将来开展此项调查作准备；二是在 1997 年 7 月写出了《中国国情丛书——百村经济社会调查》的课题报告，向国家社科基金会申请立项，基金会的领导同志认为这个创意很好，很有价值。但因为此时国家社科基金"九五"重点课题都已在 1996 年评审结束，立项时间已过，不好再单独立项。后来经过总编委会同国家社科基金会反复协商，基金会考虑到百县市经济社会调查课题组很好地完成了任务，考虑到再作一次百村调查是百县市国情调查的继续，很有必要。所以，于 1998 年 10 月特殊批准了百村经济社会调查这个课题，补列为国家社科基金"九五"重点项目，并专门下批文确认，批文为 98ASH001 号。

"百村经济社会调查"立项后，就受到各地社会科学界，特别是原来进行百县市经济社会调查的单位和专业工作者们的欢迎，至今已经有 30 多个单位组织了课题组，并已陆续选点、进点，开展了村情的调查。

"百村经济社会调查"的目的，同样还是为了加深对全国基本国情的认识，特别是要对全国农村、农民、农业的现状和发展有一个科学的认识。"不了解中国农民，就不了解中国社会"至今仍不失为至理名言。现阶段的农民境况到底怎样？他们在做什么？想什么？特别是他们将来会怎样变化？中国的农村将怎样实现社会主义现代化？不同地区的状况是不同的。我们要通过对不同地区、不同类型、不同发展程度的农村进行调查研究，来描述反映中国 50 年来农村、农业、农民变化的状况。

行政村是中国农民世世代代繁衍生息的最基本的地域单元，也是构成中国农村社会最基础层次的政治单元。20 世纪 80 年代中期以后，农村实行了村民自治，由全体村民直接选举村长和委员，组成村民自治委员会。实行民主选举，民主决策，民主管理，民主监督。10 多年来，中国的村民自治已经做出了很大的成绩，积累了很多经验，造就了农村社会安定有序的政治局面，所以，党的十五届三中全会称赞村民自治是中国农民的又一个伟大创造。

行政村还是一个事实上的经济实体。它的前身是人民公社下属的生产大队。原来在政社合一体制下，既有组织生产经营的经济功能，又有行政功能。改革以后，农村实行家庭联产承包责任制，在生产大队一级组织村民自治委员会。法律规定，村委会是土地集体所有的承担者，是土地的发包单位。这些年实践的结果有多种情况，一种是有些集体经济比较雄厚的村，在村民自治委员会以外，还组建有农工商公司或（合作）经济委员会，同受村党支部（或党委）领导，村是一个比较完整的经济实体，但这类村是少数。现在全国绝大多数村的状况，村已不是完整的集体经济、生产经营单位，村作为集体所有土地的发包单位，把土地（包括山林等）分包给农户，农民家庭成为自主生产经营的实体。其中的一部分行政村，还有一部分经济职能，对农业生产实行统一灌水排水、统一机耕、统一供种、统一植保等社会服务。而在经济不发达和边缘山区，行政村连这类社会化服务也办不到，只是一个基层的行政单位和土地发包单位。

农村实行家庭承包责任制以后，已经 20 多年了，总的发展是好的，农村有了很大的变化，但各地区村庄的发展过程和发展状况千差万别，农户分化的状况也是千差万别。我们这项百村经济社会调查，就是要通过对这 100 个村及其农户的调查，对这些村自 1949 年以来，特别是改革开放以来的政治、经济、社会、文化的变化过程、变化状况"摸准、摸清"，经过综合分析，通过文字、数据、图表把这个村过去和现在的状况如实地加以描述，既能通过这个村的发展展示农村 50 年、20 年来发展的一般规律，也能展示这个村特有的发展轨迹。

现在展示在大家面前的是一套与《中国国情丛书——百县市经济社会调查》有着天然联系的关于现实中国农村的调查研究成果，经与制版者反复酝酿，最后定名为《中国百村调查丛书》，后缀所调查的村名。每本书有一个能概括该村庄内在特质的书名，如行仁庄是一个内发型村庄为基本特质的村落类型，我们就把这一卷定名为《内发的村庄》。

《中国国情丛书——百村经济调查》同样是一项集体创作、集体成果。参加这项大型国情社会调查的，有国家和各省、市、自治区的社会科学院、大学、党校以及党政研究机构的社会科学工作者，同被调查地区的党政领导干部相结合，并得到他们的支持和帮助，并且要由被调查行政村的干部和群众的积极配合，实行专业工作者，党政部门的实际工作者和农民群众三结合，才能共同完成这项科学系统的调查任务。

《中国百村经济社会调查》

总编辑委员会

2000 年 12 月

目　录

目　录

目 录

目 录

导　　言

巍巍大别山，横卧中原。十万大山绵延鄂豫皖三省，是革命的摇篮。山上山下散布着成百上千的村落。安徽省霍山县落儿岭村就坐落于大别山山口，本书的话题就是从这个村开始的。

感悟：新红军精神的价值追求

早在 30 年前，我刚调到省里工作期间就经常随领导去大别山区，那里是革命老区，每次去都能给我带来新的感动。至今仍让我难以忘怀的是这里的"三个十万"：十万名优秀的革命儿女为革命献出了年轻的生命；十万亩良田献给了佛子岭等水库作为蓄水池；十万人民远离了世世代代生活的家园。那个时候我去大别山，在路上就能看到山民出去逃荒，一家人的财产不够一张板车拉的，板车后面常跟着两只小狗、小猫，看着很让人心酸和伤感。革命老区在革命时期为国家作出了巨大的贡献，在和平年代，国家也没有忘记这些红色根据地。国家给过很多优惠政策，向这些地区投入了大量资金，希望能够帮助老区人民脱贫致富，使很多地方富裕了起来，但在有的地方这种"输血式扶贫"并没有能从根本上改变老区的落后状况；由于缺乏适应市场经济发展的人才，这些扶贫工厂生产出来的产品不能适应市场的需要，缺乏市场竞争力，工厂很快就倒闭了。革命老区的发展一直牵动着我们的心。

在陆学艺老师、何秉孟老师主持的"中国百村调查"课题中，从第一次会议我们成立"中国百村调查安徽课题组"开始,我参加了每一次会议。中国百村调查课题组在全国各地选择了不同类型的村庄。在安徽,我首先想到的就是大别山区。因为老区农村的治穷致富一直是农村现代化中人们关注的焦点。一方面我自己希望能进一步了解老区现在的发展情况,另一方面我也希望能通过研究者的努力,找出一条治穷致富之路,推动老区的发展。我的这种思考得到了陆学艺老师和社会科学文献出版社社长谢寿光先生的认可。霍山县现任县委书记束学龙同志一直在基层山区担任领导工作,我们有着多年的交往,他升任霍山县委书记后,我就把我的想法与他商量了一下,他很热情地介绍了山区近年来的发展情况,并很快向我推荐了落儿岭村。如果说科研工作的开始,我感兴趣的是研究命题本身,只是希望能找到一个样本来验证我研究最初的假设,而这个样本最好是具有普遍性意义的。在课题组深入落儿岭村以后,我们渐渐被这个村子本身所具有的"典型性"所吸引。这个革命老区的人民不仅传承了红军的血脉,更在改革的浪潮中培育了可贵的"新红军精神",造就了新一代新型农民。

　　一代人有一代人的使命,红军在革命时期把人们从苦难中解放了出来,如今,红军精神在新时期被赋予了更加丰富的内涵。治穷致富,使人民富裕起来,在老革命根据地的基础上建设一个美好家园是老区干部群众的新目标。新红军精神的内核首先表现为"解放思想、敢走新路"。面对发展的困境,落儿岭村人靠自己走出了一条治穷致富之路。从最早的一个手工作坊造纸,到六任村书记前赴后继、走南闯北为村办纸厂谋发展,把一个手工作坊,打造成为产值达到1.3亿多元的现代化纸厂,在这个过程中,他们培育了明确的、超前的工业意识。"工业强村"是家家户户的共识。他们一次次打破常规的发展,不仅体现了这个村与众不同的发展理念,更给落儿岭的人民带来了真实惠。在促进经济发展上,落儿岭村的干部和群众不遗余力。落儿岭人的工业意识,特别是成功地实现了从集体到合作的转变的成就,促进了经济和社会的同步发展,成功地走出了一条乡村工业化的道路。

　　怀着强烈的使命感和责任感,落儿岭村的历任书记一心一意、苦干实干。新红军精神的内核还表现为"不畏艰难、群策群力"。新中国成立以来,该村的六任村支书有四任都依然健在。四位书记分别经历了落儿岭村工业的萌芽、起步、发展改制和继续发展等重要的历史时期，他们不但见证了落儿岭村从一个封闭的小山村一步步成长为亿元村的历史进程，也分别在不同的时期对村级经济的发展作出了各自重要的贡献。六任书记共同打造了这个20世纪90年代全市第一个"亿元村"，还是一个"贫困县"里的"亿元村"。更为难得的是，作为村干部，任职期间他们为纸厂的发展找门路、找技术、找市场，耗尽了心血。他们努力奉献，不谋私利。就他们本人的能力、智慧和拥有的资源，他们都可能成为腰缠万贯的私营企业家，但他们都选择了和落儿岭人民一起共同建设美丽家园，而且在他们离任村支书时，他们也从村级企业里退出，不再担任企业里的任何职务，与家长制的乡村管理模式完全不同，这也正是落儿岭村在不同的历史时期，不同的社会经济体制下都能得到长效发展的重要原因之一。在历任书记的心里，纸厂是集体的，纸厂发展了，村民的生活水平提高了是他们的职责与心愿。如今，老书记们退休了，纸厂每个月给历任老书记发200元钱，钱不多，还不如纸厂普通职工的退休工资，但表达了对纸厂发展中作出贡献的老人们的敬意！

在课题组调查的时候，历任书记中的年长者已经是85岁高龄了，但老人家身体仍很健朗，思维也很清晰。通过对四任书记的访谈，我们对该村各个历史时期所发生的重要事件就有了一个详细、真实的了解：这个村革命时代出了两位老红军，改革开放后，来自农村层的第一位全国政协委员就是曾任这个村村支书的文家庭；这个村不仅有着革命老区的背景，还有着从集体到合作的现代工业在乡村发展的路径；这个村不仅有年产值达1.3亿元的造纸厂，还是省级示范的生态村。四十多年前，"文化大革命"期间，村里党组织并没有瘫痪，党费照收，党组织还开展了一些日常性的活动，这对维护村庄的稳定，减少村民生产生活的损失都产生了重要的作用，对维持企业的正常运转也起到一定的积极影响，这在全国都是不多见的。而三十多年前，落儿岭村还是一个高度集体化的村庄，"家庭联产承包责任制"还是由一名副省长亲自坐镇监管才推行下去的。之所以能逐步取得如此的成绩，落儿岭村最好的经验就是在建设美丽家园中，以农民为主体，尊重农民的愿望；把农民当作创造新生活的主人。落儿岭村从改革初期高度集体化的小山村已经逐步发展较为开放，村域经济比较发展，村民比较富裕的新型村庄，农民也从传统的农业工作者发展成为社会主义新农村的建设者——新型农民。

落儿岭村的发展离不开这个村从村民到村干部的新红军精神的价值追求。我们特地探访了这个村两位退伍红军老战士的后代。这两位老红军分别名是陈昌付、姜时春。陈昌付的儿子已经60多岁，孙子陈明贵、陈明山也已经步入中年。长孙陈明贵在合肥一家私营企业担任中层管理职务；次孙陈明山身体不好，就在落儿岭村生活，全家靠其妻子承包镇政府食堂为主要经济来源。姜时春的两个儿子姜义伦、姜义明都已迁往合肥，我们电话采访了姜义明，得知他下岗已经有一阵子了，准备自己开出租车谋生。他们都是红军的后代，但没有依靠这种"身份"在下岗后寻求政府更多的扶持，而是坚持自主创业，艰苦奋斗，相信勤劳致富的朴素道理。这种自强的理念也正是落儿岭村发展的内在强有力的竞争力。

回望：乡村工业化的发展道路

在我国的城市化道路中，有一条农民工进城转化为市民的路子。我国农村区域差异很大，落儿岭村在城市化的进程中走的是乡村工业化的城镇化之路。落儿岭村是落儿岭镇政府所在地，该村第二、第三产业的发展使落儿岭镇的经济实力迅速增强，服务体系日渐完备。本书描绘了革命老区落儿岭走向城镇化的路径，这一路径是我国城镇化的一种类型。更重要的是在乡村工业化的过程中，造就了一批新型农民。

改革开放三十年来，处于大别山山口的霍山县落儿岭村走出了一条治穷致富之路，被称为"山口经济的明珠"。如今，落儿岭村村域经济的发展已经达到两亿元，生态环境优良，中等收入者占到大多数。社会建设也发展很快，一批能够带领农民发展生产、进入市场、增加收入的社会组织成长起来。一个山区村落的发展，也在体现着"地球村"的理念。落儿岭村在谋求发展的道路上有过挫折，但却成功地走出了一条乡村工业化的发展路径。

我国农村剩余劳动力的转移是必然的趋势。农民就业和城市化道路是联系在一起的。农民流动到城市就业，成为农民工是一条路子。乡村工业化把农村的剩余劳动力转化为人力资源也是一条路子。核心都是把农村的剩余劳动力转化为人力资源，打造新型农民。乡村的建设和乡村的工业化迫切需要培养造就有文化、懂技术、会经营的新型农民。种田地只是农民的一种职业，他们还可以兼业务工、经商、搞农产品经营等多种职业兼营。兼业农民已经成为落儿岭乡村工业化的主体力量。

落儿岭的工业萌芽于造纸业，从手工作坊到村办小工厂再到股份合作制企业的发展历程，使落儿岭村人从封闭一步步走向开放，企业在改革开放和市场竞争中提升了竞争力。从乡村视野到国际眼光，企业的发展与落儿岭人的思想解放密不可分。这个造纸厂的产品远销东南亚、南美等地，工厂的技术力量汇集了全国各地造纸业和技术的精英，大部分来自北京、山东，工厂所用原料也有从美国进口的废纸，称为"美废"。这个纸厂的产品销往东南亚等地区。我们能够看到改革开放以来，发展得比较好的乡村工业和好的技术力量、世界性的市场都是联系在一起的。一个封闭的山区小厂在产权和体制上经历了多少变革才实现了今日的成就？一次次的改革都有怎样的历史背景？突破了哪些束缚？实现了怎样的发展？这都是我们本书中所想要回答的问题。

乡村工业化也带动了当地城镇化的发展。经过多年的发展，落儿岭村的工业经济在全镇的经济发展中逐步占据主导地位，多年来已形成了造纸、彩印包装、铸造加工、小水电四大支柱产业。现有工业企业38家，其中产值超亿元的企业1家，工商税收占全镇财政收入的90%以上，农民人均从企业获得的工资收入占其纯收入的40%以上，成为全县乃至皖西的亮点。在工业经济中，个私民营经济是一支强劲的生力军，推动着落儿岭镇经济的快速发展；近年来，许多企业能人投身到发展工业经济的大潮中，大批乡镇私营企业脱颖而出，走出了一条城镇化之路。

落儿岭镇镇政府就位于落儿岭村内，距县城15公里。该镇地处山口要塞，扼皖鄂之襟喉，山里5个乡镇的人流、物流均由此进出，区位优势突出。随着落儿岭村工业化的发展，造就了落儿岭工业重镇的雏形，这个镇逐渐发展为工业经济逐步占据主导地位的山区乡镇。这里资源丰富，拥有大面积的竹园、杉木林、坑木林，被全国绿化委授予"全国造林绿化百佳乡镇"；拥有6座小水电站，总装机容量2890千瓦；中药材和桑茶资源丰富，拥有广阔的天麻基地、皖贝母基地、药百合基地、生态有机茶基地和蚕桑基地；此外还有五桂峡绝壁、挂龙尖、六万晴霞等神秘诡怪的自然奇观。落儿岭村工业经济的快速发展也推动了落儿岭镇农业产业化进程加快。蚕桑、中药材、养殖业等短平快项目迅速扩展，推出了一批具有落儿岭特色的生态品牌产品，如"翠岭兰香"挂龙尖黄芽、"致富牌"葛粉、落儿岭冬笋、祝家铺天麻等，农业经济获得了长足发展，逐步成为全县的经济强镇。在本书即将完稿最后一次去村里访谈的时候，镇里的干部介绍说，该镇新的规划已经批了下来，规模比现在要扩大一倍。

描述：共建和谐的美丽家园

落儿岭村地处大别山区，在众山环抱中与自然界显得那么亲近，潺潺溪水，清澈见底。1995 年 9 月 18 日温家宝总理曾经来到村里，喝了村里的茶后说：这里的水好。众山之上，满目青翠，青山绿水间彰显和谐景象。很难想象在这样一个重工乡村，山水还是如此的原生态，因此，这个村的长寿老人特别多。

建设美丽家园的首要条件就是要保护好自然生态。在促进经济发展的同时，更难能可贵的是落儿岭村人没有忘记保护生态环境。在这个平均森林覆盖率高达 70% 以上的小山村里有一座年产值达亿元的造纸厂。众所周知，造纸厂都是污染大户，但在落儿岭村，他们并没有盲目追求经济利益并以牺牲自然环境为代价。既要金山银山，也要绿水青山，落儿岭纸厂的环保一直纳入国家的航测。近年来，纸厂投入治污的经费就高达 1400 万元。这个村的所在镇所在县一直以来都是全市、全省乃至全国性的"生态示范点"。不仅村委会内部下发了大量关于生态的文件，村里还从北京师范大学请来博士，专门就森林的生态保护为村民讲课，讲课稿保存完好，课题组成员看了仍获益匪浅。

落儿岭村的自然生态很美丽，社会很和谐，社会结构也比较合理。随着该村农业和农村经济关系发生重大的变化，该村的社会结构也发生了深刻的变迁，兼业农民致富成为其中一个特点。具体而言，社会结构的变迁主要体现在以下四个方面。

一是从业结构的变化。在以前相当长的时间内，落儿岭村都是一个以农业为主的山村，落儿岭人祖祖辈辈都靠山区农业生存，然而山区的土地资源匮乏，其生存的艰辛可想而知。而在三十年前，村里仅有手工作坊式的造纸厂、砖瓦厂和时分时合的副业队等不景气的企业，村级经济几乎空白。但是在重工意识的影响下，改革开放以后落儿岭村的工业经济有了较快的发展，并且对农民的生活产生了重要的影响，以工补农，兼业农民成为落儿岭村发展的成功经验。现在全村现有一半以上的劳动力在企业就业。工业生产方式逐渐取代农业生产方式的主体地位，更多的村民靠工资收入、兼业收入走向致富之路。

二是收入结构的变化。随着就业结构和生产方式的改变，落儿岭村人的收入结构也发生了重要的变化。收入结构的变化主要体现在收入来源和收入水平两个方面。从收入来源来看，由于落儿岭村工业经济的发展和兼业农民的出现，企业的工资收入对农民收入贡献力逐渐加大。在 1995～1998 年的时候，村里的人均年收入都在 1000 元左右，当时一家要是有两个人在村里面的企业上班，一年就有两万块的收入，从住房或穿着来看也是相对要好得多。现在企业人员的工资收入比农户要高出 30% 左右。从收入水平来看，落儿岭村人均年收入近 4000 元，在全市排名第二。而就在 20 世纪 80 年代，这里的农民人均收入不足 200 元。落儿岭村人在经济改革和工业发展的过程中成为切实的受益者，随着收入水平的提高，农民的生活条件也得到了根本性的改善。

三是教育水平的提高。工业发展对落儿岭村人的生活改善起到了决定性的作用，进入当地企业工作成为村民们的共同心愿，特别是在村域经济快速发展的背景下成长起来的年青一代，对他们而言，纯农业的生产方式已经不能满足他们的生活需要。进入企业，成为一名企业员工，不仅可以大大地提高收入水平，改善生活水平，提高经济地位，他们的社会地位也会有较高的提升。因而企业对于落儿岭村人来说无疑具有较大的吸引力。但是工业文明与农业文明对于生产者的要求显然不同，当地企业在招工对用人的文化水平都有明确的要求，即从初中水平逐步提高到高中水平。目前，落儿岭村适龄

7

儿童入学率达 100%，45 岁以下的青壮年全部达到初中文化程度，30 岁以下的青年普遍受到了高中教育。在文家庭任书记期间，纸厂取得了好的效益，他们办的第一件大事就是把村里新中国成立前的老式的小学推掉重建，村里出资 27 万元盖了新的教学楼，使孩子们有了一个安全、美好的学习环境。重建的小学教学楼在九十年代的农村可以称得上是"独树一帜"。

四是家庭结构的变迁。纸厂工业带动了村里相关产业的发展，这个村外出打工的农民工只占劳动力的 50%，与其他山村相比，这个比例是不高的。一般的山村，都是嫁出去的姑娘多，而在这个村庄里，不仅有从广东等地嫁过来的外来媳妇，还有外地来落儿岭村"入赘"的女婿。

村域经济的迅速发展给农民的生产方式、生活方式、思想观念都带来了深刻的影响，落儿岭村经济对社会生活和社会结构的变迁的带动力是非常明显的，而这一切正是社会学研究的完整性所要涉猎的重要内容。

探索：新型城市化的多元化道路

费孝通先生曾在《禄村农田》一书的序言中写道："中国已开始要工业化了，这大概是无法避免的路子。这工业化的过程会在农村中造下些什么结果呢？在本书中我们将见到一些端倪。"费老对禄村调查的时间定格在 1938～1939 年，如今 70 年过去了，中国不仅在政治上摆脱了旧束缚，建立了新天地，在经济上更是取得了前所未有的发展。尤其是改革开放以后，工业化的星星之火已经在中华大地燃成了燎原之势。如今的中国面临的问题是伴随着工业化的城市化发展究竟路向何方？改革开放是一个充满魅力的时代，也是一个创造奇迹的时代。在本书的调研和成稿过程中，社会科学文献出版社社长谢寿光先生多次来安徽指导并鼓励我们，要在百村调查这一课题中深入调研、有所发现，勇于探索，写出一本好书。

中国的城市化已经成为影响全球的经济现象，诺贝尔经济学奖得主约瑟夫·斯蒂格利茨说：21 世纪对全人类最具有影响的两件大事，一个是新技术革命，另一个是中国城市化。在中国，每年都有 1000 多万农民进城，两亿多农民在城乡之间流动。农民工这条道路是中国特色道路，在一段时期内解放了大量劳动力，但我们面临着很多问题：如何改善农民工生活质量？如何提高全体公民素质？如何增强中国人的幸福感、快乐感？这是我们城市化的使命。现在有的国家提出了可持续的城市化、快乐城市化、紧凑城市化。新加坡也不再提花园城市，而改提紧凑城市。渐渐的，我想这些理念也会成为中国城市化道路上的共识。

中国的改革发端于农村，农村的改革发源于安徽。1978 年至今三十年来，中国农村发生了翻天覆地的变化。党的"十七大"以后，农村改革更是进入统筹城乡发展、深化综合改革新阶段。安徽的农村改革从包干到户（放权）到减免农业税（减负）再到建立综合配套服务体系已经走过了三个阶段。回顾过去，安徽凤阳的小岗村，安徽肥西的小井庄都走在农村改革的前沿，推动了全国的农村改革；立足现在，安徽仍是农民工输出大省，但也有的村庄通过乡村工业化走上了治穷致富之路；展望未来，从农村的社会流动来看，中国城市化道路到底如何走？中国的社会主义新农村到底如何建设？经过三十年的改革探索，今日的安徽农村又呈现出怎样的社会面貌？特别是那些最贫穷的山区农村，走出了一条怎样的发展道路，使它们从封闭走向开放，从贫穷走向富裕，从落后走向进步？作为社会学的研究者，我们又能从中找到怎样的发展路径？这一发展路径从学术角度来讲在中国城市化、城镇化建设中又具备怎样的典型性和普遍性？这些都是能够激发一名研究者浓厚研究兴趣的课题。

中国城市化发展到今天，有许多成功的经验，面临着多种类型的选择。在陆学艺老师担任中国社会科学院社会学所所长的时候，每年都要召开全国社会学所所长会议。大多都在一些点上开，我因此去过大邱庄、南街村和华西村。本书提供的落儿岭村只是一种类型的一个样本。为了对乡村城市化进行分析和选择，本书在社会结构分析中还提到了老洪村和顾村。各地村庄在改革和发展中自主探索发展道路，使中国乡村工业化城镇化日益呈现多样化的格局。本书对三种村庄的社会阶层结构类型进行了总结、对比、分析，我们的目的不在于寻求一种万能的、可无条件复制的"模型"，而是希望通过我们的分析，尽可能多地展示、回望每一种社会变迁类型，为中国城市化的可持续发展寻求多元化的发展道路。中国城市化面临的挑战同时也是机遇，如何走城市化的道路是一种寻找适合自身发展道路的战略选择。战略选择的背后是多元化发展路径的探讨，各种类型的城市化道路是并行不悖的。中国的城市化道路不可能只走扩大中心城市的道路，推动广大农村地区的现代化发展，学者们已经提出了"重视小城镇建设"，重视"县域经济发展"等发展路径。我们可以借鉴西方国家、先进地区的经验，但是，更重要的是结合自身的发展实情和先进的发展理念创造出多元化的发展路径。

王开玉

完稿于 2008 年 5 月 11 日夜　合肥

第一章　落儿岭村的基本概况

　　本章将重点描述落儿岭村的由来与变迁、区位环境与自然资源，落儿岭村的发展与所在县、镇的关系，以期展现落儿岭村发展变化至今的历史背景、自然环境和人文环境。

第一节　落儿岭村的传说与变迁

　　落儿岭村位于霍山县城西 15 公里，是落儿岭镇政府所在地。原来以农业为主，20 世纪 80 年代开始发展工业，全镇共有工业企业 38 家，位于该村的就多达 23 家。2007 年，全村实现工农业总产值 1.48 亿元，农民人均纯收入 3800 元。

　　落儿岭所在县霍山人杰地灵，民俗风情、人文历史源远流长；英雄辈出的霍山有着光荣的革命传统，是红军的故乡，将军的摇篮。有历史学家认为：如果说金寨县是当时大别山根据地的军事中心，被称为将军县，那么霍山则可以被誉为大别山根据地的政治中心，是当时红四方面军军部所在地，红四方面军的第一个县委就在这里产生。霍山民风勤劳纯朴，人心思稳、思富、思进，经济发展环境优越，被誉为全国生态建设示范县、全国社会治安模范县、全国文明村镇先进县、全国最具投资潜力中小城市百强、浙商最佳投资城市、国家卫生县城。

　　这个村经济社会发展的轨迹代表了革命老区的新发展，也是安徽省"工业强省"的典型。1995 年被霍山县委、县政府授予"亿元产值第一村"、六安地委行署授予"亿元行政村"、国家民政部授予"全国模范村民委员会"称号,2005 年荣获"全国小康建设明星村"称号。在大力发展工业和民营经济的同时,该村注重生态建设,建设省级生态示范村,构建人与自然和谐相处的社会,具有构建和谐村庄的代表性。正因为如此,我们将落儿岭村作为"全国百村经济社会调查"安徽省的唯一村庄。

一 落儿岭的传说

一片神奇的土地,一个美丽的传说。据史书和县志记载,落儿岭是汉朝某一太子出生的地方。关于落儿岭村村名的由来,当地有一段动人的故事,流传已久。相传汉武帝时,淮南王刘安招募了一批精通天文地理的幕僚,时常在一起研究学问和炼丹之术并著书立说。因刘安平时得罪了一些小人,便有人在皇帝面前诬告刘安企图谋反,汉武帝听信谗言派大将余琪带兵前往淮南征讨。当时刘安的爱妃苏敏已身怀六甲,当余琪军临城下时,刘安派一队人马护卫苏妃突围,叫她向衡山王(今霍山)刘赐求救。哪知,苏妃刚到衡山,追兵已至。刘赐匆忙迎战,死于激战中(衡山王墓在胡家河)。苏妃踏着一路黑石渡过了淠河(今黑石渡),到了卡芳岭(今落儿岭),由于奔波劳累,苏妃早产,在洗儿塘中洗净了太子身上的血污,在绿豆粥铺(今鹿吐石铺)喝了一碗绿豆稀饭便慌忙跨上战马,这里便是马驾岭(今马家岭)。人马好不容易走过泥泞的烂泥坳,到了山坡上,太子奄驾了。后人为了纪念这位在冤难中死亡的太子,建了一座"太子庙",在庙的后山上,如今还有一座太子坟。太子死了,苏妃强忍悲痛,继续逃命,在六里洪伤心大哭一场,这里就改叫"落泪洪"。这个故事一直继续到"回头岭"(苏妃回头看追兵)、"道士冲"(倒跮冲即倒跮鞋骗追兵)、"歇马台"(苏妃歇马)、"漫水河"、"上天狮"(今上土市即苏妃上天),等等。它们都因苏妃逃难路过而得名。年代久了,有些地名改用了谐音。当地人民用苏妃逃难的整个过程来命名地名,以纪念这位落难的王妃,表达了当地人民群众淳朴、善良和正直的民风。

二 落儿岭村的自然区位

霍山县地处安徽省西部、大别山北麓,面积 2043 平方公里,人口 36.7

万人，辖16个乡镇、130个村、15个社区，属北亚热带温湿季风区，植被丰富，物种众多，森林覆盖率达71.5%，生物物种多达6500余种，是一个生态系统相对完备、森林植被垂直分布、珍稀物种丰富的天然基因宝库。这里有丰富的矿产、药材、茶叶、蚕桑、毛竹、水电、板栗、森林等自然资源，素有"金山药岭名茶地，竹海桑园水电乡"的美誉。

从地理区位上说，落儿岭村位于霍山县落儿岭镇境内，距县城15公里，介于东经116°4′16″至116°12′49″，北纬31°17′18″至31°23′45″之间，为霍山县落儿岭镇人民政府所在地，东与黑石渡相连、南与佛子岭镇毗邻，西与落儿岭镇古桥畈村相邻，北与诸佛庵镇接壤。总面积10.5平方公里，全村现辖16个村民组和1个街道，826户，3016人。现有耕地面积960亩，山场面积11376亩（其中村办林场4个，森林面积910亩），人均4亩山场，3分耕地，毛竹园2300亩，茶园540亩。

三　落儿岭村的资源概况

从人口和劳动力资源来看，落儿岭村地处山区，人口一直都不多，但一直呈增长趋势。截至2006年，共有人口2920人，户数863户，劳动力（年龄在18~60周岁）人口为1300人（见表1-1）。

表1-1　人口和劳动力变化情况

单位：人，户

年份	人口	户数	劳动力	年份	人口	户数	劳动力
1950	1450	316	536	1999	2253	610	1240
1978	1963	496	745	2006	2920	863	1300
1992	2187	538	890				

资料来源：村委会相关材料整理。

从土地资源情况来看，地处山区的落儿岭主要发展山场林地，耕地不多，工厂进驻、公路建设的时候又占用了一些土地，所以现有人均耕地很少。在1960~1970年间，三线厂占用土地近80亩，生产大队改田近170亩。1990年以后，后扩建318线占用耕地37亩。2000年后退耕还林100余亩，全村现有耕地面积 960 亩。水田面积更少，20 世纪 60 年代东风纸业建厂，占用水田近 100 亩；由于三道河改田，生产队扩田近 100 亩；20 世纪 80 年代扩建造纸厂和窑厂，水田面积减少近 30 亩。90 年代以后，公路 318 线修建，再加上退耕还林 100 余亩，现有水田面积 769 亩。山区林地保护很好，从 60 年代至今，林地共有 5400 亩。

随着经济作物价值的提升，该村茶园面积逐年增加，在 20 世纪 60 年代只有茶园 126 亩，到了 90 年代增加到 400 余亩；2000 年以后到 2005 年新开茶园 100 多亩，截至 2006 年，该村共有茶园 540 亩。

从基础设施建设来看，在道路建设上，20 世纪 60 年代有三个村民组修建了公路，其中胡家冲 1 公里，乐道冲 2 公里，牛栏冲 1 公里，宽度均为 1 米；80 年代，兴建落儿岭村水电六站处 500 米公路；1990 年修乐道冲柏油路改宽 3.5 米，长度增加 1 公里。在水利设施上，70 年代分别在项家院、冲口、冲上、东门四个村民组建山塘 4 口占地近 30 亩。在自来水设施建设上，1999 年镇政府投资近 26 万元建立自来水厂（含后期工程），解决集镇 400 户居民饮用水。2001 年自来水管道延伸至栏马墙组，增加用水 40 户，2003 年延伸至三道河、大桥组，增加用水 70 户，2004 年延伸至牛栏冲组，增加用水 40 户，目前该村通自来水户达 550 户，占全村总户数的 67%。在交通建设上，由于该村位于大别山山口，是进山出山的交通要道。以往有长、短途各路客车经过，近几年又开通了公交车通往县城，交通方便。

由于该村是个乡村工业化发展较快的村庄，所以企业用地在该村也占到了不小的比例。在 20 世纪 60~70 年代，东风机械厂占用 260 余亩，窑厂占用 8 亩；在 20 世纪 80~90 年代以后，东风纸厂占地 30 余亩，铁厂 1990 年占用 6 亩，水电站占地 4.4 亩，加油站 1990 年占用 1.6 亩，总计企业占地 310 亩。

从光、热、水、气、矿产等资源状况来看，该村属亚热带湿润温暖季风气候，常年受海洋性湿润季风的控制，雨量充沛，光、热、水资源丰富，四季分明，小气候异常显著。年平均气温 14℃，大于 10℃，积温 4814.1℃，极端最高温 40℃，极端最低温 -12℃，平均土温 19℃，深 35 厘米，年平均蒸发量为 1220 毫米，全年无霜期平均 215 天，最长 240 天，最短 185 天；常年日照平均时数 2028.4 小时。太阳年辐射总量 112 千卡/平方厘米，独特的小气候条件，非常适宜毛竹、药材、茶叶等经济作物生长发展。

第二节　本书的研究方法

一　方法论

研究村庄的方法论从哲学层面上来说，我们坚持的是马克思在《政治经济学批判》的序言里所强调的，人们耳熟能详的历史唯物主义的基本思想："人们在自己生活的社会生产中发生一定的、必然的、不以他们的意志为转移的关系，即同他们的物质生产力的一定发展阶段相适合的生产关系。这些生产关系的总和构成社会的经济结构，即有法律和政治的上层建筑树立其上并有一定的社会意识形式与之相适应的现实基础。物质生活的生产方式制约着整个社会生活、政治生活和精神生活的过程。不是人们的意识决定人们的存在，相反是人们的社会存在决定人们的意识。社会的物质生产力发展到一定阶段，便同它们一直在其中活动的现存生产关系或财产关系（这只是生产关系的法律用语）发生矛盾。于是这些关系便由生产力的发展形式变成生产力的桎梏。那时社会革命的时代就到来了。随着经济基础的变更，全部庞大的上层建筑也或慢或快地发生变革。在考察这些变革时，必须时刻把下面两者区别开来：一种是生产的经济条件方面所发生的物质的、可以用自然科学的精确性指明的变革，一种是人们借以意识到这个冲突并力求把它克服的那些法律的、政治的、宗教的、艺术的或哲学的，简言之，意识形态的形式。我们判断一个人不能以他对自己的看法为根据，同样，我们判断这样一个变革时代也不能以它的意识为根据；相反，这个意识必须从物质生活的矛盾中，从社会生产力和生产关系之间的现存冲突中去解释。"这就是我们的哲学方法论。

从社会学具体的方法论来说，本研究坚持理论联系实际、类型比较、功能分析三种方法论。首先，运用理论联系实际的方法论。本次研究是在全国"百村调查课题组"已经完成其他课题的基础上完成的。从已经完成的研究中，我们可以总结出一些结论，提出一些假设。而我们课题是有的放矢的寻找到我们的研究对象，希望通过我们已有的经验研究，与这次的研究对象进行观察、分析和比较，用来解决一些已提出的问题，又找到一些新的问题。我们希望把社会学理论联系实际的方法论运用到我们的研究中。正如布朗教授在燕京大学演讲的一段话："社会调查只是某一人群社会生活闻见的搜集；而社会学调查或研究乃是要依据某一部分事实的考察，来证验一套社会学理论或'试用的假设'的。"

其次，运用类型比较的方法论。正如费孝通先生所说，农村的社会结构并不是个万花筒，随机变化出多种模样的，而是在相同的条件下会发生相同的结构，不同的条件下会发生不同的结构。……可以说，有了一个具体的标本，然后再去观察条件相同和条件不同的其他社区，和已有的这个标本作比较，把相同的和相近的归在一起，把它们和不同的和相远的区别开来。这样就出现了不同的类型或模式了。这也可以称之为类型比较法。我们的研究力图在与其他发展类型村庄的比较中获得所选案例的特殊性，也试图研究它的"典型性"，进一步进行类型的划分。

第三，我们本次研究也将站在功能分析的立场上。功能分析法是费孝通农村社区研究的主要方法。从其近70年的学术实践中我们可以发现，费孝通始终用功能分析的方法来认识中国社会，特别是乡土社会。不同的只是在研究的对象、范围等方面的差别。费孝通最初从他的老师吴文藻、帕克、史禄国那里接受了功能分析方法，通过实地调查，他更加坚信功能分析方法是"一个研究文化、认识中国社会最好的方法"。功能分析方法主张研究者应注重把握人类生活整体，考察各个组成部分之间的关系，反对孤立地看待问题。瑶山调查、江村调查、云南农村调查都是以村落为单位的社区调查，但无一不是在整体视野下，着眼于具体社区分析的。

二　具体方法

"中国百村经济社会调查"是国家社科基金"九五"重点项目（批文号98ASH001），又是"十五"国家重点图书项目。本课题的目的是为了加强对全国基本国情的把握，特别是要对全国农村、农民、农业的现状和发展有一个科学的认识。要通过对不同地区、不同类型、不同发展程度的农村进行调查研究来描述中国 50 年来农村、农民、农业变化状况。

　　我们采用的调查方法，主要是调查问卷、深度访谈，还有收集村委和乡政府关于落儿岭村的文字资料，统计数据等。由于时间比较紧张，对全村进行详细的问卷调查费时费力不太可行，我们在全村 2920 人中按照随机抽取原则选定 230 人填写结构式的调查问卷，另外按照不同职业的划分对 100 人进行了深度访谈。特别是对该村新中国成立以来四任书记的访谈，完整地记录了该村经济社会发展的脉络。需要说明的是，报告中的一些数据是通过访谈得出来的。在我们的各种访谈过程中，村党支部书记、村长、村会计、村计生办主任自始至终陪同我们调查，分管落儿岭村的落儿岭镇政府干部聚集在村委会办公室，严格、谨慎的进行回忆、统计，其中有一些数据他们存在一些争议，但我们最终的每一个数据的确定都是通过所有人同意的。这些村干部都是从小在这个村里长大的，书记、村长都有几十年村里工作的经验，所以，这些数据基本能够反映村里的实际情况。

第二章　六任书记建成亿元村家园

　　落儿岭，大别山区，在战争年代，这里是培育红军革命战士的摇篮，落儿岭人一直都有艰苦创业、不畏艰辛，勇于战斗，敢于革新的革命传统。到了和平年代，落儿岭人在与贫困与落后的抗争中继承了这一优良传统，并开创了艰苦创业、群策群力、前仆后继、目标远大的新红军精神。"文化大革命"时期，他们坚守党组织的日常活动，工作也没有间断；粉碎"四人帮"以后，他们目标远大，开创了乡镇企业发展的一个又一个新局面；新农村建设时期，他们培育了大批有文化、懂市场、会经营的新型农民，成功地将乡镇企业的发展推向又一个新高度——开放的、富有竞争力的股份合作制企业。

　　落儿岭村从新中国成立初到现在历任六位村支书，我们对其中的四位村支书进行了访谈调查。四位书记分别经历了落儿岭村工业的萌芽、起步、发展改制和继续发展四个重要的历史时期，在落儿岭村从一个封闭的小山村一步步成长为亿元村的创业进程中，他们分别在不同的时期对村级经济的发展作出了各自的贡献。就他们本人的能力、智慧和拥有的资源，都可能成为私营企业家，但他们都选择了和落儿岭人民共同建设美丽家园，而且在他们离任村支书时，也从村级企业里退出，不再担任企业里的任何职务，与家长制的乡村管理模式完全不同，这也正是落儿岭村能在不同的历史时期，不同的社会经济体制下得到长效发展的重要原因之一。

第一节　工业经济萌芽时期的村支书：余本仁

　　余本仁，现已是 88 岁高龄，如今也已经是四世同堂，但身板依然硬朗，声音依然洪亮。他现在与儿子、媳妇以及孙子、孙媳住在一起，四代同堂。余书记在 1967 ~ 1971 年间担任落儿岭村的村支部书记，这一时期也是落儿岭村工业经济出现萌芽的时候。余本仁担任书记期间是中国农村进行公社化运动的时期，各地村级工业经济几乎空白，在农村农业生产几乎成为农民唯一的生存方式，农业文明的昌盛得到延续和强化。

余本仁，这位没有念过半天私塾，出身贫民，可以说是目不识丁的农民在 1967 年成为落儿岭大队的书记，他的经历也折射出中国农村那一个特殊时期的历史片断。在 1950 年，落儿岭成立了农会，余本仁当过农会的组长，后来这里又组织了民兵，余本仁就担任了分组长。当时落儿岭村的基本情况是，新中国刚成立的时候落儿岭村只有 500 多人，分为 14 个大队。农村在 1961 年进行土改时，农民都被划分为不同的成分，余本仁被划分为贫民。当时落儿岭的地主有 12 家，其中，乐道冲有 2 家，胡道冲有 2 家，汪道冲有 3 家，营盘有 2 家，街上还有 3 个。富农有七八户，主要是余姓、涂姓、储姓，还有街上几家工商户也是富农成分。

这里的主要农作物是稻和麦，一年种两季庄稼，一季稻一季麦。但当时土改之后，农民分到田地，在这样一个小山区里，田地本来就少，粮食根本不够吃。当时的收成最高也就是每亩 700 斤。山里面生产竹子，如果粮食实在不够吃，当地人就把自家后面的竹园里的竹子砍一些换钱补贴家用。当时茶现摘是 2.8 元/斤，竹子也是一根 1 元钱左右，年人均收入 400 多元，当时猪肉 8.3 元/斤。在 1960 年自然灾害的时候，这里的情况也不是太好，饿死过 8 个人，主要是老人和小孩，劳动有劳动力食堂，供应量大一点。田地分到户以后，产量并没有提高，但是农民的自留地多了，粮食翻了一番，收入也增加了，一个劳动力是 1.3 元/天。

落儿岭村地处山区，田地很少，粮食自给自足尚有问题，更不可能靠种庄稼得到发展。但是落儿岭村盛产竹子和树木，这是造纸的主要原料，同时由于山区天然的落差，水力资源也相当丰富。在落儿岭村的历史上很早就有老的造纸的手工作坊，可以说造纸业成为该村的传统产业，开始主要生产冥纸，税收很重，纸的销路也不好，根本卖不动。当时造纸厂在乌龟峡，主要利用河水的自然落差来冲纸浆。1966 年大队拿了 2000 元钱来办造纸厂，

"文化大革命"期间，纸厂经营不善，效益不好，欠债 2000 元。1968 年的时候，大队又拿出了 6000 元钱来投资纸厂，这些主要是由村干部凑起来的。当时纸厂有工人 8 个，厂一年赚 800 多元钱。1969 年，由于发大水，纸厂搬了地址。1962 年，村里通了电，有了电，村里就开办了一个加工厂。但电也只能输送到街上，山里根本就没有通电，即使如此，在 1963 时电也停了，当时公社想把通电的一些事情下放到大队，余本仁当时就去找公社说："公社不干电，我来接收，我们花了那么多的钱，电不能不点。"此期间，落儿岭村还办了一些茶厂，加工茶业。因此，在别的大队还吃不上饭的时候，落儿岭大队就已经有了自己的加工厂和纸厂，落儿岭的工业发展起步得比较早，落儿岭人也一直有重工意识。这一时期，落儿岭村的工业经济开始萌芽。落儿岭较当地其他的村庄，其经济基础较好，这不仅与该村的区位条件相关，也与该村的带路人和人们的意识密不可分。

在落儿岭村工业萌芽时期，工业发展和余本仁个人的生活都经历过一些挫折，但是这一时期的工业萌芽为落儿村工业发展奠定了良好的基础。1978 年时纸厂失火，造成较大的损失。不但纸厂损失严重，村里的茶场也受到了影响，茶场的几十间房子都被烧毁。在纸厂失火的第三天，县公安局局长就来村里进行调查，失火的原因主要是电工的问题，余本仁向公安局局长汇报了损失，局长在听完汇报之后认为，火灾实际造成的损失与余本仁汇报的有相当大出入，局长认为公社的损失不到 1 万元。所以他把秘书留在这里进行调查。在这种情况下，余本仁的妻子由于担心他出事，突发脑溢血去世。

余本仁的家庭生活方面也体现了落儿岭生活条件和生活方式的变迁。余一家现在是四世同堂，一家六口共同居住生活。现在居住的房屋是经过两次变迁后的房子。房屋最初是 200 元钱购买的草房，在 1966 年进行过改造，翻新成了瓦房，前面修了一个院墙。1986 年时，房子进行了第二次的变化，重新翻盖。在收入方面，1961 年开始，作为村领导，余本仁不拿工分，一个月 18 元的工资根本不够用，生活相当艰苦。现在，他的两个孙女都已经出嫁，孙子是一个司机，在帮人开车。由于孙子在念书的时候初中毕业就不愿意学习，高中没有考上，余本仁让他复读一年，他不愿意，当时就想学开车，所以开车就成了他现在的职业。孙媳妇在现在的东风造纸厂上班，一家生活安定、和谐，子女都比较孝顺。

第二节　工业起步时期的村支书：苏启贵

苏启贵，现 72 岁，1971～1984 年间任村支书，是落儿岭村从合作化算起的第二任书记。1958 年任村民组组长，1959 年当大队长。目前，苏启贵家庭生活稳定，儿子媳妇都去张家港打工了，孙子跟着苏启贵夫妇在家读书，在诸佛庵镇念高中。现在居住的房屋花了 12 万元，不包括装潢的费用。家里有摩托车，主要是儿子回家时骑用，家里财产不到 20 万元（不包括房屋），在村里算是中等家庭，村里的富户能达到 200 万元。作为村里的老干部，村里每月补贴苏启贵 200 元钱，他还在村里帮忙照应污水治理，每月收入 400 元，另外他还种了 10 亩水稻，亩产达千斤。

苏启贵担任村支书期间是落儿岭村工业起步的重要时期。苏启贵担任村干部期间当时的农村在农业上主要经历了责任制和"农业学大寨"、在工业上主要是大炼钢、政治上主要特点是"文化大革命"以及后期的改革开放的重要时期，而在这一时期落儿岭村的工业开始起步。

落儿岭村工业起步时期的经济环境比较艰难，人们的重工意识也比较淡薄。在农业生产方面，1961～1962 年村里开始实行责任制，当时的人口出生率也不高，1960 年和 1961 年，全村共出生人口 42 人，之后两年开始实行责任制，两年共出生人口 180 人。那时的责任制就是到户管理，因为是上面的政策，没有受到什么阻力，但是没有搞多久。分到户以后因为是老品种，粮食（亩均）产量仍然没有提高，但是农民的生产积极性高多了，家庭自留地也多了，粮食产量翻了一番，收入也提高了，劳动力达到人均 1.3 元。1982 年之前的到户是生产队核算，生产力调动不起来。大队长负责制，其余社员只管干活，一天 10 个工分，群众没有积极性，一天只能挖一个早上的地。那时也无自留地，"割资本主义尾巴"，不给个人种植，老百姓有苦难言，有抵触情绪，但是当时在村里吵闹根本不管用。在落儿岭村 1958 年开始设劳力食堂，1959～1960 年全部社员都吃食堂。1960 年两三个生产队并作一个食堂，落儿岭村和三道河、大桥村并作一个食堂，胡家冲的上、下组并作一个食堂。落儿岭村合并后的食堂有 200 多人，胡家冲食堂有 180～190 人。家里不开火，有时只能搞点土菜烧烧。男劳力吃劳力食堂。供应量比一般食堂大，在家能吃八两，在劳力食堂能吃到一斤或一斤半。

当时的生产力低下，老品种收成很低，一亩地最高只产 700 斤，低的产 400～600 斤，不能跟现在的收成比。当时村里有水田 803 亩，旱地 247 亩，茶地 146 亩，这些都是老基耕地。经济作物主要是茶叶和竹子，分别是 110 亩和 300 多亩。茶叶也销往外地，但价格很低，才二角八分钱一斤。竹子平均一块钱一根。人均收入不到 400 元；那时猪肉的价格也只是八角三分钱一斤，鸡蛋六分钱一个。1971 年之后，生产主要是大队核算，大队主要有两个：落儿岭村和农须坳村。和农须坳相比，落儿岭的基础要差一些。农须坳农业底子厚，林业和田铺也比落儿岭村多。当时农须坳村每个劳动力能达到一元一角钱，而他们才有九角五分钱。当时落儿岭村有 1800 多人，而农须坳才 800 多人。但是落儿岭村还是"农业学大寨"的典型。1970 年苏启贵参加了淮北郭庄开的党代表会议，见到了郭宏杰。回来后就开始"农业学大寨"、赶郭庄。村里学大寨用了 11 年时间，即 1971～1982 年，苏启贵用两句话、14 个字对这期间的主要工作进行了概括：植树、打茶、修大塘；改河、造田、办工厂。具体就是：荒山植树造林，全村 1100 多亩；茶园 400 多轩，改梯田种茶；修大塘 4 口，分别是乐道冲大塘、胡家冲大塘和两口东门大塘——原来也叫水库，蓄水 8000～9000 立方米；改一道大河，造田 300 多亩。

在工业生产方面也是几经起落，因为一方面，大办钢铁使村里蒙受了巨大的损失，但另一方面纸厂也有了收益。此时农村也经历了大炼钢时期，树木等生态资源遭到了严重的破坏，但并没有促进生产力的发展。那时候，山里的老古树，都有两三百年的生长历史，都被砍伐了。山上有很多树种，有栗树、枫树以及各种果树，在当时都被砍伐了，甚至护庄树也未能留下。当时有的村庄里村民舍不得砍伐护庄树，就把护庄树四周钉上钉子保护起来，才有一些树木未被砍伐，现在成杰岗就可以见到一些这样的树木。砍下来的树都做成了风箱和烧炭炼钢。因为在当时上级下达命令，村里也立下军令状，在电话里说，完不成任务就要"拿人头来见"，所以村里也无人敢反对。当时村里的一个手工造纸厂，每年的收入已经有 800～900 元，主要用于村里开支。当时的三线军工企业叫东风机械厂，生产 640 炮弹，建于 1965 年初，1967 年开始投入生产，有 500 多工人，连家属在内有 2000 多人。建厂时征地 1000 亩，青苗补偿 5 年，竹木一赔三，粮食一赔五。在"农业学大寨"期间，村里共办了 8 个工厂：造纸厂、窑厂、加工厂（米厂）、茶叶粗制厂、林声和纸箱厂等。造纸厂的原料是收来的茅草杆子、树和草等，因为污染大，没有办多久就停了，当时年产值 800 多元，厂里有七八个工人。

　　在这种制度中，落儿岭人虽在山区，却能促进工业的发展。"文化大革命"时期，相比其他的地方，村里的损失不算太大，主要应归功于村里有一个坚强和灵活的领导集体。"文化大革命"时，村里有两派，当权派和实权派，他们把村干部作为主要的斗争对象。当时村里的群众都比较信任苏启贵，他在两派中都有威信，两派都听他的，所以村里的损失比较小，党费照收，党组织也没瘫痪，正常工作。当时的组织是革命委员会，1969 年成立，革委会的主任是 YYH（现在跟丈夫去了合肥东风机械厂）。村里"造反大队"的大队长是 JDJ，现在已经去世了，JDJ 初小毕业，他选择的队主要是和东风机械厂对立。因为厂里工人的工资和农民收入差别比较大，JDJ 就组织一帮人批斗厂里的当权派。当时厂子内部也有人造反，但是被村里给压下去了。苏启贵在两派中都比较有威信，厂里没有发生打砸抢。那时六安的造反派也曾到村里来串联（"827"和"P 派"），但没有人搭理他们，也就没有发展起来。东风机械厂的厂长 MXY 都躲到苏启贵的家中。厂里的干部就成了批斗对象，一个科长被囚在诸佛庵，村里的"红卫兵"大队长集合了四五十人去保护他，并把他救回来。当时苏启贵在村里说话比较有影响力，造反大队长写大字报要买纸，还要苏启贵批，当时批了 45 元钱买纸。造反大队长没有买到白纸，就买来大裱纸，一张纸上只写一个字，苏启贵就批评他说："纸这么贵，还买不到，一张纸上可以多写几个字。"他就说苏启贵要抑制"文化大革命"，揭发苏启贵的材料弄了一大堆，要批斗苏启贵。但是毛主席的"节约闹革命"批示，证明苏的说法是对的，所以苏没有受到批斗。"文化大革命"期间，村里党组织并没有瘫痪，党组织还开展了一些日常性的活动，这对维护村庄的稳定，减少村民生产生活的损失都发挥重要的作用，对维持企业的正常运转也起到一定的积极影响。此期间成长起来的一些村干部也成为后来村里企业发展时期的重要领导，对村级工业经济的发展作出了重要贡献，发展成为村干部的重要工作。

从 1978 年开始全国进入改革开放的历史时期，落儿岭包干到户的农村改革还是中央和省里直接推动的，1982 年才进行家庭联产承包责任制的改革。当时有个村民写了封人民来信到中央，说："改革的春风刮遍全国，但是，就是没刮到落儿岭。"中央有关部门对此很重视，就直接下文到省里。时任副省长的胡开明专门来到村里，只带了个司机，坐镇指挥包干到户。他在参观纸厂时，要过一道用两棵树搭的水冲，他穿的皮鞋打滑差点掉进几十米深的水沟，水沟里是高速运转的水车，要是掉进去绞进水车是相当危险的。幸好他跑得快（他是省里老年百米赛跑的冠军），一下跳了过去。村干部明白了这项政策是中央精神，又得到了村民的支持，所以带头推进。相信群众，相信党是革命老区的优良传统。胡开明白天在这里主持工作，晚上还要赶回县里住宿，这样一共待了两三天。他制定了六条制度：①土地大包干到户；②村里的企业不下放；③林山、茶叶下放，林场不下放；④耕牛、钱等按原来带进的数字退回；⑤村界该是哪村的还是哪村，土改不算；⑥固定资产先分到队，再由队分到户，土地算平衡账，除去三线厂占去 200 亩，开荒 300 亩，剩下的平分。当时的县委谢书记在村里驻点，一直到分完。村民对此项改革都比较满意，农业生产和经济作物都得到了长足的发展。

此时，落儿岭村的工业也多了起来，由原来的一个纸厂，发展为八家企业：造纸厂、窑厂、加工厂（米厂）、茶叶粗制厂、林场和纸箱厂等八家企业，这些企业的诞生勾勒出后来落儿岭村集体企业的框架，落儿岭村级集体经济在这些企业的基础上发展起来。同时国营的东风机械厂也在村里开始正常的生产活动，虽然在"文化大革命"期间遭到一定程度的破坏，但为后来的村营东风造纸的成立和发展提供了厂房和设备。改革开放，他们开始走出大山，在向江浙学习中开阔了眼界，时任村支书的苏启贵在 1992 年去吴仁堡学习，回来后将学习到的吴仁堡办企业经验用于发展村级集体经济，扩建造纸厂、纸箱厂、纸盒厂；新建生产精品纸的车间，投资 100 多万元年生产，从那时的 800 万元，逐渐到后来的 1000 万元、2000 万元……一直到现在的 1 亿多元，就是现在的东风造纸厂。

苏启贵对落儿岭村的发展有了新的思路。他说："我们经历了毛（毛泽东）、邓（邓小平）、江（江泽民）、胡（胡锦涛）四个阶段的发展，我们村里也经历了四代领导，我们四代各有不同的发展。在毛泽东领导下，我们'农业学大寨'；在邓小平的领导下搞改革开放，调动生产力；江泽民时期是稳定、继续发展；现在在胡锦涛的带领下科学发展。特别是免除农业税，这是在中国 2000 多年的历史上没有的，还有就是保护打工者的报酬。每个阶段的经济、政治、社会、文化、教育情况都不同，原来我们期盼的是'楼上楼下，电灯电话'，（现在）已经全部实现了。"

"现在要解决好贫富，几户富的家产几百万，他们承包经营纸箱厂、彩印厂等。HG 他的三个儿子原来穷的不得了，现在都富得不得了了，都是百万富翁。也有真正的困难户，他们贫困，多因文化低、无技术、生病、社会灾害、缺少文化等，也没有什么'仇富'心态。"特别讲到红军精神时他说："一是特别要照顾好军、烈属，我们这儿还有在越南打过仗的困难户；二是干了几十年的老村干部一旦退下来，就没有了威信，见人好笑，儿子也不理睬他，嫌他得罪人多了，尤其是妇女干部，搞计划生育得罪人太多了，退下来也无保障；要照顾好她们。"

第三节　工业发展、成熟和改制时期的村书记：文家庭

文家庭，现 53 岁，1990～2003 年任落儿岭村党总支书记，在他任职的十几年时间里，落儿岭村级集体经济迅速发展和成熟，企业由少变多，由弱变强，实现了质的飞跃，基本完成了落儿岭村乡村工业化的道路。文家庭从 1998 年开始就当了全国政协委员，在全国第九届政协会议的时候，他是唯一一名农民基层代表，在全国十届政协会议的时候也只有两名基层代表。

文家庭个人经历是 1972 年入伍，1977 年 3 月从南京退伍回乡，7 月份

村委会换届的时候，被选入村领导班子。从 1979 年先后在东风造纸厂兼生产副厂长，在村里任党支部委员，一直到 1985 年。后来村里成立党总支，文家庭任党总支委员兼东风造纸厂的书记。1985 年村里办了彩印厂，文家庭不再兼任东风造纸厂的书记，是党总支委员兼霍山县彩印厂厂长，一直到 1990 年。1990 年元月份，春节前，组织上安排老书记退下来，让文家庭担任村党总支书记。开始他对这一安排并不赞成，认为自己一直在村企业里，干了十年企业厂长、经理，对经济工作比较熟悉，也很热爱，因此并没有同意组织上的安排。后来，县城里的农委主任和落儿岭镇的党委书记都找他谈话，由于县委、镇党委和广大党员信任他，他就没有任何理由来拒绝组织对他的安排，所以从当年的 3 月份开始，文家庭就接任了村里的党支部书记。当时村领导班子里的五个人都是新上任的，文家庭任村总支书记，陈庆泉任村主任，还有一个民兵营长，一个文书和一个妇女干事。

文家庭任村总支书记期间，全力开创了村集体企业发展的新局面，打造出了一个亿元村。文家庭接任村党总支书记以后，想得最多的问题就是如何引导落儿岭这个小山村的发展，农民如何富裕。1993 年，村里的工农业总产值在 400 万元左右，经济实力在县里还是不错的，当时的骨干企业就是东风纸厂、彩印厂、粮食加工厂和茶厂，经济发展也有一个相对不错的基础。村域经济的快速发展主要原因除了良好的发展基础以外，与村领导制定的正确的发展思路以及村领导班子积极主动地开创精神密不可分。

文家庭上任之后就提出了重工的发展思路。当时落儿岭村的情况是人口较多，村里有 2000 多人，耕地面积只有 900 多亩，人均只有几分地，山场人均也有 4～5 亩。在这么一个条件下，文家庭认为要想从地里挖出一个"金娃娃"，想让农民以其致富是不可能的。一定要走出一条以村级集体经济、以工业致富的路子。文家庭在村班子会议上提出四句话八个字："重工、兴农、稳林、活商。"东风纸业的老厂址，当时有三线厂，面临即将搬迁，有厂房优势。落儿岭村有村办经济，加上三线厂在这儿发展经济，无论是村领导班子还是农民的思想观念都比较开放，有经济头脑和商品意识，这是落儿岭村重工业发展的最大优势。文家庭认为村里要想致富就必须发展工业，重点是办好工业。1990 年在年终工作总结大会上，文家庭说："我今年干了一年，我三年内必须使村总产值突破 1000 万（元），农民人均收入必须达到 300 元（当时人均收入还不到 200 元）。"在当时的历史条件下，这是一个不得了的承诺，别人觉得不太可能。结果通过村领导班子和企业的共同努力，1991 年年终总结时，村工农总产值已经达到 1200 万元，农民人均收入 340 元。村里通过发展工业，从东风纸业和彩印厂入手，又办了加油站、水力发电站、纸箱厂、轻工机械制造厂、金刚石厂、饮品厂和竹制品加工厂等。文家庭在任期间，村里有村办企业 18 家，人均收入 4200 元，在企业的就业人员劳力达 1150 人，当时村里的总人口为 2300 人，因此在村级企业就业的人员占到了总人口的一半。村里有 500 户人家，基本上每家有两人在企业里工作。

村级集体经济的快速发展除了要有一个好的发展思路以外，还要有一些好的带头人，落儿岭村领导班子积极主动的创业精神也极大地促进了村域经济的快速发展和壮大。创业的发展过程不可能一帆风顺，挫折和困难都要有勇气和毅力去克服。村里办加油站的时候是在计划经济条件下，制度上不允许的。但是文家庭在企业长期工作，经常出去考察，他看到江浙那边都办有加油站的。回来之后，他就写了一份报告，要求村里建一个加油站，当时这事商业局管、公安部门要管、消防部门也要管，很难批下来。后来文家庭找到在霍山挂职的企业办主任，跟他汇报了加油站的事情，并得到了批示："落儿岭要求办加油站，我看此项目可行，在江浙一带办得很红火。"当时商业局不批是因为影响他的收入，办加油站是直接和他们竞争。找到这个企业办主任，拿了批示，文家庭感觉是拿了"尚方宝剑"一样，就请商业局的人到落儿岭去看现场，按照标准是否符合，是否科学。前一天他们说好同意去，第二天文家庭专门借了一辆车子去接他们，结果他们又不去了。没有办法，文家庭只好直接去找六安地区的商业局局长，当时地区商业局局长还兼地区石油公司的总经理，区商业局长看到了改革开放的大形势已经形成，他就同意了。

文家庭在任期间是落儿岭村创业的最关键时期，在创业的时候，文家庭一年在外面跑了 23 个地方，最多的是 32 天没有回过家乡。那是 1984～1985 期间，落儿岭与淮南联营。由淮南矿物投资 80 万元，在落儿岭村建立现代化企业。这件事情在当时的山区小村是一件不容易的事情，在一个小山沟里能搞一个现代化生产线非常了不起。当时通过文家庭的关系，通过一家石油公司的副经理认识了淮南矿务局水泥厂的一位厂长。因为落儿岭有一个造纸厂，而淮南矿务局正好有一个水泥包装项目。正好通过这个合作，引进了80万元的资金。当时文家庭的儿子的手被开水烫伤，当地的医院治不了，只能到诸佛庵镇上的大医院，可是当时没有手机这样的通讯设备，打一个电话都很难，他没有顾及儿子的伤势，还去为企业引进资金奔波在外。当时从合肥到成都，一周只有两班车，根本买不到坐票，不像现在，到成都是两天两夜，而且车的速度很慢。当时文家庭带了一个企业的采购员，晚上就用报纸铺在三人座的座位底下睡，不然第二天肯定撑不住。采购员一夜不敢睡，怕文家庭被别人踩到，又怕开水把他烫到。第二天这名采购员就撑不住了，他要求下车，但文家庭坚决不同意，说他们签了合同，对别人要有诚信。于是文家庭让他晚上在车子座位底下睡一觉，第二天就有精神了。由于文家庭经常出差，对这种事情很有经验。当时回来的时候是大年三十的晚上，也就是年初一早上三点钟，过年就是在车上过的。那时候不像现在半小时一班车，那时候一天只有两班公交车到霍山。要是现在他们就可以到旅馆去睡上一个晚上，可是当时只要三块钱，他们都没有舍得，两个人就在椅子上睡下了，到了早上六点钟又从火车站去汽车站，就这样他们不顾旅途疲劳，把事情办成了，所以他们还是很高兴的。现在造纸厂的一些技术人员，也是文家庭亲自去纳贤招来的。厂里的工程师都是来自全国各地的，有河南的，也有山东的。当时的情况是一个月给他们七八百元钱，来一次给他们一些钱，有时候他们来半个月，厂里也只给他们几百元，但是他们被村里办企业的精神所感动，他们不计报酬。河南有一位窦君工程师，是河南新乡市科委的，是造纸厂的工程师。当时文家庭他们到北京，到轻工业部找他，经过多次沟通，他被落儿岭人精神所感动，与企业的职工一道为纸厂的发展作出很大的贡献。

在落儿岭大力创办企业的时候，许多人的思想观念还依然没有解放，文家庭在为村里争取项目，发展村集体企业的时候也遇到过这样的阻力，但是文家庭认为，解放思想很关键，一个地方不怕经济落后，就怕思想观念的落后。人的思想观念的落后制约了地方经济的发展，所以一个地方的发展，解放思想是第一位的。当年落儿岭村在办企业时争取国家的补助资金就必须采取一些策略和方式。霍山县是贫困县，对于贫困县而言有一些政策，文家庭就通过省农行到中国农行总行给造纸厂争取资金，经过努力农行的项目终于争取了下来。

文家庭在创业中，不怕困苦，克服常人都不能承担的苦痛，吃尽了千辛万苦。文家庭觉得村里面的干部和群众在思想解放上做得还不够，所以他就把落儿岭村所有的党员都请到外地去参观学习。每年村里也安排每个企业的厂长、干部、党员，村民组长到北京，到外地去参观学习。在参观学习中解放思想，培养商品意识和经济头脑。村干部去北京参加学习虽然花了一两万元，但他们的思想得到了解放，战斗力、凝聚力和向心力也都有所提高。因此，文家庭通过这些事情悟出一些道理：一个村子的发展要有一个好班子，一条好路子，一个好对子，一个好的机制，关键是要有一个好的领头人。思想解放，干事业的责任心强对一个地方的发展起到关键性作用。

经过相当长一段时间的艰苦创业，落儿岭村的经济和社会面貌得到了彻底的改善。村里在企业效益、百姓生活、生态保护、教育和职业等方面在乡村工业化的过程都得到了较好的发展。在企业效益方面，在文家庭任职期间，造纸厂的年产值已经有八千多万元，村里的整个工业总产值有一亿元左右。落儿岭村在 20 世纪 90 年代的时候成为皖西第一村，在全市经济贡献率上落儿岭村是第一位，人均收入排在第二位。同时现在造纸厂的产品已经是出口国外，主要是出口加拿大、澳大利亚、新加坡，一年出口收入在两千万人民币左右（约占总产值的 1/5）。村里不仅通过外贸出口，还搞私营出口。

在百姓生活方面，落儿岭村经济比较发达，人民生活比较富裕，在 1995 ~ 1998 年的时候，人均收入都在 1000 元左右，如果一户有两个人在村里的企业上班，家庭年收入约为 2 万元。因此落儿岭村 10 万元户占 70%，10 万元指存款，不包括房屋。住房和穿着方面也很不错。落儿岭村的经济收入跟城关镇差不多，其他乡镇和落儿岭相差很大，落儿岭村有毛竹、茶叶、蚕桑，家里还养猪、鸡等。落儿岭村的小伙子很好找媳妇，村里的女孩子嫁出去的很少，外面嫁进来的女孩比较多。村民的业余文化生活也很丰富，文家庭在任期间，村里年年都搞山区特色的文化活动，舞龙、舞狮子、花鼓灯，这些

道具都是村里从武汉买来的，也有些是自家做的。村里的龙狮队到六安参加
文艺表演获过二等奖，而且六安的企业开业都请龙狮队去庆祝。企业每年都
组织员工参加文体活动，比如篮球比赛、跑步比赛、拔河比赛等。由于村级
集体经济的快速发展和良好的经济效益，当地的农民负担也相对较轻。落儿
岭在文家庭任职期间，在税费改革已经做到超前了。从 1990 开始，农民的
所有税费都由村里拿，农民不拿不分钱。在为农民服务，减轻农民负担方
面，村里做得也很好。村里每年都从合肥种子公司进来种子，并按原价卖给
农民，不收任何手续费、运费等。正因为此事文家庭当时还被误解，从而被
举报。因为大批量买种子，种子公司的人以为他是为了赢利，扰乱市场，差
点被农业执法队的人罚款。在病虫害防治方面，村里也积极为农民提供服
务。村里专门成立了一个病虫害防治小组，为农民提供免费服务，在药品方
面也是原价提供，小组人员的工资由村里负担。村里还有打稻的柴油机，两
个村民组共用一台。除此之外，村里还积极为农田兴修水利、修路、修桥。
2001 年村里还修了一座水泥桥，资金都是由村里各方面争取的，没有收取老
百姓的钱。村里百姓生活相对富裕，贫富差距也较小。村里走的发展道路是
工业强村，集体经济是村庄富裕的主要原因，集体的大部分收益由全集体的
农民共同享受，所以贫富差距随着村里集体（合作）企业的发展开始缓解下
来。

从文家庭任职期间开始，企业在招工方面对员工的文化程度都有要求，
文凭必须是初中以上，后来是高中以上。但是要留出两三名的工人名额照顾
家里条件比较差，没有能力读书的贫困户。在经济发展的同时也要扶贫，主
要是生产方式扶贫而不是救济性扶贫。文家庭在落儿岭任镇党委书记和镇人
大常委会主任的时候也帮扶小庵里村（传说李世民的妹妹李世去在此削发为
尼）一个方姓人。主要是帮助他发展养殖业，通过扶贫办为他申请了一笔扶
贫资金，买了几头牛和公山羊，现在已经发展为 30 多头牛和 100 多只羊。
所以文家庭认为，发展一个项目比救济好得多。

在教育方面，随着生活水平的改善和企业就业的要求提高，工业文明更
加影响人们的思想观念和行为方式，教育也被当地政府和老百姓日益重视。
在文家庭任职期间，村里的老式小学也被推掉重建，当时村里出资 27 万元

盖了这个教学楼，重建的小学教学楼在 20 世纪 90 年代的农村可以称得上是"独树一帜"。不但如此，当时村里还出台了一个政策，凡是考上一个大学的就奖励 300 元钱奖金，考入重点大学的奖 500 元；考上大专的每人是给 200 元钱奖金；考上中专的每人也有 100 元钱的奖金。2004 年 3 月 8 日，在人民大会堂，文家庭在全国政协大会上也就教育问题作专题发言，引起了许多媒体的关注，安徽省广播电台也作了深度报道。同时就在 2005 年，通过政协委员的帮助，中国人民解放军经济工程学院赠送给村里几台电脑，对当地的教育事业给予一定的支持。1997 年，落儿岭村的集体企业还先后进行了股份制改革。改制中，集体依然掌握着 50% 以上的股份，企业对村的贡献依然很大。

第四节　工业经济继续发展时期：陈庆泉

陈庆泉，2003 年任村党总支书记，1980 年进村班子，曾任会计、文书，1990 年担任村主任兼农业支部书记。其子高中毕业后去当兵了，女儿从安庆师范大学毕业后，在合肥工作。陈庆泉任村党总支书记期间（2003～2007 年）是落儿岭村工业继续稳步发展的重要历史时期。

目前，落儿岭村的工业进行稳步发展期，村办企业在全霍山县甚至是六安地区也算是最好的。早在 20 世纪 80 年代，工业对村子发展的影响已经起到绝对优势的作用，全村田亩不到 800 亩，人均不到 4 分地，必须要走山口经济之路。全村工农业年总产值在 1.8 亿元（其中工业 1.6 亿元，农业 2000 万元），工业占 85% 以上，农业占到 15%。落儿岭村工业起步在 1986 年以后，80 年代前后，村里的经济还不行，真正加速发展是从 1990 年开始到 1996 年前后。当时国家政策好，国家对农村企业贷款政策好，贷款容易。当时东风造纸厂（现在的东风纸业有限公司）从农行贷了 2600 万元，工行贷了将近 600 万元。纸厂开始只有一条生产线，现在已经发展到五条生产线，企业年上缴国家的税额达四五百万元。现在纸厂 90% 还是属于村里的。其中三线厂建房面积有 180 多亩，留下 80 多亩，村里每年要向镇里支付上千元的使用费。村里还有水电站，1991 年投入运行，当时投入的 80 万元，也是从农行贷款的，进行不力发电。铸造厂铸造加工模型、机器零部件，翻砂，一般的初步加工，年产值在 100 万元，产品销往合肥等地，销路较好。竹业加工厂四五个，属竹木深加工，生产竹席、竹椅、竹床、竹胶板和竹筷子等产品，年产值 200 万元；拉丝厂生产的是纸箱厂装订纸箱用的钉子，属个体经营。1994 年村里投入 22 万元，办了个加油站，是中国石化的，年上缴村里 2 万元，主要是为了解决就业问题。这两年村里还出现了个人办企业的现象，主要是预制板、竹编厂和拉丝厂。农业主要是农田、竹、木、茶、药材（主要有杜仲、天麻、百合、茯苓等）、果木等。漫水河租村里 20 亩地种百合，销往上海等地。总体而言，村工业年收入在 80 年代是 4000 万元左右，20 世纪 90 年代已经上亿元，1996 年最高峰时达到 1.4 亿元，目前全村工农总产值达到 1.8 亿元。

村里的企业以纸厂为龙头，现在也正在改制之中，改制目标是向合作股份化方向发展，通过改制来化解集体企业的债务。改制途径是想通过私人承包的形式进行，但是集体资产还会继续保留，集体有几百万的资产。同时在改制中还要确保对村级的经费上缴，村里一年的经费在一二十万元。目前彩印厂已经由个体承包了，但是没有要求他上缴，主要考虑的解决就业问题。纸厂治污问题也是纸厂的重要工作，污染治理是从 20 世纪 90 年代就开始的，当时用的是土办法，将污水用池子蓄起来，让污水渐渐地自然变清，然后排放到河里去。现在正规起来了，建立了污水处理厂，2005 年 4 月动工，年底竣工。此项目利用国家国债总投资 380 万元。现在不达标不排放，处理过的水仍然排到河里，但不能饮用。国家、省里也经常来检查，用卫星定测仪，从省里就能检测到排污情况。造纸用的纸浆原来是收来的茅草杆子、松树等，现在用的都是进口原料，但是成本较高。纸厂的技术人员基本都是村里的人，厂里对他们进行技术和专业培训，派他们到广东、北京等地学习，参观东北黑龙江佳木斯市的大型造纸厂，一般学习两到三年，也有从山东潍坊请来的技术人员，从 80 年代就开始聘请。污水处理也请高级工程师来指导。企业里的中层干部都有文凭，会计有上岗证。厂里还有职工学校，主要进行安全生产和技术培训等职业教育。目前村里办企业遇到的最大难题是资金问题，现在银行紧缩贷款，原来的工业有保护政策，贷款比较容易，这几年投资过热，国家财政也采取紧缩财政政策。但是相对个人贷款比较容易，村里的中层干部每家每户都用家产、房产作抵押贷款。

村里在抓工业的同时，也注重社会建设，村里投了 26 万元修建乡村公路，16 个村民组村村通公路。工程由百姓出工，村里出资的办法进行。2000 年以后，村里还修了三座大桥，投资 35 万元，资金主要来源于村里。同时村里的妇女儿童组织、文化教育、卫生医疗组织等比较健全。在合作医疗方面，村民每人每年上交 10 元钱，中央财政和省财政分别下拨每人 20 元进行参合，大病最高可以报销 1 万元。医疗费用每季度都要公布，目前实行个人先垫付，后报销的办法，报销需要审批，初步解决农民看病难问题。村里对教育总是也很重视并加大投入，村里的两女户和困难户的小孩上学都是免费的。另外，对考上大学的孩子村里给予奖励，每人 500 元。现在正在就读的大学生有 20 多人，已经毕业参加工作的十几人，全村共有 3016 人，大学升学率在 1%，全村年轻人的文化程度基本上达到高中。村两委的工作方法也发生了重要的改变，以前是四个工作组下乡，现在是通知老百姓来村里办事。现在村里实行干部管理制度，一天 8 小时工作制。村里有三名干部：村党总支书记陈庆泉、文书储晓军（改选后已接任村委会主任）、妇女主任储朝霞；五名党委委员，除了上述三人，还有两个企业里的干部，一个是东风纸厂的董事长肖峰，另一个是电站的法人代表姜典松，他们拿企业工资。村干部工资实行考核制度，分工明确，工作干得好，得满分才能发全工资。

落儿岭村农民的生活也日益得到改善。1995 年 9 月 18 日温家宝总理来村里视察，当时他是分管农业的副总理。温总理来的时候村里并不知道，他由县里、乡里的领导陪同，直接进了村民储召家的家里。他问村里有多少人口；山上有多少茶园、山场；老百姓的生活情况；问了老百姓的饮水问题、小孩上学情况、农民生活问题；问他家几口人，是否在企业上班，生活怎么样。当时村里的温饱问题已经解决了，储家就夫妻俩带一个小孩，两人在企业上班，家庭条件不错。温总理还问他们小孩上学怎么打算。储召家回答只要能念得上，就一定要培养孩子上大学。问到计划生育问题时，储召家说就生这么一个，不再要小孩了。温总理说这种想法是对的。温总理还问农村是不是一定要生个儿子，储召家回答说那不一定。喝茶时，温总理说村里的水很好。他在村里呆了一两个小时就离开了。当时的书记文家庭还向温总理汇报了村里的人口、组织等情况。温总理说抓工业的同时也要抓治污，还提到山区的林业、防洪、沙土流失等问题，要求不能出现乱开荒。

随着农村经济环境的发展，农民逐渐意识到自然环境和生活环境的重要性。现在在农村，卫生间都修得很好。全村共有七八百户人家，基本达到90%以上通电话，联系比较方便。电脑也已经开始进入这里的农家，在家就可以上网，目前村里有一二十户，这些人都是自己经营企业，一般的农户也还是承担不起。村里暂时还没有文化站，没有书店，但已经在五年计划之内了，将来村里还要建文化站、体育场、停车场、菜市场。

陈庆泉认为农村发展要解决好五个方面的问题：一是教育是农村的头等问题，既要解决好学校教育问题，又要解决好家庭教育问题，这是很重要的。特别是孩子的娇生惯养问题。现在的孩子没有自立、奋斗的精神，从小娇生惯养，容易被一些不三不四的人拉下水。现在的孩子有缺点还不让人说，要加强对未成年人的教育，该村犯罪的不多，也有因无钱抽烟、上网而去盗窃的例子。一般来说，贫困家庭的孩子有奋斗精神，因为他要想改变环境就只有努力。陈庆泉自己的侄子就是如此，他家庭条件不好，但他学习刻苦，并考上了合肥工业大学，在大学里还拿奖学金。二是必须做好农村水利工作，这是农民的切身利益问题。村里每年投入 6~8 万元搞水利建设。去年村里水灾严重，村里投了近 16 万元，光挖掘机就工作了近一个月。村干部要老老实实为百姓办事才能有威信，老百姓很关心水利问题，自然灾害发生时，干部要随时出现在现场，不能出现死伤，到目前村里还没有出现死人情况。三是关于乡村道路修建要加大投入。村里已经修了加油站的水泥路，国家投入了一部分，老百姓每人出 300 元，企业的老板也赞助了一些，有一个企业赞助了 3 万元，其余的也都赞助了一些。村里要搞绿化，实现山青水秀，此项工程正在规划之中。四是要围绕和谐社会做文章，从农村的易风易俗抓起，尽管人们的物质生活好了，但还要提倡节俭。社会治安要从头抓，从小学生抓起。目前村里的社会治安情况很好，社会安定，老百姓也通情达理，各方面都很配合。要发展，没有稳定的环境不行。另外，村里的真正困难户占 5%。村里每年春节还要对村里的特困户和老干部进行慰问，带点钱和物品。五是工业发展不能滑坡，要直线上升。纸厂虽然是村里的，但竞争是全国的，市场是世界的。现在纸厂生产的产品销往韩国、澳大利亚和新加坡等国。

　　落儿岭村经济的发展历程是落儿岭人在几任书记的带领下艰苦创业的历程，落儿岭村乡镇企业由少变多，由弱变强的发展之路也是生长在这片红色革命根据地上的人们思想意识日益变迁的体现，是从新红军精神到新型农民意识的渐变过程。正是这种思维意识的不断革新，落儿岭村的乡镇企业才能在全国村域经济日益衰退，乡镇企业渐少渐弱的历史背景中变得日愈强大。

第三章　落儿岭村经济发展状况

第一节　落儿岭村农业经济发展及现状

　　霍山县落儿岭镇落儿岭村常用耕地面积 803 亩，山场面积 11376 亩，毛竹园约 2300 亩，茶园 540 亩，有三口可供灌溉兼养殖大塘，基本保证本村几百亩良田灌溉使用。它是个以经济作物为主的农业山村。

　　1950 年，中央人民政府颁布《中华人民共和国土地改革法》，废除封建剥削的土地所有制，实行农民阶级的土地所有制。到 1952 年底，全国已基本完成了土地改革，在我国延续数千年的封建剥削土地制度彻底废除了。广大农民在政治、经济上翻身。农村生产力得到解放，为农业生产的发展和乡村工业化开辟了道路。落儿岭村经过土地革命，生产力获得一定程度的解放，粮食产量有所提高，20 世纪 50 年代初期粮食产量达到约 150 吨，农业产值达到 9.8 万元，农民人均纯收入约 30 元，农业生产超过历史上最高水平。1955 年，国家对农业实行社会主义改造。通过典型示范逐步推进，从农业互助组、初级农业生产合作社到高级农业生产合作社，由低级向高级发展，走向社会主义道路，个体农业经济转变为社会主义集体经济，落儿岭村农业经济开始向前发展。"文化大革命"时期，由于受到"左倾"错误的干扰，农业遭受严重破坏，农业产量长期停滞不前，落儿岭村粮食不能自给。

　　十一届三中全会以后，全国农村实行以家庭联产承包为主要形式的责任制（土地权与使用权分开，分户经营，自负盈亏，农民拥有生产和分配的自主权），发展乡镇企业和非农产业，废除了"一大二公"的人民公社旧体制。极大地调动了农民的生产积极性，解放了农村生产力，推动了农业的发展。农村改革向专业化、商品化、社会化发展。20 世纪 80 年代初落儿岭村实行家庭联产承包生产责任制，山场实行"三定"和后来的两山并一山，从此农业生产获得解放，农民群众生产积极性空前高涨，农、林、牧、副、渔业都大幅度快速发展，由过去较单元经济作物发展成茶、桑、竹、药、材、食用菌等多元经济作物。1984 年在耕地减少的情况下，实现粮食产量 380 吨，茶园面积扩展到 394 亩，农业总产值增加到 49.7 万元，农民人均纯收入提高到 194 元。这就为农村致富和逐步实现现代化，为促进乡村工业和集体经济的发展，奠定了基础。

与此同时，村办企业逐步壮大、迅速发展，到 1987 年，产值已超过农业总产值。进入 20 世纪 90 年代，落儿岭村走上快速发展轨道，工业经济的突飞猛进已成为主要经济亮点。1995 年就荣获乡镇企业产值超亿元的六安市第一行政村。经过半个世纪沧桑巨变，现如今落儿岭村已发展成为以工业经济为主导，以农业经济为基础的富裕乡村，农业经济的发展不再是农民群众走向富裕的主要通道。农业经济收入仅占家庭经济总收入的 22.7%。2006 年实现农林牧渔总产值 287 万元，是 1949 年的 29 倍，因工业发展和公益事业占用耕地减少 30% 情况下，实现粮食产量 289 吨，是 1949 年的 1.9 倍，茶叶产量 16 吨、蚕茧产量 0.1 吨、水产品产量 4 吨，农民人均纯收入达到 3018 元，是 1949 年的 101 倍，比当年霍山县平均水平 2658 元高出 13.5%。截至 2006 年底，落儿岭村现有劳动力 1050 人，其中常年外出务工为 224 人，当年实现收入 163 万元。更重要的是当地工业快速发展，使得绝大部分劳动力不走出家门就可以就地转移。

2000 年，为促进农村社会稳定和农村经济健康发展，落儿岭村进行农村税费改革，随着改革不断深入，2004 年全面免征农业税，从此迎来了工业反哺农业，每年向当地农民发放粮食直补、水稻良种补贴和退耕还林等各项补贴，2004 年发放总计为 4980.53 元，2005 年为 477446.21 元，2006 年为 481972.06 元。昔日千疮百孔，苦不堪言，如今落儿岭农民群众真正告别了贫困，走上脱贫致富之路。具体数字见表 3 - 1、表 3 - 2。

表 3-1 落儿岭村农业经济主要指标

项目 年份	农业 人口(人)	耕地 面积(亩)	农业总产值 (万元)	农民人均 纯收入(元)	粮食 产量(吨)	茶园 面积(亩)	桑园 (亩)
1949	1400	1240	9.8	30	150	100	—
1984	2097	995	49.7	194	380	394	—
1991	2302	980	135.6	305	213	394	8
1995	2291	960.44	127	1300	398.2	410	14
2000	2270	960.44	180	2480	329	245	9
2004	2944	863	165	2601	290	245	9
2006	2910	863	287	3018	289	540	9

资料来源：落儿岭村统计报表。

表 3-2 落儿岭村惠农政策补贴统计表

单位：元

项目 年份	粮食直补	良种补贴	退耕还林现金	合 计
2004	4980.53	—	—	4980.53
2005	40329.86	45361.35	391755.00	477446.21
2006	40333.86	75762.20	365876	481972.06

资料来源：落儿岭村统计报表。

从 1970 年开始，中国农村掀起了"农业学大寨"的高潮，改田、改塘、改梯田和造林是当时农民的主要生产活动，在这次改天换地的大生产运动中，农村经济得到了较快的发展，生产力的发展也有了较大的变化。大队成立了"改田专业队"。对三条冲、东石门、胡家冲、乐道冲和大桥畈几个地方进行了改河造田，新造田 100 多亩，同时并小田为大田，对土壤结构进行了根治和改造，有效扩大了粮食耕种面积，提高了粮食产量，同时对农田水利进行了大范围的改造，新修了 5 口大山塘，扩大了农业灌溉面积，有效确保了粮食作物旱涝保收的能力。这些活动为农业生产的发展和增产增收奠定了良好的基础，也为今后的农业发展创造了很好的基础条件。同时大队还组织了专业人员，将现有荒山改梯打茶，共计新辟茶园 300 亩。在这次"农业学大寨"的过程中，虽然干了不少好事实事，但也有不少地方出现了难以想象的"浮夸风"，如亩产 1 万斤、猪比象还大等不切实际的情况。到 20 世

70 年代初大队集体经济总体规模翻了好几番，集体经济收入由新中国成立初的不到 2 万元增长到近 10 万元。主要农产品产量也有了较大的增长，如水稻年产量为 23 万公斤，小麦年产量为 1.8 万公斤，茶叶年产量为 500 多公斤，薯类玉米等年产量 1.2 万公斤。农业经济总收入发展到近 9 万元。捞纸厂一年也有近万元的收入。人均纯收入增长到近 100 元。

通过几十年的发展和建设，特别是改革开放以后，落儿岭村的农村经济和人民生活也有了翻天覆地的变化，由新中国成立初的食不果腹、衣不遮体、住茅草房发展到楼上楼下电灯电话、彩电、冰箱、摩托车、手机都非常普遍，并提前踏上了"小康之路"。1995 年村里实行了"二高一优"（高产、高效和优良品种）的产业机构调整，在紧抓粮食生产不放松的前提下，大力发展开发性农业，全村新栽毛竹 200 亩，新辟茶园 120 亩，新栽中药材 60 亩，村里先后还办起了 4 个林场，目前全村拥有杉木林面积 550 亩，中幼林面积 360 亩。全村毛竹总面积达 2300 亩，年采伐量 5 万根，年收入 50 多万元，茶叶年收入 90 多万元。到 2000 年，全村顺利实现了"1145"工程，即：户均 1 亩茶，1 亩药桑，4 亩竹，5 亩林。2006 年"村村通"工程启动，当年就修通了落—银水泥路（落儿岭村—诸佛庵镇银孔村）。

到 2006 年底，落儿岭村目前拥有耕地面积 960 亩，山场面积 11376 亩，毛竹园 2300 亩，茶园 540 亩，森林面积 960 亩，村办林场 4 个，村办企业和民营企业 18 家。主要农产品产量依次为水稻 26 万公斤，水稻亩产达到 1000 斤以上，小麦 3 万公斤，豆类及薯类 9000 公斤，蔬菜 22 万公斤，药材 8000 公斤，茶叶 16000 公斤，板栗 4000 公斤。年末大牲畜水牛有 25 头，生猪 230 头，山羊 70 只，鸡鸭 1400 只，养蜂 14 箱，禽蛋产量 2000 公斤，水产品（鱼类）5000 公斤。毛竹年采伐量约为 3 万根，农业经济总收入发展到近 200 万元。

一　农村管理形式的变迁

新中国成立前，落儿岭村土地是实行封建土地所有制，土地所有权绝大部分集中在当地陈明实、陈永富等少数地主、富农手中。由于受地主阶级的压迫和剥削，广大贫苦农民过着缺油少盐，糠菜半年粮的苦日子，终年衣不遮体，食不果腹，贫病交困。新中国成立后，开始进行土地革命，放手发动群众，成立群众性农民协会，开展农民同地主阶级的斗争，没收或征收他们的土地。1951 年春，全村土改结束，将没收或征收的 1000 多亩耕地平均分到 270 多农户手中。1954 年，在农业社会主义改造运动中，推行试办以土地入股、统一经营为特点的半社会主义性质的初级农业生产合作社，直至后来又将土地和主要生产资料收归集体所有，取消了土地报酬，实行各尽所能、按劳分配，男、女同工同酬的完全社会主义性质的高级农业生产合作社。到了 1956 年春，落儿岭村已由初级社转为高级社，从而完成了土地由农民私人所有制向集体所有制的过渡。全村 1200 多亩的耕地和 11376 亩的山场全部收归集体所有。

1. 农民互助组（1951～1954 年）

新中国成立初期，进行土改，农民经营方式仍是个体的小农经济结构，土地生产量和农业劳动生产率低下。为了生产发展，解决大农具和耕畜等生产资料的缺乏及劳动力分布不均的矛盾，按照自愿、互利、民主管理的三大原则，出现了简单的共同劳动的临时互助和季节性互助组。

2. 农业生产合作社（1954～1958 年）

1954 年成立落儿岭初级农业生产合作社下的大队，从此农业生产有计划的经营，产品由落儿岭社统一分配。公积金、公益金和管理费由社集中掌握，统一使用。后来发展成为落儿岭高级农业生产合作社，所辖的落儿岭大队生产资料收归集体所有，实行按劳分配。高级社统一制定生产计划，统一进行劳动力调配，经营管理、收入和产品分配。

3. 人民公社（1958～1983 年）

1958 年在农业生产合作社的基础上发展成立了人民公社，落儿岭大队仍是落儿岭人民公社下的落儿岭生产大队，名为农民公社落儿岭大队。人民公社初期是以公社为核算单位，公社内物资统一调配，社员统一劳动，评工记分，死分死记，收益统一分配，吃"大锅饭"，后改为大队核算。1963 年调整农村人民公社规模，贯彻"三级所有、队为基础"，实行了以生产队为基本核算单位，统一劳动，统一分配。到了 1983 年实行农村经济体制改革，政社分设，成立乡人民政府，原先的落儿岭生产大队就成为行政村。

4. 家庭承包责任制（1983 年至今）

（1）生产责任制第一轮承包时期（1983～1995 年）。在农村经济体制改革前，落儿岭大队曾在 1961 年贯彻安徽省委提出的"田间管理责任制加奖励办法"（简称"责任田"），实行包工到户，定产到田，责任到人，推进超奖减赔的农业生产责任制，农业生产出现过转机，农民生活得到初步改善。1962 年，又把"责任田"当作复辟资本主义的手段批判，取消了这一行之有效的责任制度。1963 年，改为公社、生产大队、生产队三级所有，以生产队为基础的核算制。1981 年为贯彻执行十一届三中全会精神，全大队积极推行农业生产责任制，首先采取了"大包干"，小宗作物定产到田，责任到人，超奖减赔等。随着农业生产责任制逐步完善，1983 年为实行农、林、牧、副、渔各种形式的联产计酬的家庭承包生产责任制，当时全大队 560 户，将集体的水田 803 亩、旱地 197 亩全部按农业人口平均分配到户，先后还将集体的山场 9275 亩也是按人口平均划分到户，实行以"治山有权，管山有责，养山有利"即林业"三定"生产责任制政策。1984 年，根据上级"并山"通知精神，决定增划自留山，在林业"三定"基础上，采取大稳定小调整，将现行的责任山和自留山合并成一山，并给各户发放《自留山使用证》。从此，无论是耕地或是山场，土地的权属仍归集体所有，个人拥有长期经营权，产品收益除了一部分上缴国家、集体外，剩余部分可自主处理，山场还允许继承。所有这些，极大地调动了农民生产积极性，推动了农业生产加速发展。随着改革的深入，农产品流通渠道开始疏通，除粮食外，大部分农产品和土特产品可以随行就市；粮食实行合同定购和市场收购并行的"双轨制"。从而打破了封闭的自给自足和半自足式的农业经济格局，逐步在向初级社会主义市场商品经济转化。

（2）生产责任制第二轮承包时期（1995 年 8 月至今）。农村土地采取统分结合双层经营模式的生产责任制，在前 15 年发展过程中得到充分肯定，为进一步稳定和完善农村家庭联产承包责任制，1995 年 8 月，在继续执行土地公有制的基础上，保持现有土地承包关系的基本稳定，对增减人口进行必要的微调后，直接延长土地承包期，进行第二轮承包。明确耕地承包期 30 年不变；山场承包按林业"三定"和"并山"期间确定的权属关系不变，承包期顺延50年；茶园、桑园、果园原则不做调整，其承包期也顺延50年。到1995年底落儿岭村经济联合社，共与595农户签订了承包合同，并发放了承包合同书。农村土地第二轮承包明确了承包关系，完善了承包合同，放活了土地使用权，在承包期内提倡"增人不增地，减人不减地"的稳定承包关系，让农民真正吃上"定心丸"。

5. 经济联合社

为适应农村经济管理需求，确认乡村集体经济组织的法律地位，保障其合法权益，落儿岭村按照皖农经〔1992〕060号《安徽省乡村集体经济组登记试行办法》，于1995年8月注册登记成立落儿岭村经济联合社，在村支部统一领导下开展工作，其成员与村党支部、村委会成员兼任，采取的是"一套人马两块牌子"办法，负责本辖区内经济活动和服务性管理。

二 农业科技水平的发展

落儿岭村处于大别山山脉脚下，属山地地形与平原地形的缓冲地带，是北亚热带温润温暖季风气候区，地处中纬，由于北部面向黄淮平原，东邻江淮丘陵，又离海洋较近，所以受冬夏季风的影响比较显著。冬季干凉，夏季温热，四季分明，冷热适中。年平均温度14℃，无霜期220天，雨量充沛，年均降水量139毫米，4~8月降水量占全年70%左右。较多的雨量形成发育的水系，境内有三个在20世纪70~80年代修建的拦水坝和一座小型发电站，年发电量2500千瓦，可供农业灌溉和生产用电。本区光能资源比较丰富，常年日照平均时数2084.4小时，年日照百分率为47%，独特的自然条件形成本区域粗骨性黄宗壤地带性土壤，根据2006年土壤监测结果，土壤多呈酸性，强酸性反应（pH值4.8~7.0）。宜发展松、杉、毛竹等用材林及茶叶、油茶、板栗、茯苓、天麻等经济作物。

1. 改进耕作制度

新中国成立前，农业生产方式落后，农田耕作单一，水田为中稻一熟制，旱地普遍为小麦、夏玉米、山芋、黄豆两熟制。新中国成立后，水田逐步发展为油稻或肥稻、麦稻两熟制，1964年，彻底改变了过去中稻一熟制的水田耕作制度。1971 年起进行双季稻试验，后来进行全面推广，由于光温条件不够，1978 年后双季稻播种面积减少。到了 1987 年，受商品经营的发展影响，农民经商和从事工业的渐多，只想种一季中稻，对在水田种小麦、油菜的劲头不大，影响了粮食生产，因而当时六安市行署提出了"改沤扩午"一项农业生产改革，改变传统的旧耕作制度，强调在沤水田种午季作物，以确保复种指数不下降。1993 年又采取耕作方式的改革试验，由过去的春季插秧改为旱育抛秧。1995 年改为软盘抛秧新技术，近几年又进一步改进成无盘抛秧新技术，从而提高了抵御自然灾害能力。

2. 改良土壤

新中国成立前，土地为地主和富农所有，生产力十分落后，农民很少进行土壤改良。1953 年，在增加水田面积和开垦荒地的同时，深翻客土，增施有机肥，以加速人工熟化程度，提高土壤肥沃度。1958～1961 年，因客土改良土壤，同时把河流两岸的沙滩地改为水稻田，耕地面积扩大，土壤也得到改良。1962～1965 年，狠抓对土壤的投入、种绿肥、养猪积肥、积制家杂肥等有机肥，增加肥料施用量，不断提高土壤肥力，促进作物增产。1966～1978 年，相继兴修了项家院、冲口、东门三口大塘，还配套进行改河造田。通过改冬沤田为冬种，翻耕晒堡，增加土壤透性；通过开沟排水，改善土壤理化性状。

3. 更新品种

民国时期，小麦品种只有桦树球、和尚头、三月黄。水稻主要是高秆的乌嘴川、天生川、小川、麻壳籼、小红稻、乌节糯、木子白等农家品种。玉米有白眼猴、黄大汉等。新中国成立后，水稻推广胜利籼代替地方品种，产量由 200 公斤增到 250 公斤，后又引进推广南京 1 号（399），亩产可达 300公斤，小麦推广万年 2 号、万国、郑引 1 号、7023、扬麦 1 号、2 号等。大麦引进六石准，油菜引进芜湖 104。1970～1977 年，大力发展双季稻，早稻开始用莲塘早、矮南早 1 号、二九南 1 号，生长期 105～115 天，产量一般在 300 公斤左右。双晚品种有桂花黄、农垦 57、农垦 58。1985 年，经过在山区试验后，水稻开始推广杂交稻。常规中稻主要使用桂朝 2 号、13 号、BG902、BG929 和 BG910 等高产良种。小麦主要引进扬麦 5 号、绵阳 11 等高产良种。玉米引进高产的丹玉 6 号，亩产 300 公斤左右，比常规老品种增产 30%~50%。20 世纪 80 年代油菜引进"武油 1 号"，代替原有的芜湖 104、浠水白和小黄籽等老品种。进入 21 世纪，一些具有抗旱能力且有高产、稳产的特点科技新品种得以推广，Ⅱ优 086 被广泛使用，亩产可达 505 公斤。玉米引进苏玉 20、稀植大棒等新品种。

4. 肥料施用

新中国成立前，各种作物都施农家肥，水田用饼肥和土杂肥做基肥，基本不施追肥。秧田以锅台土和烧秧包作基肥。旱地以家杂肥和塘泥作基肥，人粪尿作肥。饼肥大都用在旱地或茶园。解放初期，曾使用过农资部门调进硫酸铵，群众誉为"肥田粉"，但主要仍以农家肥。20 世纪 50 年代后期还试种了红花草（紫云英）绿肥。60 年代也开始推广使用硝酸铵、氯化铵。到 70 年代，随着高产良种的推广和科学种田水平的提高，增加了化学肥料的施用，碳酸氢铵和过磷酸钙达以推广。70 年代后期，在大力推广尿素的同时，也大力推广红花草。从 80 年代起有机肥施用量逐年减少，化肥用量逐年增加，种类逐年增多，施肥水平逐年提高，施肥方法日益科学合理，化肥以碳铵、尿素和过磷酸钙为主，高浓度化肥和优质复合肥极受农民的欢迎。

三 农村税费制度改革

1. 农业税

1950~1957 年，农业实行累进税制。1958 年 6 月新中国颁布了《中华人民共和国农业税条例》，从此实行比例税制，粮田农业税征收依据计税土地面积（耕地面积除去自留地、开荒地、饲料地后的面积），常年产量根据当地一般情况，按正常年景民主评定的农作物正产品收获量，一定若干年不动。税率根据 1963 年《安徽省农业税征收实施办法》规定为常年产量的 11%，对粮田种植棉、麻、油菜等经济作物，比照同等邻田粮食常年计征农业税。落儿岭村从新中国成立初期到 1983 年实行集体所有制下的"生产资料统一分配，农业产品统购统销"政策，又是缺粮较重的山区，这段时期农业税实际上是处于减免状况。1984 年，土地的经营权发生深刻"革命"，实行家庭联产承包责任制，修改过去30年的统购统销政策，从此农业税由各承包经营户负担，当年实现上缴国家税金1.3万元。以后几年一直执行"稳定负担"、"以率计征，依法减免，增产不增税"的鼓励增产的负担政策。正因为如此，20世纪90年代农业税基本维持在34260.48元。2000年根据中央指示，安徽省从维护社会稳定，减轻农民负担大局出发，建立与适应社会主义市场经济发展要求，完善农村分配体制，率先在全国进行税费改革试点，主要内容是"三个取消、一个逐步取消、两个调整、一项改革"。"三个取消"即一是取消乡统筹费等专门面向农民征收的行政事业性收费和政府性基金；二是取消农村教育集资等涉及农民的政府性集资；三是取消屠宰税。"逐步取消"是逐步取消统一规定的劳动积累工和义务工。"两个调整"就是调整农业税和特产税政策，调整农业税，以1998年前五年间农作物的平均产量为依据确定：农业税税率仍实行地区差别比例税率，税率最高不超过7%，农业税附加按正税的20%征收。"一项改革"是改革村提留征收和使用办法。2000年经过调整后，农业税为28379.27元，比上年减少17%。随着农村税改不断深化，2004年减少为18744.38元，同时还取消正税附加，2005年安徽省全面取消农业税的征收。2005年12月29日全国人大常委会通过关于《中华人民共和国农业税条例》自2006年1月1日起废止。在2000~2003年间农业税的正税附加20%，本村自始至终没有直接向群众收取，而是从集体经济收入中垫付。

2. 农业特产税

是按国家规定对农业特产收入征收的农业税。是对有固定的林、木、茶、竹园、果园、药材等按照实际出售价计算，实行比例税制，主要是委托收购部门随购代征。从新中国成立初期到20世纪80年代后期基本上是采取这类代征的办法。1985年，落儿岭村所在地诸佛庵区公所规定木材按出售金额的2%，毛竹按出售额4%，茶叶、油茶子、木炭等按出售额6%计征。1999年茶叶税达到61109元（税率13%），毛竹税为18474.30元（税率12%），蚕茧税1520元（税率8%）。2000年在税改过程中调整了特产税，毛茶、水果、干果等税率下调到10%，原竹、原木调整为10%。随着税改深化，2002年将毛茶和水果、干果的农业特产税率由10%下调到8%，原竹、原木也下调到 8%。2003 年取消特产税的 20% 附加，2004 年农业特产税统一改称为农业税，2005 年取消除烟叶外各种农业特产税。

3. 提留统筹费

2000 年税改前面向农村主要行政社会事业费用负担称为"三提、五统"。它是根据 1996 年 12 月颁布的《安徽省农民负担管理条例》中规定，除完成国家农产品定购任务外，所承担的法定费用。"三提留"是指村级公积金、公益金和管理费。"五统筹"是指乡镇统一收取用于乡村两级办学、计划生育、优抚、民兵训练、修建乡村道路等民办公助事业。收取标准是按农村经济主管部门提供的农村经济收益分配统计表和计算方法统计的数字为依据，不得超过上一年农民人均纯收入的 5%，其中乡统筹费不得超过2.5%。多年来，所有面向本村的费用负担都是由集体经济来承担，没有直接向农民收取，直至 2000 年因税改而取消，仅此项为当地农民减轻共计有近 200 万元的负担，具体数字见表 3-3。

表 3-3 落儿岭村税费负担统计表

单位：元，%

年份 \ 项目	农业税	税率	特产税					五项统筹三提留
			小 计	茶叶	蚕茧	原竹	原木	
1984	13000	6						
1986	26815	6						
1992	26815	6						11205
1997	41295.10	—	80200.3	60206	1520	18474.30	—	83969.20
1999	34260.48	7	81103.3	61109	1520	18474.30	—	212623.67
2000	28379.27	7	135542.34	54364.84	—	41960	39217.5	
2001	34055.12	7	147237.28	65237.78	—	49981.92	32017.58	
2002	34055.12	7	14237.28	65237.78	—	49981.92	32017.58	
2003	38285.28	7	83061.28	（改称为农业税）				
2004	66241.15	4						

资料来源：落儿岭村统计报表。

2005 年以后，国家取消了农业税，落儿岭村农民和全国一样告别了费、税负担。

第二节　乡村工业化造就皖西第一村

乡村工业化是指借助资金、土地、人力等资本要素使机械化生产在乡村中能够普遍实现，工业化操作的劳动人口在农村人口中占绝大比重，农民最终从土地中解放出来。工业化是一个始于 18 世纪英国工业革命，逐渐波及世界，实现由传统农业文明向工业文明转变的过程。工业化是近代以来世界各国经济与社会发展的主导力量和基本趋势，对经济结构和社会结构的变迁产生了广泛而深刻的影响。梁漱溟认为中国乡村工业化的道路，与西方国家近代的工业化道路是不同的，"西洋近代是从商业到工业，我们是从农业到工业；西洋是自由竞争，我们是合作图存。"他主张"由农业引发工业，反对走发展商业资本的工业化道路。为消费而生产的工业化，反对为营利而生产的工业化。"①

衡量乡村工业化的主导指标有两项：一是乡村工业产值占农村工农业生产总值的比重；二是从事第二、第三产业的农村劳动力占农村总劳动力的比重。这两项指标均达到60%以上时，通常即认为基本实现了乡村工业化。乡村工业化的表现形式多种多样，最主要的特征是在国民收入和就业中，农业的份额趋于下降，工业的份额不断上升。在工业化进程中，工业部门不断地产生、分化和发展，农业部门因受到工业在技术上的支持和管理方式上的影响，而发生着根本性的改造，与工业发展相关的经济和社会性服务部门也应运而生并不断发展，从而全社会的劳动生产率大幅度提高，经济得以快速增长。同时，由于人口由农业向工业和服务业的持续转移，工业生产和管理方式向其他产业领域的扩散和渗透，导致人们的价值观念、行为方式、需求结构、管理理念、组织形式、相互开放与交流等发生一系列的变化，社会在不断的变革中日益进步。乡村工业化是现代农村经济社会发展的主流，是农村工业的兴起与发展并推动整个农村经济和社会进步的过程。与一般意义上的

① 梁漱溟：《乡村建设理论》，载《梁漱溟全集》第 2 卷，山东人民出版社，1989，第141～585页。

工业化相比，事实上，乡村工业化的主导力量不仅限于农村工业，还有农村的建筑业、交通运输业、商业、饮食服务业等，也就是说乡村工业化其实是由发育于农村的各种非农产业共同推动的。乡村工业化的导因可分为三种，其一，农民自发、自主地发展非农产业；其二，外来投资者（包括政府、企业及其他社会组织）在农村投资，雇佣当地农民发展非农产业；其三，农民与外来投资者均以投资人的身份联合发展非农产业。乡村工业化的发动者和参与者主要是从传统农业中分离出来却又根植于农村的农民，产业角色的转换和思想观念的变化使他们成为农村经济和社会变革的新生力量，在传统农业文明与现代工业文明的交织、矛盾、冲突、更替中，推动着农村向现代社会的进步。在我国，农村地域广阔，农业劳动力和农村人口在全国就业人口和总人口中占有较高的比例。乡村工业化把先进的工业经济形态和工业文明植入到广大的农村，使农村的经济结构和社会结构发生了根本性的变化。乡村工业化不仅是农村发展的变革，而且是全国工业化的重要组成部分。

一 落儿岭村工业化的发展

落儿岭村和中国的其他广大农村一样，从新中国成立到现在也经历了人民公社、大跃进，到大队核算再到改革开放以后的家庭联产承包责任制和统分结合的双层经营体制的农村改革，村级集体企业经历了从无到有，从小到大，从弱到强的发展历程，在这一过程中，落儿岭村走出了一条以村级集体经济、以工业强村富民的发展道路。落儿岭村工业萌芽于造纸业，集体经济的发展也与造纸业兴衰紧密相连，特别是东风造纸厂的发展壮大更是见证和代表了落儿岭村集体经济的变迁历程。

新中国成立后，落儿岭村就开始办工业，1956年2月投产一个以手工生产土纸为主的村办小厂，除了这个手工造纸厂，当时村里没有其他的村办企业，造纸厂的年收入不过800~900元，主要用于村里的开支。1966年和1968年大队分别投资2000元和6000元办其他厂。1966年"文化大革命"开始，使本来有所好转的农村经济又陷入停滞不前甚至有所减退的状况。

1971年，村办纸厂上马了第一台半机械化造纸机械，实现了由手工捞纸向半机械化造纸迈进的第一步。从此村集体经济特别是村办工业经济进入了快速发展期，由原来的以农业为主逐渐转向了以工业为主，由以发展农业经济为主逐渐走向以发展工业经济为主，农业在集体经济中的比重也越来越小。1980年大队又投入了40万元，新上了"787"型造纸机，一下子使产品品种扩大到水泥纸袋、卫生纸、表纸、牛皮纸等多个品种，使造纸业年产值近400万元。1979年6月，大队的六名干部凑了4000元钱，贷款6000元，购买两台制砖机，办起了砖瓦厂，当年产值就达到9万元，获利7000元。利用这些资金铺底，用"滚雪球"的办法，大队在20世纪70年代先后办起了茶叶加工厂、彩印厂、轻工机械厂、金刚石厂等队办集体企业，使大队的集体企业初具规模。到1982年大队集体收入达到500万元，人均纯收入也发展到300多元。

1987年东风造纸厂（原来的村办纸厂）投资180万元，又上了一条"1092"、"牛皮纸"全自动流水作业线，使纸业生产和企业规模进一步扩大，到1988年，东风造纸厂利税首次突破百万元大关。到20世纪80年代末村办企业总产值达到1200多万元，上交国家税收近百万元，实现纯利润22.63万元。主要工业产品产量分别为：东风造纸厂年产包装纸3154吨，包装纸板2655吨，条纹纸232吨；彩印厂年产印刷品150万件；村办砖瓦厂年产红砖166万块，机瓦15.2万片；村办茶厂年产绿茶15吨；电站年发电11.5万度。1991年，被安徽省政府授予"明星企业"光荣称号。其后东风纸业又利用原国营东风机械厂搬迁后遗留下来的厂房扩大生产规模，先后上了造纸2、3、4、5车间，又新上了涂布白纸板生产线。到1992年底企业职工人数达到330人，年产包装纸3154吨，包装纸板2655吨，条纹纸232吨。当年实现总收入1089.46万元，上交税金87.85万元，职工工资48.24万元，纯利润20.46万元（上交镇村3.26万元，企业自留17.2万元）。通过十几年的发展壮大，截至2006年底，东风纸业总资产已达59725万元（其中固定资产22504万元），营业收入12240万元，营业利润506.7万元，工资总额597.2万元，企业职工人数达473人，实交税金538.28万元。到20世纪90年代中期造纸业产值由80年代的几百万元增加到1000余万元，最高达到4000万元。

20 世纪 90 年代初，在上级政府和村两委的正确领导下，村里陆续兴办了纸箱厂（1992 年建厂）、纸带厂（1995 年建成）、水电站（1991 年建成）、加油站（1993 年建成）和商贸大楼（1995 年建成）等村办企业，民营企业的发展也如雨后春笋茁壮成长，短短十几年间就发展到 12 家。在民营企业中规模较大的有陈庆宽的星宇印务，总资产达 2563 万元，就业人数 28 人（其中女职工 26 人），工业产值 4084 万元，销售产值 3872 万元，实交税金 192 万元；还有陈阳春的边丝厂和项兴和的竹编厂产值都在 100 万元以上。1995 年村办企业总产值一举突破亿元大关，上交国家税收 500 万元。到 20 世纪 90 年代末，东风造纸厂年产机制纸 11915 吨，彩印厂年产印刷品 340 万件。

1997～2006 年，大部分的村级集体企业都进行了股份制改革，企业从集体经营模式向股份合作制过渡。东风造纸厂 1997 年下半年也进行股份制改革，组建东风纸业有限公司，职工人人持股（相当于集资），村集体持大股。现在东风纸业有限公司属国家二型企业，有职工 590 人。下辖 6 个车间，三个分厂，主要产品有牛皮纸、涂布白板纸、箱板纸及快餐盒纸等，年产量 12000 吨。2000 年由霍山县东风纸业有限公司及部分自然人收购了霍山县地方国营企业霍山造纸厂，组建了公司的紧密型企业——霍山方圆纸业有限公司，至此完成了规模由小变大，品种由单一至多元，市场由省内到省外，以致国外市场的转变，公司的经济效益得到进一步提升。

2006 年以后民营化改制时期，在这个阶段以股份制改造为主，成立股份公司，集体资本退出企业，企业自主经营，自负盈亏，真正做到市场化运行，新上项目也都是由自然人带资兴办，村集体围绕发展做好各方面的协调服务工作，创造良好的发展环境，不干涉企业的经营管理，企业走上了自主发展之路。

2006 年，落儿岭村实现工农业总产值 1.69 亿元，其中工业总产值近 1.38 亿元，实现销售收入 1.68 亿元。村办企业总资产已达到近 6.3 亿元，上交国家税收近千万元。工业的从业人员 590 多人，工业在三产中的比重达到了 78%（三产比例为 10：78：12）。人均纯收入猛增到 3730 元（见表 3－4）。由于工业生产相当突出，1995 年落儿岭被六安地委、行署授予"亿元行政村"，同年被县委、县政府授予"亿元产值第一村"即俗称的"皖西第一村"。2005年又荣获"全国小康建设明星村"称号。

表 3－4　近年来落儿岭村主要经济指标统计表

年度	总产值（亿元）	人均收入（元）	人均总产值（万元）	利税总额（万元）	人均创利税（元）	固定资产（万元）
2004	1.46	3500	6.35	394	1713	2243
2005	1.56	3610	6.85	409	1786	2265
2006	1.69	3730	7.39	425	1855	2287
2007	1.82	3860	7.98	442	1930	2309

资料来源：落儿岭村统计报表。

二　乡村工业化促进了经济结构的调整

乡村工业化是实现城乡发展平衡或国家经济中农业和制造业平衡的一条有效途径。

从新中国成立初到1969年，落儿岭大队的固定资产非常少，主要就是耕牛，犁和耙，总价值也不过万元，这些都归大队集体所有，但使用权归各生产队。那时的产业结构非常单一，村里除了少量的人工捞纸、木匠、篾匠和砖瓦匠之类的手工业劳动以外，就是农业生产，天天都是披星星戴月亮，脸朝黄土背朝天的没日没夜地苦干，就那样还吃不饱肚子。因为吃不饱，穿不暖，所以就根本谈不上投资了。到后期即使有点结余也还是投资到农业生产上去，如买一条耕牛，制一副新犁、新耙之类的。

到了1956年大队成立了一个手工作方式的捞纸厂（后期的东风造纸厂的前身），安排了5人从事捞纸工作，这才有了队办工业的雏形。1962年村里通上了电，从此结束了点灯不用油的时代，村里在当年办起了粮食加工厂。这便是最早的两个集体所有的队办企业。自从有了粮食加工厂农民从此不再用垒子和磨子来加工粮食了，这使广大农民繁重的体力劳动大大减轻，有力地提高了广大农民的生活质量，也使生产力的发展有了长足的进步。电不仅让广大农民拥有了光明，也让广大农民的生活从此有了一个崭新的变化。

随着社会的进步和农村经济的发展，生产力和生产关系也得到了较大的发展。此后"农业学大寨"和"工业学大庆"活动又在我国掀起了高潮，使农业生产和工业生产都在向前发展。在农业生产方面，兴修农田水利、开荒、造林、修桥修路蔚然成风。虽然说产业结构没有多大调整和变化，但在劳动力的投资上较大，大干、苦干和实干形成了一种良好的风气。这段时期确实干了不少大事和实事，如新修了 5 口大山塘；修通了乐道冲至项家院两小队之间近 3 公里的机耕路；将现有荒山改梯打茶，共计新辟茶园 500 亩；利用荒山造林共计 1000 亩，有效绿化了荒山，使"大办钢铁"对环境造成的破坏得到了较好恢复，污染得到了较好根治。

在工业生产的产业结构调整方面，办了以下几件有纪念意义的大事：1971 年大队利用自有资金投资上马了第一台半机械化的造纸机，实现了由原来纯粹手工劳动向半机械化劳动转移，也使村办工业有了质的变化和突飞猛进的发展。1980 年大队对造纸厂投入 40 万元，新上了一台"787"型造纸机，当年就使造纸业产值达到近 100 万元。由于工业生产发展较为迅猛，大队的产业结构和投资结构的调整也在发生着较大的变化，由单一的农业劳动向工业生产转移，并且逐步形成了以工业生产为主的产业模式。到 80 年代末，村里拥有固定资产近 100 万元。1992 年东风造纸厂利用银行贷款和自有资金完成固定资产投资总额 310 万元，年末固定资产净值达 446.21 万元。90 年代末村里拥有固定资产已达 1000 万元，到 2006 年底村里已经发展到拥有固定资产近 4000 万元的较大规模。产业结构也从单一的农业生产发展到工业、商业、交通、餐饮等多头并进的良好态势，投资结构也从前期对农业的单方面投入发展到对工业和商贸以及其他行业的大力支持。现在已经进入了工业反哺农业的先进行列。如加大了基础设施的建设，20 多年来，村里前后共投入 100 多万元，修建了跨河主桥 3 座，机耕路桥 12 座；比其他村提前 10 年修通了村组道路，为村办和民营企业的发展提供了有力的保障和便捷的交通条件。在农业生产方面，产业结构也有较大的调整，从过去单一的粮食生产发展到粮食和经济作物并存的良好局面。除了水稻生产以外，茶叶、养蚕、药百合、中药材等在农业生产中所占的比重也越来越大，有的地方已经占到了一半以上。

我们可以看出：20 世纪 60 年代以前，落儿岭村一直是一个以农业耕作、生产为主的贫困村。1965 年省属东风机械厂（国家小三线厂）搬迁至落儿岭村以后，对当地的经济结构的调整影响很大，促进了当地村办工业企业的发展，加快了当地产业结构的转变。从 20 世纪 50 年代开始兴办工业企业到 2006 年，落儿岭村工业发展大体上经历了五个阶段：一是萌芽阶段。落儿岭村于 20 世纪 50 年代组建了手工业社，主要围绕当时的农民生活所必需的产品来进行加工，如纸厂和粮食加工厂，当时仅有职工 37 人，每人每月 0.35 元，技术水平极低，生产力低下，有些纯手工制作，上交大队公益金的数额也很少。二是起步阶段。从 60 年代末到 80 年代中后期的计划经济时代，主要工业企业有东风造纸厂、落儿岭窑厂和刚上马的落儿岭彩印厂，当时装备落后，生产条件艰苦，产品档次低，环境危害较大，职工待遇不高，很多工人从事季节性生产，半工半农。三是发展阶段。从 20 世纪 80 年代后期至 20 世纪 90 年代后期的大办乡镇企业这个时期，由于省属东风机械厂搬到合肥市，闲置了大量的厂房和部分生产设备，给当地工业发展提供了很多便利，工业企业的数量和规模得到进一步扩充，比较有代表性的企业有金马彩印厂（1986）、霍山县炼铁厂（1994）、加油站（1993）、商贸大厦（1996）、金刚石厂（1996）、水电站（1992）、建筑队（1994）、运输公司等，这些企业每年交给村集体数量不等的上缴款，同时解决本村大部分劳力的就业。村集体利用上缴款又兴办了新的集体企业，如商贸大厦、加油站等，并在农民税负较重的时候补助农民上交农业税收。1998 年落儿岭村全村实现乡镇企业营业收入 22850 万元，乡镇企业净利润 704 万元，入库税金 242 万元，人均贡献 1060 元，企业发放工资 690 万元，人均达 3000 元，成为六安地区小康示范村。但是有的企业上马时缺乏充分的市场调研，管理层大都没有管理经验，加上资金绝大部分都靠银行贷款，各主管部门和相关部门都向企业伸手，导致生产成本过高，企业举步维艰，有的甚至到了靠贷款还息、发工资、交税款的地步，不久就资不抵债，无法运行。四是调整提高阶段。在 1998～2006 年的企业改制时期，大部分企业在 1997 年前后都实行了股份制改造，这是一次不完善的改制，没有做到产权明晰、权责明确，改前改后对企业的运行影响不大，负担过重、改制难度大的企业，往往走向破产之路。但工业化水平进一步提高。2001 年全村已有造纸、彩印包装、农副产品加工、建材小水电等支柱行业，骨干企业年销售收入 500 万元以上的企业三家，100 万元以上的四家，工业总产值 2 亿元，全年发放工资 700 万元，全村人均收入近3200 元。五是成熟阶段。2006 年以后民营化改制时期，在这个阶段以股份制改造为主，成立股份公司，集体资本退出企业，企业自主经营，自负盈亏，真正做到市场化运行，新上项目也都是由自然人带资兴办，村集体围绕发展做好各方面的协调服务工作，创造良好的发展环境，不干涉企业的经营管理，企业走上了自主发展之路。2006 年底，落儿岭村工业企业 18家，主要有晨风纸业公司（前为东风纸业公司）、星宇印务公司、硅溶胶厂、药百合加工厂、东风纸务、永兴粘胶带厂、运达纸箱厂、扁丝厂、碳厂、竹编厂、春华金属制品厂、东风铸造厂等，全部从业人员（村内人员）590 人。

在落儿岭村创办集体企业的过程中，最有代表性的为霍山县东风造纸厂，东风造纸厂的发展过程在很大程度上也体现了整个集体经济的发展历程。

东风造纸厂始建于 1969 年，为村办集体企业。东风造纸厂第一条生产线是 1981 年投产的，自己设计、自己制造的"787"型机械化流水生产线，完成了由手工作坊向机械化生产的转变，日产水泥内包装袋 5 吨。第二条生产线是 1985 年投产的，投资 45 万元建成的白板线生产线，日产 200～300克白板线 8 吨。第三条生产线是由淮南矿务局水泥厂投资 88 万元，1985 年筹建的"1092"型机械化生产线，使企业规模进一步扩大，设计能力 10 吨/日，1986 年 10 月投产。1991 年，被省政府授予"明星企业"光荣称号。其后东风纸厂利用省属东风机械厂搬迁后遗留下来的厂房扩大生产规模，1991年投资 120 万元新上 1575 毫米短长网制机生产线，生产出口条纹牛皮纸；1993 年投资 150 万元，新上 1600 毫米白板纸制机生产线；1994 年投资 300万元，新上彩印包装生产线和涂布折板纸加工线；1995 年投资 300 万元新上1575 毫米多缸制机生产线并成立自己的运输车队；1997 年投资 320 万元新上 1760 毫米多缸制机生产线。1990～1997 年间，完成了三号机、四号机、五号机及涂布白板纸加工生产线、纸箱车间、纸袋车间的扩建，使企业规模得到了空前提高。到 1992 年底企业职工人数达到 330 人，年产包装纸 3154 吨，包装纸板 2655 吨，条纹纸 232 吨。当年实现总收入 1089.46 万元，上交税金 87.85 万元，职工工资 48.24 万元，纯利润 20.46 万元（上交镇村 3.26 万元，企业自留 17.2 万元）。其后又通过十几年的发展壮大。到 20 世纪 90 年代中期造纸业产值由 80 年代的几百万元增加到 1000 余万元，最高达到 4000 万元。1997 年东风造纸厂改制为东风纸业有限公司。2000 年由改制后的东风纸业有限公司及部分自然人收购了地方国营企业霍山造纸厂，组建了公司的紧密型企业霍山方圆纸业有限公司。经过几十年的发展、巩固、壮大，已成为国家级中型造纸企业，并且是经商务部备案登记的具有自营进出口权的企业，是安徽省明星企业、银行 AAA 级"重合同守信用"企业和霍山县十强企业。这既是各级政府大力支持、关心、帮助和支持的结果，也是历届企业领导人和广大员工奋力拼搏和开拓创新的结果。企业占地 30 万平方米，建筑面积 10 万平方米。公司总资产 7000 多万元，其中固定资产 4300 万元。主要产品有：中高档条纹牛皮纸、鸡皮纸、精制牛皮纸、铅笔纸、沙管纸、中高档茶板、瓦楞纸、新闻纸等十几个品种，并承接彩印纸箱业务。到 2006 年底，企业拥有 9 条生产流水线，年产各类机制纸 3.2 万吨，总资产已达 59725 万元（其中固定资产 22504 万元），营业收入 12240 万元，其中出口创汇 2000 多万元，营业利润 506.7 万元，工资总额 597.2 万元，现有在岗职工 550 人，实交税金 538.28 万元。

为进一步使企业符合现代企业运作模式，2006 年 10 月东风纸业有限公司改制为产权明晰的民营性质的霍山县晨风纸业有限公司。近年来企业主要经济指标如表 3-5。

表 3-5　企业近年主要经济指标

单位：万元

指标 ＼ 年份	2005	2006	2007
销售收入	9600	11000	12151.3
利润	305.2	330	412.5
税金	344.8	510	524

资料来源：霍山县晨风纸业有限公司统计报表。

东风造纸厂是落儿岭村成为"亿元村"的支柱，其发展模式具有我国集体企业发展壮大的典型性。现今拥有八条造纸生产线，主要以废纸为原料，原料中有来自美国等发达国家的边角废纸，生产中高档条纹牛皮纸、鸡皮纸、精制牛皮纸、铅笔纸、箱板纸、纱管纸、中高档板纸、瓦楞纸、新闻纸等。企业产品销往安徽、山西、江苏、浙江、上海等十几个省市，条纹牛皮纸、新闻纸等出口到新加坡、印度尼西亚、巴基斯坦等国家。而企业规模由小变大、品种由单一至多元化，生产技术是关键。企业的技术人才大多来自河南、北京、上海等地。这种原料、市场、技术都依赖于外部的企业发展模式，是我国乡村工业化的一种类型。主要利用农村土地、人力资源的相对丰富和廉价来发展工业，进而带动当地其他产业的发展。

落儿岭村在创办工业的同时，其商贸流通、交通运输、建筑、餐饮服务等也取得了较大发展。新中国成立初期，落儿岭村的第三产业和其他村一样空白，随着工业的起步、发展，第三产业才逐步发展，首先是交通运输业随着东风纸厂的规模增大而发展，20世纪80年代中期就有两辆大货车参与东风纸厂的对外运输业务，后期渐多。到1995年东风纸厂建立了自己的运输车队，有运输车辆12辆，除了承担本厂、本村运输业务外，逐步发展参与县内外相关业务。到2006年，落儿岭村发展到大货车35辆，小客车1辆其他车28辆的规模。随着经济的发展，商品流通企业、建筑业和餐饮服务业也从无到有，从少到多得到了较大发展，到2006年底，有小商店72家，小饭店7家，建筑包工队5家，落儿岭村第三产业全部从业人员达到240人，创造的效益超过农业20%。

由于落儿岭村地理位置偏僻，流动人口少，其第三产业的发展难以有较大突破，农业受地理条件和气候影响，也难以有很大改观，唯有工业，大力发展工业才是强村之路。工业的大力发展在壮大村级集体经济的同时，解决了大批的农业剩余劳动力就业问题，带动了相关产业的发展，为当地人民物质文化生活水平的提高起到了不可磨灭的作用。

三 土地结构的变迁及从业人员的结构变化

20世纪60年代以前落儿岭村的用地结构基本没有什么变化，那时由于没有工业，所以土地都被农业生产占用；由于没进行什么大的农田水利建设，所以土地没有什么增减。1965 年，省属东风机械厂在落儿岭村建立，共占用落儿岭村土地约 260 亩。1970 年修建山塘 4 口大山塘占地近 30 亩。在"农业学大寨"期间改河造田新增粮田约 100 亩。2000 年后修建道路和退耕还林占地近 100 亩。到目前为止村办企业（含原三线厂）共占地约 310 亩。其余仍为农业生产用地。

随着农村产业结构的调整，经济作物用地的变化也较大，如 20 世纪 70 年代新辟和改造茶园约 400 亩，由原来的 100 余亩扩展到 540 亩。经济林面积的变化也较大，20 世纪 70 年代在大队的统一部署下，各生产队利用荒山造林共计 1000 亩，使杉木林和其他经济林面积达到了 960 亩。毛竹园由新中国成立初的几百亩发展到现在的 2300 亩。其余林地面积在 1958 年大办钢铁时有所减少，20 世纪 60 年代至 70 年代基本没有什么变动，仍为 5400 亩。近几年来，由于国家大力推行退耕还林、公益林和天然林保护以及封山育林等措施，大大有效地绿化了荒山，使"大办钢铁"对环境造成的破坏得到了较好恢复，污染得到了较好根治。目前全村森林覆盖率达到 90% 以上。

在农业生产方面，用地结构也有所调整，从新中国成立后一直到大队核算的 1982 年，各生产队种植的都是双季稻（一季早稻、一季晚稻）。分田到户的前期还有一部分双季稻，后期由于水稻良种的改进，特别是杂交稻的大面积推广，粮食产量成倍增长，粮食不但够吃，而且还有结余，因而广大农户都只种一季中稻了。近十几年来基本没有农户种植双季稻了，只有少量的是一季小麦或一季油菜和一季中稻。近几年水稻的种植面积逐年减少，而种植经济作物药百合以及栽桑养蚕的面积有所增加。

新中国成立初落儿岭村的人口为 1300 多人，拥有劳动力 270 人。当时全大队共划分为 16 个生产小队，也就是今天 16 个村民小组的前身。由于那时没有村办工业，所以所有劳动力都是种地的农民。到 1956 年大队成立了一个手工作坊式的捞纸厂，才有了 5 名手工业劳动者。1971 年大队造纸厂上马了第一台半机械化造纸机械，工人增加到 20 多人。到 20 世纪 70 年代末，随着村办企业的陆续兴建，从事工业生产的农民越来越多，有近 100 人专业从事工业劳动了。但这时农民的从业结构主要就是两大部分，即大多数人占

80%左右，从事农业生产，其余在村办企业里上班，但业余时间还是干些农活。

20世纪80年代特别是90年代以后，随着村办企业特别是东风造纸厂和民营企业的进一步壮大，农村的劳动力转移也呈现快速发展的态势。到20世纪90年代末，全村人口增加到2253人，拥有劳动力1240人，其从业结构的分布情况为：从事农业生产的有290人，工业生产的665人，建筑业48人，交通运输业23人，商业20人，其他194人。由此可以看出，随着村办企业的发展壮大，农村劳动力的从业结构也发生了巨大的变化，从祖祖辈辈务农变成了工商业者。

随着十几年经济的发展和社会的进步，农村的劳动力从业结构又有所变化，逐渐在向有技术和高附加值上发展。到2006年底，全村人口增加到2920人，其中劳动力1313人。劳动力的分布情况为：从事农业生产的有295人，工业生产的566人，建筑业22人，交通运输业35人，信息技术12人，商业85人，餐饮业45人，其他240余人。

[案例1] CHEN，男性，42岁。家庭有4口人，夫妇二人，都是初中文化程度。一个女儿19岁，一个儿子15岁。夫妻结婚于1987年，是父母包办婚姻。至今对子女的教育投入大概有6万~7万元。现在承包村里一个拉丝厂（铁丝），生产资料年投入1万多元，一年大概有两万多元收入，2006年人均收入8000元。改革开放以后随着收入的逐渐增长，家庭生活水平也跟着提高，买了一些高档用品，盖了新房子，在村里只属于中等收入水平。家庭经济未来的打算是扩大经营拉丝厂，主要困难是资金不够，没关系贷款。在访谈中，他认为，改革开放以来，普遍收入越来越高，是因为政府的政策好。本人忙一些，就能多得一些收入，不像以前，吃大锅饭，发展不起来。现在本村贫富差距很大，有的是因为小孩多，自己又体弱多病，比较穷；较富的人，是因为有关系，有门路，有的也是因为有远见。他的住房情况如：原来住房盖于1975年，质量还行，投入资金2000多元，当时没有经济负担。现在住房是2000年盖的，因村里人都盖起了新房，自己不盖，感觉落伍了，与原房相比，现房更宽敞，装潢更体面，因为投入的资金比原房

多。盖房及装潢投入有 8 万多元，借了 1 万多元外债。村里的集体经济主要是纸厂，纸厂带动大家富起来，全村大部分劳动力都在纸厂工作，村里的纸厂曾换了好几个厂长，曾有这一句话，来形容当时的情况"纸厂——厂长的培训班"。村上人结婚一般花费都在 3 万 ~4 万元，负担还是蛮大的。

第三节 落儿岭村经济发展的趋势分析

一 乡村工业化发展的启示

进入 21 世纪，我国已把工业化、市场化、城镇化、生态化作为协调发展的战略目标；把农村城镇化，农村劳动力向城市转移作为经济社会发展的规律去认识和把握。2002 年，党的"十六大"上指出，"农村富余劳动力向非农产业和城镇转移，是工业化和现代化的必然趋势。"要"坚持大中小城市和小城镇协调发展"。2003 年后明确提出以人为本、全面协调、可持续的发展观。这标志着我国城镇化进程已由过去经历的由自发到倒退再到自觉，并开始进入自为的历史时期。因此，我国把"城镇化"的概念作为战略概念，应是在改革开放以后，尤其是 20 世纪 90 年代以后才明确的。落儿岭村乡村工业化的发展，促进了全村经济社会结构的调整，给全国村落经济社会的发展提供了一个模式。

1. 以市场为导向，发挥区域相对优势

"靠山吃山，靠海吃海"，这在经济相对封闭、市场化程度较低的经济发展阶段具有必要性和合理性。但在市场经济条件下，市场的开放性、竞争性以及现代经济的快节奏变化，促使经营者必须由完全的资源导向转为市场导向，从"我有什么资源就发展什么"转向"市场需要什么我就生产什么"。但是，有市场不等于就有竞争力，以市场为导向的农村工业化，还必须与发挥本地相对优势结合起来，根据本村落的资源优势和区位优势，不断培育和开发拳头产品，逐步形成有竞争优势和区域特点的主导产业，这样才能将村落潜在的相对优势转化为现实的市场竞争优势。落儿岭村造纸工业的发展就

是以市场为导向，发挥了当地人力资源丰富的优势。而村落相对优势会随着科技发展和社会进步发生变化，各种天赋资源的地位相对下降，而各种后天获得性资源的地位相对上升，如地方文化特征与大众观念、制度创新与机制、信息网络、智力资源、企业家素质等都能成为新的优势。

2. 以创新为纽带，整合村落内外资源

有效整合村落内外资源优势，调动内外两个积极性，是乡村工业化发展的重要举措。落儿岭村工业化的发展，在技术上主要靠引进人才，营销上借助村落能人。在新形势下，村落经济的发展必须探索新的融资方式、新的产权组织形式、新的技术投入方法、新的管理模式，以创新为纽带，将村落内外的资金、技术、人才、土地、区位等资源优势整合起来。可以通过转包、转让、入股、拍卖等方式，积极稳妥地推进土地使用权的流转，探索土地承包经营权流转的新形式，以实现土地集中连片开发；通过技术入股、能力入股或有偿服务合约、管理合约等形式，发挥技术人才、销售人才的作用，有效地激发本地潜在资源优势。

3. 以产业集群为依托，发展村落特色经济

产业集群是一组在地理上靠近、相互联系密切的企业以及相应支撑机构（如地方政府、行业协会、金融组织、教育培训机构等），同处在一个特定的产业领域，相互之间具有共性和互补性。产业集群已成为当代工业化发展的重要特征之一，不仅企业专业化水平大大提高，生产成本和交易费用大幅降低，而且集群内企业之间的互动促进了技术创新，并形成外部规模经济优势。从国际投资趋势来看，投资区位正在向有产业集群基础的地方转移。在我国珠江三角洲和长江三角洲等沿海经济发达村落，已形成具有鲜明特色的高度集聚、高度专业化的产业集群，"一县一业"、"一村一品"的特色经济健康成长，有力地推动了地方经济发展，也使企业竞争力逐步增强。

4. 以劳动密集型产业为载体，提供尽可能多的就业岗位

乡村工业化的目的在于让农民从回报相对较低的农业过渡到报酬相对较高的工业或服务业，用城市产业代替乡村农业，把数量庞大的农村劳动力转移到工业生产和城镇中来。农村工业化能否成功，关键在于产业项目的选择，但绝不能单纯为了高新技术而只上高新技术产业。安徽省各地农村的基

础条件、资源环境、劳动力素质、管理能力等差距很大，对于绝大多数农村剩余劳动力来说，最重要的、唯一的资产就是自己的劳动能力，只有发展劳动密集型产业，才能为这些人提供就业机会，增加其收入，提高其生活水平和教育水平，从根本上缩小贫富差距。安徽是农村大省，劳动密集型产业能够发挥安徽省低成本劳动力"无限供给"的优势，可以凭借自身的力量支持资本积累，无需政府为保护其生存而干预市场，从而实现资源的优化配置，保持经济长期高速增长。但应当注意的是，不要陷于传统劳动密集型产业的误区，而应面向国内外市场和自身优势，如落儿岭村的造纸行业就吸收了本地大量的劳动力，是当地农民致富的重要来源。

5. 以城镇为龙头，带动整个村落经济发展

工业化与城镇化具有同生性，工业化的发展要以城镇为依托，以获得必要的基础设施和相关服务，而城镇化的发展必须有产业为支撑，两者相互联系、相互促进、共同发展。通过工业化的示范效应、辐射效应、连带效应，也会产生吸纳作用，使农村人口向非农产业转移。落儿岭村依托落儿岭镇发展了一批流通企业、餐饮服务企业，带动了整个村落经济的发展。

6. 以非公有制经济为主力，培育农村工业化的主体

工业化的主体是企业，农村工业化与过去的城市工业化有所不同，企业的构成主要来自非公有制经济。这不仅是市场经济发展的必然要求，也是农村工业化发展的客观条件所致。中国农村工业化发展较快的村落，也是民营经济最活跃的村落，如广东、浙江、江苏等。农村工业化不仅为大力发展非公有制经济提供了一个最佳空间，也为农村培育新的经济增长点提供了最佳机遇。落儿岭村将集体企业改制、重组为民营企业，必将促进非公有制经济快速成长。

7. 乡村工业化的发展要保护好生态环境

落儿岭村的工业化一直以环境保护为前提。村里最大的霍山晨风纸业有限公司在发展过程中非常重视环保工作，很早就配套了给水处理站、污水处理站和锅炉房。经国家发展与改革委员会批准实施的清洁生产及废水深度处理国债项目于 2006 年底正式投入试运行。2007 年底，企业已通过项目环保单项验收，各项排放指标均达到国家相关标准，不仅解决了制约企业进一步发展的瓶颈问题，也保护了当地的生态。通过环保项目的实施，该企业提高了水循环利用率，加上企业的原料是利用废纸来生产，是典型的环境友好型、资源节约型企业，具有可持续性。

二 进一步发展经济的对策

推进农村工业化，不断提高村落经济综合实力，有利于新农村建设的发展和和谐农村的构建。落儿岭村在经济发展上也存在一些问题，如集体企业的产权问题、生态文明等。而乡村工业化的进一步发展，必然引发农村劳动力的非农化转移，走向其他产业，从而推进农业、农村经济结构的调整。特别是农村工业的发展，不仅带动了农村第三产业的成长，而且为促进城镇化的聚集进程提供了原动力，从而为缩小了工农间、城乡间的重大差别，创造了物质基础。与此同时，工业的发展必然推动新技术的广泛采用，促进农村对物质文化、科学知识的普遍需求，不断培育形成大批的乡镇企业家、农村能工巧匠、农民技术员和技术带头人，为缩小脑力劳动和体力劳动间的差别提供了条件。落儿岭村经济加快发展及进一步推进工业化，已成为该村的新课题。

1. 壮大农村新型合作经济组织，促进农业产业化

发展农业的适度规模经营是以家庭联产承包责任制的实行为基础的。农业的适度规模经营必须充分发挥市场机制的作用，必须以农户为经营主体，实际上就是致力于扩大农户家庭的经营规模，在此基础上发展合作经济，引导农民走向共同富裕。要加强农业社会化服务体系建设和提高农业技术、农业机械化，就必须壮大农村新型合作经济组织，实行农业产业化经营。

落儿岭村的乡村工业化为"务工不离土、离乡不离土、进城不离土"创造了条件，也为"兼业化农业"的出现开辟了道路，农民家庭经营逐渐社会化，工资性收入比例逐年大幅度提高，非农收入支撑了家庭消费，维系了村落经济的运行。农村工业化的推进，必将促使农业生产方式的改造、农副产品加工规模的扩张。技术的进步将对农业产业化起到龙头带动作用，促进农工一体化等新型生产组织逐步形成，农村新型合作经济组织也就应运而生了。发展产前、产中和产后服务组织，通过农村合作经济组织抗御风险和争

取农民的利益，从而大大提高农业生产力，增加农民收入。为此，要进一步深化农村土地制度和农业投资体制改革，通过土地使用权流转机制的建立和完善，逐步形成农业的适度规模经营，即土地向种粮大户等集中，为农业生产的商品化、区域化、社会化、现代化发展创造条件，为落儿岭村工业化提供物质基础。

2. 在建立现代企业制度，重组集体企业

在建立现代企业制度，重组集体企业中，落儿岭村的集体企业曾发挥了重要作用。对那些经营有道、作出突出贡献的企业家，可以考虑优先购买企业股份，以利于企业持续稳定地发展。同时，产品市场的竞争，实际上是企业规模实力的竞争。落儿岭村要把抓大做强龙头企业作为壮大产业优势的立足点。大力推进企业组织结构创新，要淘汰劣势、整合资源、奖励联合、扶持规模成长等组织形式，做大做强产业龙头企业，特别是要积极引导和扶持条件成熟的企业走联合、兼并和收购的路子，成立企业集团，扩大企业生产规模，降低生产成本，提高企业在市场上的竞争力。通过各种方式培养和引进人才，提升当地企业员工素质，提高企业的综合管理水平。要为企业员工提供不断学习、交流、开阔眼界的机会，提供更新知识、不断提高经营管理素质的便利机会。要把培育企业家队伍与壮大农村工业技术人才队伍建设结合起来，要鼓励农村工业引进人才。同时要营造先进的企业文化，培养企业员工的团队精神，提高企业的向心力和凝聚力。

同时，落儿岭村经济的发展也具备了工业反哺农业的条件。2004 年中央农村工业会议上指出："纵观一些工业化国家发展的历程，在工业化初始阶段，农业支持工业、为工业提供积累是带有普遍性的趋向；但在工业化达到相当程度以后，工业反哺农业、城市支持农村，实现工业与农业、城市与农村协调发展，也是带有普遍性的趋向。"落儿岭村经济良性持续发展的关键在于，工业的发展要带动第一、第三产业的跟进发展。这就要求工农业之间必须实行资源的相互流动，工业自身的剩余除了可以支撑工业化发展外，还可以扶持其他产业的发展。

3. 以服务为导向转变政府职能，提高行政效率，推进机构改革

乡村政府是我国政府治理结构的最基层，乡村政府转变职能的重点是强化政府的社会管理和公共服务职能，特别是面向"三农"提供社会管理与公共服务。落儿岭村两委的主要职能有：贯彻落实各级党委在农村的各项方针政策及扶农惠农政策；搞好农村基础设施建设；指导村办企业改制，发展龙头企业和特色农业，引导农民走产业化经营之路；依法贯彻落实生态保护、土地规划和实行计划生育等。

鉴于落儿岭村工业化的发展需要，霍山县可考虑在落儿岭村设立一个行政服务中心的分支机构。一是加大软环境建设的力度，提高办事效率；二是做好政府与企业之间的协作，共同研讨企业经营策略，规避经营风险；三是做好信息服务工作，帮助企业在经营和生产过程中更好地运用政策和依法办事，提高企业的经营和管理水平。积极帮助企业通过各种渠道筹集资金，降低企业融资成本。加强信用担保机构建设，切实采取措施帮助企业解决资金问题。

4. 科学规划与发展小城镇建设

中国农村小城镇建设的主要目的是在城镇发展过程中，通过资本的集聚和人口的集中，以及逐步调整产业结构、就业结构和城乡关系，力争合理地解决"三农"问题。[①] 最终解决农村问题，要靠城镇的发展，大部分转到第二、第三产业，进入城镇，成了城镇的新居民，交出了原来承包的土地，农业才能比较普遍地实行规模经营，使用现代生产工具和技术，提高劳动生产率，逐步实现农业现代化。[②] 落儿岭村是落儿岭镇的中心，为了促进工业化的发展，需要多层次、多方面、多渠道增加对小城镇资金筹集和投入。一是国家可通过有限资金帮助引导农村小城镇的公益性项目建设，改善小城镇的基础设施环境。二是继续搞好工业小区建设，利用相对有利的优惠政策，吸引工业和市场建设，以利合理布局，集中开发和集聚发展，对工业小区、住宅、基础设施和公用设施进行综合开发，配套建设，实行房地产开发综合经营，逐步培育和建立房地产市场。三是积极探索小城镇投入管理体制的改

---

① 徐雪：《城市化固然重要，但城市化并不是目的——中国农村小城镇发展研究综述》，《世界经济》2003 年第 3 期。

② 陆学艺：《"三农论"——当代中国农业、农村、农民研究》，社会科学文献出版社，2002，第 139 页。

革，通过建立小城镇发展基金方式，实行有偿使用，滚动开发，稳定资金来源。四是强化社会保障体系建设，增加投入主体的积极性，同时为人口流动和安置、农业规模经营等创造条件。

有学者认为，城镇化是与我国的农村、农民相联系的，在未来将会有大量的农村剩余劳动力需要向非农产业转移，这个过程就是加快城镇化进程的过程。同样，区域经济的发展要求不断健全城镇体系。[①] 小城镇建设是关系当地区域发展的百年大计，是造福子孙后代的事业，必须要有跨世纪的长远发展目标，设计自己的未来形象，具体制订城镇建设的蓝图，但在具体实施时，应根据自己的经济实力，有计划地分段进行。首先要搞好城镇的环境、道路、交通、通讯、能源、市场、文化娱乐、饮食、宾馆等基础设施建设，改善经济发展条件，在搞好基础设施同时，要搞好农村居民点的建设，使镇村联成一体。做到城镇和农村互相促进，共同发展。要在经济发展的同时，认真搞好精神文明建设。要抓好社会治安综合治理，打击各种犯罪活动，加强法制教育，大力开展各种社会主义文化娱乐活动，按照现代城镇管理要求，建立健全城镇的管理法规和制度，同时要抓好青少年、幼儿的教育，提高人的素质，培养人的社会主义道德新风尚。

---

① 胡敏：《统筹城乡经济社会发展，走中国特色城镇化道路》，2003 年 9 月 16 日《经济日报》。

第四章　从集体到合作的路径

　　乡镇企业的异军突起一度成为促进中国农村发展的重要力量，以乡镇企业推动的农村工业化为农村城市化打下了坚实的基础，然而随着市场机制的成熟、市场竞争的加剧以及乡镇企业自身具有的弊端和狭隘性，乡镇企业的发展之路也并非一帆风顺。有学者认为，以乡镇企业为核心的农村工业化在初期缺乏城镇的支撑，两者出现一定程度的脱轨，这对实现农村现代化相当不利。事实上，乡镇企业孤军奋战的高度集体化特征在市场经济中的确缺乏较强的竞争力。乡镇企业如何在当代社会的激烈竞争中取得胜利和发展？带着这种思考，有的乡镇企业逐渐淡出市场，有的乡镇企业则越战越勇，在开放与竞争中不断改制创新，不断壮大变强。落儿岭村以东风造纸厂为主体的乡村工业化的发展之路，成功地探索出一条集体到合作的路径。随着东风造纸厂发展和改制过程的推进，落儿岭村也正经历着乡村城镇化的重要历史进程。

第一节　落儿岭村集体经济的发展

　　落儿岭村是如何在贫困县的背景中发展起来的呢？落儿岭村是一个典型的山区村庄，20世纪60年代以前，一直是一个以农业耕作、生产为主的贫困村。由于地处山区，可耕地很少，人均耕地尤其少。如果仅靠传统的农业生产显然不可能使村庄摆脱贫穷，事实上，落儿岭村成为皖西第一村的主要原因是村级集体经济的迅速发展和工业实力的显著增强，村域经济成为推动落儿岭村经济和社会快速发展的支柱性力量。落儿岭人有着较强的工业意识，就整个落儿岭镇而言，工业经济在全镇的经济发展中也占据主导地位，多年来已形成了造纸、彩印包装、铸造加工、小水电四大支柱产业。现在工业企业 38 家，其中产值超亿元企业 1 家，工商税收占全镇财政收入的 90%以上，农民人均从企业获得的工资收入占其纯收入的 40% 以上，成为全县乃至皖西的亮点。2006 年实现工农业产值 1.98 亿元，其中工业产值 1.38 亿元，实现销售收入 1.68 亿元，人均纯收入 3500 元。

　　落儿岭村之所以成功地走出一条以村级集体经济强村富民的路子，成为皖西第一村，主要有两条重要经验。

　　首先是立足山区的区位特点，依托本地区的资源优势，走山口经济的发展道路。霍山县地处大别山区，植被丰富，物种众多，森林覆盖率达71.5%，生物物种多达 6500 余种，是一个生态系统相对完备、森林植被垂直分布、珍稀物种丰富的天然基因宝库。这里有丰富的矿产、药材、茶叶、蚕桑、毛竹、水电、板栗、森林等自然资源，素有"金山药岭名茶地，竹海桑园水电乡"的美誉。落儿岭村地处大别山腹地，是典型的山区农村，虽然耕地很少，但是林木资源丰富。落儿岭村以林业为主，森林覆盖率达75% 以上，现有三大林场，即长远寨林场、六安林寨林场和街道的林场。丰富的林业资源给落儿岭村造纸业的发展奠定了坚实的基础。造纸是当地的传统工业，刚开始的手工造纸就是利用山地河水的自然落差冲浆造纸。东风造纸厂是村级集体企业中的龙头，日产十几吨的造纸能力必须要有充足的木材供应。同时村级集体企业中的水电厂、彩印厂也都是资源型工业企业。

　　其次是注重基层党组织的建设，基层党组织善于解放思想，有一套成功的发展战略。村级集体经济无论从投资到经营管理还是企业运作都与村级领导班子有着密切的关系，这也是集体经济的一个重要的特点。村级集体企业的领导往往与村级领导是角色重叠的，即他们既是村里的政治精英也是经济精英，是带领农民脱贫致富的带头人。落儿岭村的原书记文家庭曾是全国第九届政协和第十届政协代表，是全国第九届政协的唯一一个农村基层代表，他也曾先后担任东风造纸厂的生产副厂长、东风造纸厂书记、霍山彩印厂长。实践也证明，发展村级集体经济离不开一个好的村级班子。落儿岭村就有一个优秀的领导集体，有着优良的传统。即使在"文化大革命"期间，这里的党组织也没有瘫痪，党费照收。改革开放以来村两委一直坚持以经济建设为中心，不断完善各项制度建设，立足山区资源优势，立足村情、民情，选择了"重工、兴农、稳林、活商"的经济发展思路。1994年被省授予"全省带领群众奔小康先进党总支"；1995年被国家民政部授予"全国模范村民委员会"；2004年荣获"安徽省民主法制示范村"。2005年7月建立村党委，下设5个支部，即村务支部、晨风支部、个协支部、民营支部、社区支部，共有党员106人。先后兴办了东风造纸厂、彩印厂、金刚石厂、轻工机械修造厂等村办企业18家。在采访中村原书记文家庭说："一个地方不怕经济的落后，就怕思想观念的落后。"在20世纪90年代初的时候，村领导就出村里要致富必须发展工业，重点抓好工业，在发展中无论是村领导班子学是农民的思想观念都要开放，有一种经济头脑和商品意识。村里的干部还经常到经济发达的地方学习，借鉴成功经验发展本村的经济。在计划经济的时候，村里办加油站是绝对不允许，但是他们从江浙那边参观学习回来也要求办一个加油站。村里当时办加油站的难度很大，但是决心也很大。商业局、公安部门、消防部门都要管，没办法办，后来找到在霍山挂职的企业办主任批示才得以建成。在东风造纸厂发展过程中村领导也发挥了重要的作用。当年东风造纸厂在争取淮南矿务局投资也不是一帆风顺的，因为在一个小沟里投资80多万元，搞一个现代化的生产线是有很大风险的。村领导通过熟人结识了淮南矿务局水泥厂的厂长，这才达成了生产水泥包装的合作。村里注重集体企业的领导、党员和村民的培训、学习。村里每年都安排企业的厂长、党员、村民组长到外地参观。"解放了思想，有了商品意识，有了经济头脑，他回来之后的效益远远超过了你所想的。……回来后他们的思想解放了，干事业了，这种战斗力、凝聚力、向心力都得到了提高，所以我就在想，按照中央说的，要有一个好帮子、要有一个好路子，要有一个好对子，要有好出路、好机制，关键要有一个好领头人……"，原村支部书记如是说。所以要发展农村经济，带领农民致富就要切实加强以村党支部为核心的农村基层组织建设，发挥党支部的战斗堡垒作用。

第二节　集体经济的发展与农村社会的变迁

集体经济的快速发展，经济实力的显著增强带动了农村社会结构的变迁，给农村和农民的生产生活带来深刻的影响。落儿岭村人的生产方式、生活水平、教育意识、文化水平和就业结构都随着村级集体经济的发展逐渐地发生变化。

首先就是村集体经济实力增强，提高了村两委的办事能力。落儿岭村因为村级集体企业的发展，村级收入也逐年增加，不仅改善了村里管理者的办公条件，也为农村的进一步发展提供了经济保障。2005 年，落儿岭村第一季度财务状况：收入 43825.34 元，支出 62214.30 元，其中村办企业上交款为 43350 元。落儿岭第二季度收入 92697.54 元，支出 48604.9 元，其中村办企业上交 40000 元，上级拨款 50000 元。第三季度收入 36100 元，支出 32392.61 元，其中村办企业上交 36100 元。第四季度收入 34000 元，支出 16822.77 元，其中村办企业上下交 32800 元。累计全年总收入 206622.88 元，总支出 160034.58 元，其中村办企业全年上交为 152250 元。东风造纸厂 2001 年上交款为 100000 元。村里依靠村集体的收入，不断扩大再生产，对企业增加新的生产要素，加强企业生产人员的培训和技术设备的投入，提高了生产效率和企业利润率。落儿岭村主要是围绕东风造纸厂这个村级企业的龙头，不断地向其他工业领域扩张和投入，兴办了一大批特色企业。现在村集体拥有轿车 7 辆，全村共建道路 14 公里，实现了组组通公路。村里对村级道路等公益性投入近 50 万元，支付统筹 47.50 万元，对村级基础设施、减轻村民的负担作出了积极的贡献。1986 年以来农民所要缴纳的税费都由村集体企业代缴，村里退下来的老干部每月补助 200 元，补助款都是企业筹的。同时集体经济的发展也为落儿岭村今后的发展打下了良好的基础。

其次就是村里的农民生活状况得到了彻底的改善。落儿岭村在全市贡献力上是属第一位的，人均收入也是第二位。现在全村现有 1100 多人在企业就业，占总劳力的 85%。人均收入已近 4000 元。而就在 10 年前，村里仅有手工作坊式的造纸厂、砖瓦厂和时分时合的副业队等不景气的企业，村级经

中国百村调查丛书·落儿岭村 ○ 大别山口的美丽家园

济几乎空白，群众住的大多是土瓦房和草房，农民人均收入不足 200 元。现在全村 85% 农户（不含 42 户 44 人五保户、社会保障户）住进了宽敞明亮的砖瓦房，其中 240 余户住上了楼房，人均居住面积大于 18 平方米，家家通电，户户看上了电视，50% 的农户喝上了清洁的自来水，边远地区农户也都饮上了卫生的山泉井水，35% 的农户装上了电话，60% 的村民组通了有线电视，12 年以来全村农民无负担，居民存款总额已超过了 1000 万元。洗衣机、彩电、电冰箱、摩托车、VCD、音响等进入了农家，平均每百户拥有量为 320 台（件）。农户电话安装率达到 85%，手机按户占有率达到 90%，电脑进入家庭达 20%。全村小康户比例为 89%，在安徽省规定的小康村生活十项指标中，八项达到或超过标准，两项接近标准。农民生活水平的提高与集体经济的发展密不可分，落儿岭村是一个典型的山村，耕地很少，如果仅靠传统农业生产是很难脱贫致富的。但是早在 1995 年到 1998 年的时候，村里的人均收入都在 1000 元左右，当时一家要是有两个人在村里面的企业上班，一年就有两万元的收入，从住房或得穿着来看也是相对要好得多。现在企业人员的工资收入比农户要高出 30% 左右。

最后集体经济的发展也刺激了当地人的教育意识，更多村民接受更多的教育。工业的发展需要知识要素的投入，知识要素涉及管理者、生产者的思想意识、学习能力、技术技能及各种科技能力等。不但企业里重视管理者和普通员工的技能培训和再教育工作，村里的领导干部也有经济能力进行培训和学习。同时由于工业的发展和新的技术设备的投入也刺激了对知识和人才的需求，因此具有较高文化水平的人就可以顺利地进入当地好的集体企业上班。对于普通的村民而言，进入企业，成为一名企业员工，不仅可以大大地提高收入水平，改善生活水平，提高经济地位，其社会地位也会有较高的提升。村里的企业特别是发展较好的企业，如东风造纸厂在招工时对用人的文化水平都有明确的要求，即从初中水平逐步提高到高中水平。目前，落儿岭村适龄儿童入学率达 100%，45 岁以下的青壮年全部达到初中文化程度，30 岁以下的青年普遍受到了高中教育。由于村域经济的发展产生了对文化素质提升的要求，对整个村庄村民的文化水平的提高起了实质性的促进作用。

70

第三节　集体经济发展遭遇的困境

落儿岭村的集体企业经历了起步和快速发展的黄金时期，随着投入的不断加大、负担的加剧、村民对集体经济的个体诉求的改变以及外部市场竞争的加剧，到20世纪90年代集体经济逐渐失去了市场优势，各种弊端逐渐暴露，已经到了不改革就会被市场淘汰的地步。集体企业的改革在此时已经是箭在弦上，势在必行，这既是增强集体企业的生存和发展能力，增值保值集体利益的必要手段，也是满足成员对集体利益的分配方式进行变革的利益诉求。落儿岭村集体经济发展遭遇的困境主要表现在以下几个方面。

首先是企业自身在发展过程中的运营问题。由于制度不完善，管理不能适应企业发展的需求，有些企业成立初缺乏充分的市场调研，大多数企业由于早期过于盲目地投入导致企业后续发展力量不足的境况。一方面企业经过一段较长时间的迅猛发展，债务负担沉重。同时由于集体经济的性质，一直以来企业发展过程中都肩负着村庄发展和村民保障等责任，历史遗留问题严重影响了企业在市场的竞争力。另一方面，企业在管理上基本和村两委是同一个领导班子，企业管理和村庄的社会管理相互重叠，专业分工和角色分工完全不能适应市场经济体制下的企业。在市场经济体制下，企业是市场的主体，要完全面对市场，及时掌握市场瞬息万变的信息，随时进行各方面的对应调整。所以现代企业需要专业的企业管理队伍，经营者、管理者和所有者三者分立，只有专业的分工才能提高资源的有效得用率，才能提高效率。缺乏专业的管理者，使企业的管理水平的提高受到了严重的制约，较低水平的管理使企业一直处在生产和经营的低水平徘徊，很多集体企业因此在市场的竞争中处于不利地位，改革才是集体资产保值和增值的唯一出路。同时企业因其集体所有制的性质，使得企业在很多方面与村务纠缠在一起，不分彼此，特别是在财务方面、企业的独立核算方面和村务核算方面都存在严重的问题，集体资产的界定不够清晰。在安徽省霍山县审计局关于落儿岭村原党总支书记文家庭同志任职期间经济责任情况的审计意见中，就发现了很多东风造纸厂与村务之间的财务往来问题，存在很多白条现象，很多账目也没有得到及时登记。有的企业向村里交纳的费用，实际上没有缴纳，只是打了白条，还有的已经缴纳却没的入账，还有一些转移支付都没有在财务报告中体现，造成村里和企业两家账目都混乱的状态。根据审计局的审计事实，2001年末公司账面现金 269128.66 元，经审计，白条抵库房 42389.75 元。2001年末公司账面应收款项 44055.51 元，经审计，外出各地考察费 57233.63元，应作费用列支。同时，由于落儿岭村起步较早，经过较长时间的发展，逐渐累积了许多历史遗留问题，随着市场经济的发展，市场竞争环境的成熟，这些历史问题也逐渐显现出来，成为制约集体企业快速发展的重要障碍，在落儿岭村集体企业中主要的历史问题就是负债沉重，因为村里很多集体企业建厂之初的资产来源部分是村里的积累资产，部分是通过银行贷款融资。如果企业的效益不够好，随着时间的推移，企业的负债会越来越重。2006 年根据落儿岭村党委、村委会研究决定，对村办集体企业水电站改制进行清算。以落儿岭村村长为组长的清算组于 2006 年 9 月 8~18 日，历时 10天，对落儿岭村水电六站的资产进行全面清理，落儿岭村水电站属村办集体企业，坐落于落儿岭镇落儿岭村三道河村民组地段，距县城约 13 公里。电站始建于 1991 年，于 1992 年底竣工发电，属渠道引水式发电，总装机容量为 250 千瓦，现有发电机房 2 间，管理房 5 间，立式发电机一套，电站总占地面积约 600 平方米，法人实体现有职工 10 人（含管理员 1 名）。企业资产负债情况：该站自 1992 年发电以来，常年发电量约 30 万度，年营业收入约9 万元。2006 年 8 月中旬，企业邀请了舒城安泰会计事务所核对企业有效资产，企业账面资产为 28.01 万元。企业总负债：到 7 月底，企业总负债 221万元。其中农行 111.3 万元；水电公司 84.9 万元；工程款 5 万元；应会工资 3.1 万元；应会税款 5.9 万元；其他 11 万元。两项合计企业负债率为740%，累计亏损 190 多万元。虽然上述数据是 2006 年的审计数据，但是这些负债情况是逐年累积的，并不是 2006 年或者几年累积的结果。沉重的债务负担使得落儿岭村的集体企业在 1997 年以后陆续进行了股份合作制的改革。

　　其次是来自企业外部竞争的加剧。随着市场经济的发展，市场的竞争机制不断成熟，优胜劣汰，适者生存成为企业的生存法则。从计划经济体制到市场经济体制的转变使企业充分地参与市场竞争，面对各种同行业的竞争对手，很多企业因为竞争变得更加强大，而有些企业则因为不能适应市场竞争的规则而逐渐处于弱势地位甚至被淘汰出局。无论如何竞争，企业要学会思变，在真实准确及时掌握市场信息的同时能灵活地采取应对之策，这就对企业经营者的经营能力提出了较高的要求。但是落儿岭的集体企业大都由村干部代为经营管理，他们在精力的专业上都不能跟得上市场不断地提出的渐高要求。随着当地市场其他类型企业的进入，落儿岭村的集体企业就面临着巨大的压力，很多集体企业在此时已举步维艰，困难重重。东风造纸厂就随着浙江富阳涂布白板纸大举进军安徽市场后，进入连年严重亏损的状态。虽然公司对涂布原生产线和涂布加工纸生产进行了改造，但仍然无法与富阳的涂布白板氏竞争，每吨净亏 300～500 元。在 2004 年之前，东风造纸厂已经处于严重亏损的状态，但由于金融环境相对宽松，融资比较容易，经常采取拆东墙补西墙的办法，勉强维持生产经营活动。同时由于落儿岭村属的集体企业在创建之处多是粗放型经营，注重规模忽略效益和资金利用率，在高度集约化的市场经济条件下很难适应新的政策变动，从而不能与其他类型的企业抗衡。随着国家环保政策的实施，东风造纸厂原来拥有的资源优势（丰富的芭王秆、松树等造纸原料）完全丧失，现全部依赖进口原料和国废，受区域位置的影响，所有的原料要从外面运进来，所有的产品要运出去，形成两头在外的格局。随着原油价格的持续上涨，运输成本居高不下，原先的优势已变成劣势。而且，国家环保要求越来越严格，公司的财力本来就十分紧张，为了彻底解决能够随时置企业于死地的污染治理，公司投入了 1489 多万元的巨额资金，新上废水深度处理及清洁化生产工程，实现达标排放。治污工程不仅挤占了大量的流动资金，同时为治理污染每年新增长 150 多万元的运行成本，加上各种原辅材料大幅涨价等等，使公司现在主导产品 C 级箱板纸成本居高不下，企业亏损经营的境地。

最后是集体利益分配方式改革的需求。从 20 世纪 80 年代开始，我国的集体企业都普遍地进行了股份制的改革，这次农村集体经济的改革主要还是围绕产权问题进行的，有学者也认为股份制的制度安排"天生"具有重分配的价值取向。村级集体经济作为全体村民共同所有的一种公有制经济，它的分配方式关系到村民的个人利益，一直以来村里的集体企业就像我国其他农村的集体企业一样都是由村干部代为管理的，甚至有些地方的集体经济演变成了所谓的"干部经济"，因此集体企业的改制是十分必要的。随着村民对个体利益和共同所有资产的关注，集体经济中的分配方式的改革也被提上了议事日程。中央也在农村和村民富裕方面关注村民的财产性收入，在村集体经济中，虽然实质上是属全体村民共有，但是把集体作为产权的主体，在产权的界定上是相对模糊的，村民具体怎样来共同体现这种产权也是不清楚的，为了解决集体经济在产权界定的明确性，集体企业必须进行改制，将产权关系具体化。同时中央也非常关注农民的财产性收入，这是农民增收致富的重要途径，而集体经济的股份制改革就是使村民成为股东，可以有分红。

第四节　从集体经济到合作经济的转型

从 20 世纪 80 年代开始，集体企业由于本身体制方面的原因，都难以适应市场经济发展的要求，各地先后对一部分企业进行以产权制度为重点的企业制度创新。特别是 90 年代以来，以职工持股为特征的股份合作制企业，职工持股股份公司大量出现，形成国有、集体、个人产权相结合的混合所有制经济，集体经济形态发生了深刻的变化。股份合作制改革后的集体经济不同于传统意义的集体经济，不是在计划经济条件下的集体经济，而是与社会主义市场经济相适应的新型的集体经济，是新的公有制经济的实现形式，既包括通过产权制度改革而形成的集体经济，也包括混合所有制中由公有控股的股份制和广大职工投资入股的股份合作经济。

一　集体经济与股份合作制

社会主义集体经济作为社会主义公有制经济的一种形式，它与所有权密切相关，至于它的实现方式则不是固定和唯一的，股份合作制则是集体经济的一种实现方式，因此两者并不存在对立或者替代的关系。集体所有制的实现形式是指集体财产所有权在经济上的实现形式，具体地说集体所有制企业产权主体组合结构以及产权要素（所有权、占有权、处置权、受益权）结合的经营方式。从集体经济到合作经济的转变则是指集体经济由传统的实现方式向市场经济条件下的股份合作制实现方式的一种转变，因此股份合作制并不是改变集体经济所有制的性质。邓小平在农村进行家庭联产承包责任制改革的时候就指出："我们总的方向是发展集体经济。……可以肯定，只要生产发展了，农村的社会分工和商品经济发展了，低水平的集体化就会发展到高水平的集体化，集体经济不巩固的也会巩固起来"。① 同样在进行农村集体企业股份合作制改革的时候，也可以用这样的标准来检验集体经济的发展状况。

集体经济是社会主义集体经济的简称，以社会主义劳动群众集体所有为基础的经济。集体经济是一定范围内劳动者（成员）所有，并取得控制权的一种公有制形式。事实上，集体经济从实质上讲是一种合作经济，包括劳动联合和资本联合。然而，一直以来人们只承认集体经济是劳动者的劳动联合，在股份合作制改革之前我国农村的集体经济都只是一种劳动联合的集体经济，这就弱化甚至否认了集体经济还具有劳动者资本联合的特征。否认了劳动者个人产权，是传统集体经济与合作集体经济的最大区别。

1983 年国务院颁发了《关于城镇集体所有制经济若干政策问题的暂行规定》，确立 32 字原则，自愿组合，自负盈亏，民主管理，按劳分配，职工集体资，适当分红，集体积累，自主支配。1991 年国务院又颁布《集体条例》，提出自筹资金、自主经营，明确职工可以入股分红，享有股权，为产权制度改革提供了法律依据。党的"十五大"时，报告中，江泽民提出："劳动者的劳动联合与劳动者的资本联合为主的集体经济，尤其要鼓励和提倡"。中国广大农村的集体经济在中央文件的指导下先后进行了股份合作制的改革，集体经济从单一的劳动联合走向劳动和资本的两个联合，集体经济由传统的实现方式向新的实现方式转变。

二　落儿岭村经济发展的合作之路

落儿岭村属集体企业在 1997 年之后先后进行了股份合作制的改革。村两委坚持工业致富思想，大力实施"三五工程"，努力再创乡镇企业新辉煌，

---

① 《邓小平文选》（第二卷），人民出版社，1994，第 315 页。

以实现全村农民人均纯收入80%来自工业的目标。村两委对村属集体企业的改革有以下指导思路：①加大对现有规模企业的改革力度，完善企业市场化运作，建立现代企业制度。村两委将对所属村办企业实行"宏观管理，微观开放"的原则，全面对所属企业进行产权改革，建立符合市场规律的现代企业制度，具体措施如下：第一，对产品有市场、发展有潜力、效益较好的企业通过引入外部资金改善股权结构，通过规范企业内部管理，适应外部市场竞争。对效益较好的东风纸业、金马彩印等企业，将通过引导外部资金的注入，来改善现有的单一股权结构和企业负债比例，通过引资，企业得到的不仅仅是资金，得到更多的是管理经验和竞争机制。这些对企业长期稳定、快速发展将起到很大的作用。第二，对管理混乱、扭亏无望的企业将本着"不求所有，但求所在"的原则，进行租赁、拍卖、承包。村两委重点将对金刚石厂、轻工机械厂采取租赁、拍卖等措施，千方百计盘活闲置资产，切实维护金融债权，重新塑造落儿岭村新形象。通过村两委、金融机构的前期工作，对原村办金刚石厂实行整体买断措施，将该厂全部资产出售给落儿岭村个私大户。此次运作得到了地方政府、金融机构的高度肯定，实现双赢、充实、提高的市场效果。今后，村里将推广该做法，加强不良资产的盘活工作。②积极完善投资软环境建设，加强招商引资力度，落实县、镇有关招商引资的优惠措施。吸引外乡、外县、外省甚至外国人到村里开发资源，投资办厂，对他们在经营范围、土地征用、厂废话设备租赁、供电、用工、子女上学等方面予以优惠条件，提供"一站式"服务，为投资者提供一个良好的发展环境。

作为落儿岭村集体企业龙头的东风造纸厂在此又迎来了新的发展机遇。1997年东风造纸厂进行改制，由集体控股、全员参股成立了霍山东风纸业有限公司，属股份合作制企业。村级股份100万元，配股130万元，租赁费150万元，合计380万元。改制中东风造纸厂职工人人持股，5000元一股，最大的股东是原来的东风造纸厂的厂长。

在具体改制过程中，主要进行了以下的具体做法。首先就是对东风造纸厂的集体资产进行清查，清查组由村两委领导作清查组组长，清查组的成员包括部分村干部和村民组成。经过清查，东风造纸厂的资产和负债情况得到清晰的呈现。在清查的基础上，对集体经营性资产进行折股量化。在股权设置上分为集体股、成员股和特殊贡献股三种，5000 元一股，村级股份 100 万元，配股 130 万元，租赁费 150 万，合计 380 万元。在确定股权设置后，对成员资格进行了确认，股份面对东风造纸厂所有员工。原东风造纸厂厂长几万元的股份是除集体股之外最大的股东。改制后东风造纸厂人人持股，属成员股，成为企业的股东，有分红收入。改制后的东风纸业有限公司虽然还是集体股占主体，但已经混合了其他所有制的成分，成为混合所有制经济实体。虽然企业员工通过购买股份成为企业的股东，但是在改制过程中对于股权的规定是不完善的。成为企业股东的企业员工有分红和有限管理的权力，在参与企业管理的实现方式规定不够具体，员工在真正行使权力时并不是很明确。同时对于股权合理流动也未作出规定，对于相应的处置权、转让、买卖、抵押、继承等方面都没有涉及。同时企业的管理者依然是由村干部代理，作为一种委托代理制度，其管理者的行为规范和经营监督等方面的规定也不够完善。

作为"草根工业"的东风造纸厂，在合作制的改制之路上还要继续探索，但随着集体股权的分化，高度集体化的特征也相应弱化，乡镇企业作为市场经济主体的特征也更加明显。从集体到合作的改制是落儿岭村集体经济改革发展的重要一步，也是成功的一步，目前东风造纸厂（晨风纸业有限公司）立足本县，放眼全球，从原料、技术到产品销售都已经参与了国际市场的交换和分配过程。也正因为这种开放精神和开创精神，落儿村的乡镇企业才走出了发展的困境，在破茧成蝶后继续发展、进步，继续为落儿岭的乡村工业化和城镇化作出更多更大的贡献。

第五章　落儿岭村的生态保护机制

　　人类社会的发展把人们带进一个悖论之中，人们想改善自身的生存条件就不断地去征服自然，获得更多的空间和更丰富的享受资料，事实上，人类社会发展到今天，人们确实也得到了非常多的财富。然而人们同时也发现这一切的努力积累到今天带来了一个非常严重的后果就是生存环境的急剧恶化，所以灾难接踵而至。面对自然界的报复，人类显得弱小无力，自然界正是以这种方式来证明自身的存在和价值，我们不得不去重新审视自己与自然界的关系。正在这种历史背景中，生态的概念被重视，并被社会各界广泛使用。生态从人与自然的关系扩展到经济、文化、政治等社会各个领域，各级政府关于生态建设的内容也不囿于环境治理和保护，还涉及政治生态、文化生态、社会生态等领域。

　　落儿岭村地处大别山区，在众山环抱中与自然界显得那么亲近，潺潺溪水，清澈见底，众山之上，满目青翠，青山绿水间彰显和谐景象。很难想象在这样一个重工乡村，山水还是如此的原生态。1995 年 9 月 18 日温家宝总理曾经来到村里，喝了村里的茶，还说这里的水好。早在 20 世纪 90 年代中期，落儿岭村就已经是全县有名的亿元村了，以东风造纸厂为龙头的乡镇企业的迅猛发展成为村庄崛起的主要力量，工业特别是造纸业的发展对自然环境造成一定程度的破坏。但是今天的落儿岭村不但集体经济稳步发展，继续壮大，生态环境也得到了极大的改善。

第一节　省级生态村与落儿岭村生态保护制度建设

一　省级生态示范村

　　落儿岭村是霍山县落儿岭镇下辖的一个行政村，村里有 16 个村民组一个街道，总人口近 4000 人，境内有单位 20 多家，工业企业 54 家。落儿岭村 2005 年 6 月被中国社会工作协会乡镇工作委员会评为"全国小康明星村"，2005 年 7 月被批准为省级生态村，同年被全国绿化委授予"全国造林绿化千佳村"。落儿岭村在全县打造生态县的政策背景下，按照生态示范村的标准大力创建省级生态村。生态示范村的标准是领导重视，组织落实，明确专人负责，建立相关工作制度；编制切实可行的生态建设规划，明确建设目标、途径、方法（模式）等认真贯彻执行环保政策和法律法规，区域内无滥垦、滥伐、滥采、滥挖现象，无乱捕、滥猎和使用野生动物现象，近三年内无污染事故或生态破坏事件发生；村集体所在地环境整洁、干净，无脏、乱、差现象村民保护环境的意识较强，对当前的环境现状满意。

近年来，霍山县认真落实科学发展观，坚持打青山绿水牌，走生态产业路，唱绿色经济戏，探索出了一条符合县情的可持续发展之路。2001 年 8 月，霍山被国家环保总局特批为第六批国家级生态示范区建设试点地区，2004 年 8 月顺利通过验收，并被列为全国生态县建设第一分队、安徽首批生态建设综合示范县，力争 2008 年通过国家生态县验收。落儿岭镇也强力实施"生态立镇"战略，以创建"全国环境优美乡镇"为目标，围绕生态工业、生态农业、生态林业、生态家园、生态旅游和生态文化六大工程开展生态创建工作。2005 年落儿岭村在县镇生态创建的背景下，开始生态村的建设工作，当年村在申报省生态村时的指标值情况如表 5 - 1。

表 5 - 1　2005 年省级生态村的申报表指标值情况

考核内容	序号	指标名称	指标值	指标完成情况
农村社会经济发展	1	农民人均纯收入	高于地方（县、市、区）平均水平 15%	4000 元
	2	农村生活饮用水卫生合格率	≥90%	96%
	3	人口自然增长率	符合国家政策要求	符合国家政策要求
	4	清洁能源普及率	≥80%	85%
农村环境质量	5	改水改厕改圈普及率	≥90%	95%
	6	生活垃圾集中处置率	≥70%	90%
	7	农作物秸秆综合利用率	≥85%	92%
	8	农药使用强度	≤3kg/hm^2	1kg/hm^2
	9	化肥施用强度	≤280kg/hm^2	150kg/hm^2
	10	农用地膜回收率	≥45%	70%

资料来源：落儿岭村委会统计。

二 落儿岭村生态制度建设

落儿岭村在创建省级生态村的过程中，生态保护的制度化建设逐渐成熟。落儿岭村 2005 年申报了安徽省的生态村，也是落儿岭镇 2006 年重点建设的文明生态村。在申报和创建过程中，落儿岭村积极做好规划，建立健全目标责任制。健全组织、强化领导。成立以书记为组长，主任为第一副组长的生态建设工作领导组，设立了生态办公室，抽调了专职人员办公。生态建设领导小组的具体责任范围也有明确的规定，包括：负责生态创建全盘工作；负责落实生态创建各项工作任务及管理办法；负责制定全镇创建规划、实施方案和年度实施任务；负责创建生态建设规划、技术指导和各生态项目建设的监督实施工作；负责制定生态创建考核目标和考核办法，全面督查，奖优罚劣；积极做好申报验收的资料准备和各项软件工作；负责搜集和上报全镇生态创建信息；负责组织、调查、监督公安、城建、林业、水利等部门生态执法。村委会还召开了多次专题会议研究生态创建工作，先后出台了十几个关于生态创建的规范性文件。生态建设领导小组建立健全各项规章制度、硬件、软件规划建设，使生态建设有章可循，有据可依。生态建设领导组编制了《落儿岭村生态建设总体规划》、《年度生态建设工作计划》、《生态建设实施方案》，以及《目标责任制》、《生态示范村建设规划》等，逐渐使落儿岭村的生态建设工作步入规范化、制度化的良性发展。

同时为了顺利开展工作，落儿岭村还在村内强化宣传、营造全村人民争创生态乡镇的良好氛围。村里组织全村各组长参加生态班学习培训，并对全体村干部、村民组长进行生态知识测试。在全村设立了三处永久性标语牌，全年书写宣传标语 60 余处，各组、重点企业、学校等设立了 12 处宣传专栏。近年来，落儿岭村在小学开设了生态知识课程，各村民组举办了 24 期各类生态知识培训班。在全村上下营造出一个人人参与创建、户户重发展生态经济的良好氛围。还注重加大执法力度。村里成立了一支由生态办牵头，有农业、林业、工商、土地、水利、派出所等相关人员参加的稳定联合执法队伍，在全村范围内加强生态创建的保护，严厉打击各种破坏生态环境的行为。定期对交通要道进行巡查，规范开山采石和不符合"天保工程"的木材加工厂，确保现有天然资源不被破坏。

从 2005 年创建省级生态村开始，村里就开始认真编制《落儿岭村生态建设总体规划》、《年度生态建设工作计划》、《年度生态建设宣传计划》、《年度生态建设实施方案》等，逐渐探索符合落儿岭村的生态建设具体的目标和实施手段，并使生态创建工作更加规范。

在《年度生态建设工作计划》中，涉及落儿岭村生态建设的总体目标、创建机构机制、创建的主要内容及加大宣传等方面。村里 2005～2006 年在生态建设方面的总体目标是：以霍山县总体规划为目标。同时规划设计《落儿岭村生态建设总体规划》，以实施"211"工程为重点，加快生态村和示范户的建设，突出生态林保护、工程污染治理和康居点建设三大特色。辐射带动全村各行各业的生态品牌建设，力争将该村建设成为生态示范村。在完善充实生态创建机构机制方面，有四项具体的工作：①重新调整和加强生态创建工作领导组及生态办公室的建设。成立了以书记为组长，主任为第一副组长，各部门负责人为成员的生态创建工作领导组，加强领导。领导组下设办公室，落实专职生态办主任。②建立目标责任制，定期督察责任、观摩调度和年终考评制度。领导组负责制定全年生态创建的工作计划和实施方案，并监督实施；生态办人员明确分工，责任落实，确保生态创建工作、有序并富有成效地按计划实施。③规范办公室建设。村财政将落实专项基金，加强生态办公室的建议，各项工作制度上墙，软件规范管理。④建立生态建设例会制度。生态领导组每年定期召开专题会不少于四次，不定期会议根据情况随时组织召开，解决生态建设中的有关实际问题。创建的主要内容涉及以下几项工作：第一，建立以发展沼气、太阳能等洁净能源和改水改厕为重点的康居点 1～2 处。第二，生态示范户建设，申报 130 户以上生态示范户。第三，生态项目建设，编制生态项目建设书 3 个以上，建立生态建设项目库。第四，生态农业：着手申报烂泥坳 300 亩的有机茶认证工作和"致富牌"绿色葛粉证书；建立农业生物防治、有机肥的服务网络，减少化肥农药的使用量；推广高温堆肥，提高秸秆综合利用率；加快基础水利实施建设，建立 1 处 200 亩以上的无公害水稻示范片；引进 1 个以上农业产业化龙头企业。第五，生态林业：建立 1 处千亩生态林基地；建立全林执法综合治机构；完善护林放火应急预案。第六，生态工业：续建东风纸业的污染治理项目，并建立监督约束机制；在所有工业企业推广清洁化生产，并积极申报国家清洁化生产项目；新上企业实施环评报告和环保"三同时"制度。第七，生态家园建设：建设 20～30 户以上沼气、厕所、猪圈为重点的"三位一体"生态家园；建设 1 处 15～20 户集中连片的太阳能洁净能源示范点；开发落儿岭村大畈桥和古畈桥两处 30 多户的康居点建设。第八，生态文化建设：加强乡村环境保护宣传，创造一个浓厚的社会阶层参与的环保氛围；建立 1 所绿色学校；农民人均收入、计划生育率、社会治安综合治理等各项社会经济指标比 2005 年同期有较大的提高，力争位居全县前列。最后在加大宣传方面，强调要提高全村居民的整体素质，利用各种手段和方法普及生态知识并加强生态理念建设。具体措施如下：一是广播电视宣传。利用广播稿、电视字幕等定期宣传。二是全村设立 3 处以上永久性标语牌，在 318 线和鹿大公路沿线书写 40 幅以上宣传标语。三是设立专栏。在村政府的政务公开栏、农技栏、林业站、东风纸业、各中小学、各村政务公开栏等人口流动较多的场所定期出版专栏。四是以企业职工、学生等为主体发放《致全村人民的一封信》和生态知识手册等形式进入户宣传。五是积极组织各部门、各行业举办知识竞赛，填写建议书等形式，大力营造全村人民争创生态乡镇的浓厚氛围。

在《年度生态建设宣传计划》中，涉及领导、措施及验收三个方面的内容。在领导建设方面，村生态建设领导组成立专门的宣传小组，落实经费，制定切实可行的宣传计划，营造一个人人参与建设良好氛围。具体措施主要表现在：①在落儿岭 318 线上两个固定永久性生态建设宣传牌；在乐道冲口树立一个较大的生态乡镇建设宣传牌；沿 318 线悬挂三幅生态建设横幅，书写 80 条流动宣传标语。②在全村企业中设立 3 座生态建设专栏，每月定期出生态建设专栏共 20 期，全面提倡清洁化生产，加强生态工业建设。③印发宣传资料 1000 份以上（《致广大农户的一封信》、《生态建设随手做的一百件小事》、《农作物的生物综合防治》《在农作物中减量使用化肥、农药的通知》、《护林防火从我做起》、《生态养殖的技术要点》）等。④在中

村民生活污水处理池

小学开设生态教育课程，每周不少于 1 节生态教育课，坚持生态建设从娃娃抓起，全面提高全村居民的综合素质。⑤以 3 处宣传栏为阵地，强化全村的生态建设宣传。在村政务公开栏、骨干企业——东风纸业宣传栏以及五个村政务公开栏，定期宣传全县生态建设的相关政策、信息和有关知识。⑥在全村范围内举办 5 期以上的生态知识讲座，邀请县镇相关技术人员讲解生态知识，受学农户普及率达 90％以上。⑦生态建设领导组定期举行生态专题学习，在全村范围内举办了生态知识测试，并举办形式多样的知识竞赛，全面提高村干部、致富带头人、农村党委、村民组长、企业负责人的生态意识，辐射带动全村人民树立强烈的生态环保意识。在年终验收、奖惩考核方面，年终生态建设领导组将认真对各村民组、重点企业组织检查验收。采取以奖代补的方式落实宣传经费，对宣传措施得力，取得良好效果的单位给予表彰，对宣传不力、措施不当的单位给予黄牌警告并追究相关责任。

在《年度生态建设实施方案》中，规定了村生态建设的指导思想与原则，生态建设的认识建设以及具体的实施方法与步骤。指导思想是以"三个代表"重要思想为指导，本着落实"保护、治理、开发"的原则，牢固树立"生态立镇"的主战略，大力发展生态经济，围绕村生态创建规划，分类指导，分步实施，以开展"211"工程建设为抓手，突出生态农业、生态林业、生态工业、生态旅游、生态文化、生态家园建设。巩固多年来的生态创建成果，实现村经济、社会与生态环境的健康、可持续发展。具体原则为：坚持"保护、治理、开发"，多措并举的原则；坚持统筹规划，突出特色，分步实施的原则；坚持生态保护与社会经济发展相结合的原则；坚持自然规律与社会经济发展相结合的原则。在生态建设的认识方面：首先，加强生态建设是全面建设小康社会的内在要求。只有加强生态建设，才能促进社会注意物质文明、精神文明、政治文明协调发展，真正达到小康目标；其次，生态建设是实现村经济跨越式发展的战略举措。只有生态农业、生态工业、生态家园等生态建设达到长足发展，才能提高我村的经济可持续发展；同时，生态建设是促进人的全面发展的重要内容，只有坚持以人为本，通过建设生态乡村，全面发展创造更加良好的生存环境和发展空间。主要方法和步骤分为三个环节：一是宣传发动，村生态领导组将认真规划全村的生态建设，加强生态项目库的项目存储，并根据村的特色，制定相应的工作计划。二是明确重点，突出特色，落实和分解生态建设目标，在全村5个村民组实施生态建设，全面提高村的整体水平。明确职责，各部门制订工作计划，组织实施。三是考核、奖惩、一票否决。村生态领导组制定各组及各部门的生态建设目标责任书。上下半年各组织观摩调度一次，年终进行考核，凡生态建设不合格的单位实行"一票否决"，不得参与全村的评先活动。村里执行落儿岭镇的生态建设考核评比细则对相关领导和部门进行考核（见表5－2）。

表 5 - 2　落儿岭镇 2006 年度生态建设考核评比细则

项　目	基本分	具体内容	单项分	自评分	验　收 考核得分	评分细则
领导重视	20	各村领导对生态工作高度重视,真抓实干,做到"五落实"	20 分			"五落实"即:成立领导组,领导亲自抓,设立办公室,确立专人负责,各项制度上墙
宣传发动	20	积极做好宣传工作,利用一切手段普及生态知识,提高生态意识	20 分			1. 召开专门会议,有记录; 2. 分别在广播、宣传栏、明白纸、道路中宣传生态建设(各村有 1 处永久性宣传标牌和 10 处以上临时性宣传标语); 3. 积极参加生态知识培训,及时上报创建信息
项目建设及示范点	40	1. 提供一个以上生态种植或养殖业示范基地; 2. 生态林业:森林覆盖率达 76% 以上,无乱砍滥伐、捕猎等违法行为,各村组建火灾扑救队并由专人负责; 3. 生态农业:各村设立一处生态农业宣传点,定期宣传生态农业知识,病虫害综合防治率 50% 以上,化肥每亩使用量 18 公斤以下,农药每亩使用量 0.1 公斤以下,基本农田保护面积达到国家法定标准; 4. 生态家园建设:积极开展太阳能、沼气利用试点工作,性畜粪便处理率 90% 以上	40 分			未完成一项按标准扣除
软件管理	20	1. 有专门的档案盒,收集生态创建资料; 2. 能按要求及时准确地提供生态创建的相关材料	20 分			
加分条件	5	1. 创建绿色有机食品标志或生态高质量示范点加 2 分。 2. 已申报并被批准为生态示范村的加 1 分; 3. 已启动生态家园建设项目的村加 2 分	5 分			创建一个绿色食品标志加 1 分,创建一个有机食品标志加 2 分

在生态村的创建过程中,落儿岭村通过一系列相关文件出台,在生态建设的目标、任务、措施、责任等方面做出了具体而详细的规定,使生态建设有章可循,有据可依,从而为生态建设提供有力的保障,促进生态村的建设目标顺利实现。

第二节　生态建设与纸厂治污

落儿岭村在生态村的建设过程中,逐渐形成了一整套的规章制度和工作经验,并有效地促进了村里的生态保护。村里本着治理、保护与开发并重原则,以东风造纸厂污染治理为核心,着重从生态农业、生态工业、生态林业、生态旅游、生态家园和生态文化六个方面全面推进村生态建设。

一　生态建设的六个方面

1. 生态农业

落儿岭村大力发展生态农业,在生态农业方面主要围绕农业产业化基地建设、农业生态技术和农产品认证等三个方面进行建设。农业产业化基地建设是落儿岭村近几年来生态农业建设的重点。在加强农村水利基础设施建设,全村的坝、堰、渠道网状分布,中低产田改造已成规模的基础上,重点引进了落儿岭植物淀粉厂、安徽霍山鼎顺商贸食品有限公司和安徽霍山绿竹开发有限公司等三家农业产业化龙头企业,走公司＋农户的路子,为村里建立绿色葛根基地、药百合基地和板栗基地奠定了基础。同时,加快调整农业产业结构,加快农业产业化建设,采用"茶、药、特、草、粮型"的山区种养模式,以有机茶、无公害中药材生产加工为主,建立粮经种植;同时推进生态农业的配套技术,进行高效、优质、集约化经营和无公害生产,逐步形成以茶、桑、板栗、中药材为重点的农业产业化格局。

在农业生态技术推广方面,加快发展循环农业,促进农业向健康、环保方向发展。生态农业建设大力开发节约能源和保护环境的农业技术,重点推广废弃物综合利用技术、相关产业链接技术和可再生能源开发利用技术。积极发展节地、节水、节肥、节约、节种的节约型农业,提高农业投入品的利用效率。具体而言，加快无公害农产品开发，2005～2006 年创办 1～2 个绿色产品品牌，2006～2007 年创办 1 个有机食品标志，重点是加强有机茶基地建设和绿色中药材上取得突破；推广生物防护技术，建立生物防治的推广体系和管理体系，使生物防治技术的推广面在 2007 年前达到 90%以上，主要农产品农药残留合格率达到 98%以上；加大有机肥推广力度，2005 年农用化肥折纯的施用强度必须达到 220 公斤/公顷，2006 年后达到 200 公斤/公顷以下，化肥减量化使用田块 2000 亩，采用物理和生物防治病虫害田块 1500 亩，大力推广良种良法，严禁使用高毒、高残留农药，推广绿肥，秸秆还田和有机肥的使用；农作物秸秆利用率，2005 年秸秆回收率达 80%以上，在 2006 年必须达到 90%以上，2007 年后达到 100%；规模化畜禽养殖场粪便综合利用率用 1～3 年时间达到 100%；大力实施生态技术，水稻抛秧率达 100%。

在绿色农产品认证方面，要加快有机农业认证步伐。积极推广绿色农产品的新品种并积极申报。村里计划建立无公害农作物示范片和千亩生态村基地。落儿岭村现正申报烂泥坳村的 300 亩有机茶认证，并努力尽快取得有机产品转换证；注册"致富"牌天然葛粉和鼎顺牌绿色产品证书。

2. 生态林业

在生态林业建设方面，落儿岭村坚持保护与治理并重的原则，着重从实施"天保工程"和退耕还林为重点，加强从林业执法为保障的方法入手，狠抓生态林业工程，加大生态林业的建设步伐。落儿岭村在生态林业建设方面还创新思维，探索建立生态林业的永久机制，按照谁受益谁治理的方式建立生态林业的商业化运作。

落儿岭村加大了实施"天保工程"，对全村划定的天然林严格保护。严格区划天然林，全村禁伐生态林达 35500 亩，其中生态公益林 13800 亩，不准任何人以任何理由和形式采伐天然林。

在退耕还林方面，大力推行退耕还林工程，对公益林、经济林按照国家规定限量采伐，并积极培育新树苗。按照"全面规划、突出重点、集中连片、稳步推进"的原则，实施退耕还林工程 3037 亩，坚持以生态效益为先，兼顾社会和经济发展。大力引鞭扩园、植树造林，栽培毛竹、板栗。建立一处 200 亩的高质量生态示范林和退耕还林 150 亩的示范片。同时狠抓封山育林，力争用 3~5 年时间使落儿岭村的森林覆盖率达 85% 以上。

落儿村在生态林业的建设方面还注重加强林业执法建设，保护森林资源，全面推广森林病虫害的生物综合防治，完善护林防火，加强森林防火，制定防火预案，落实专人护林防火的队伍，建立机动灵活的防火机制。争取全村的森林覆盖率达 77%，居全县前列。强化林政管理和生态公益林的保护，加大生态林业建设步伐。

3. 生态工业

落儿岭村生态工业的建设主要是围绕东风造纸厂治污为核心工程，突出特色、加大村内企业的生态管理和建设。村里本着"保护、治理、开发"的原则，打造生态工业攻坚战，把生态工业建设作为村里生态建设的重点和难点。落儿岭村生态工业的建设主要包括东风造纸厂和其他村内企业的治污项目、对新上马项目的把关以及生态工业小区建设三个方面。

东风造纸厂的治污一直是落儿岭村重点建设的项目，近年来，东风纸业和方圆纸业共投资 300 多万元，新上了两套汽悬浮污水处理设施和卫星在线监测仪，确保工业废水达标排放，并建立了立体的监督约束机制。在东风造纸厂，2005 年新上污水处理设施，2006 年前新上生化处理设施，并保持常年运转。同时，大力实施企业的清洁化生产，其他企业在 2005 全部达到污水及"三废"达标排放。关停 3 家重度污染企业，使工业"三废"得到了有效控制，已基本达到了环保要求。

在新项目把关问题上，落儿岭村从源头对入区的新上项目全部实行了环境评价报告书制度，从源头上杜绝潜在的环保隐患。自 2005 年开始，新上项目严格执行项目环评和环保"三同时"制度。村在招商引资中强化生态保护，凡对生态有破坏的项目坚决不上，新上企业一律进行环评认证。重点工业企业 2007 年底前全面完成 ISO14000 认证，推行清洁生产。2006 年集中区就有 2 家企业通过 ISO90001 环境体系认证，使生态工业建设实现质的飞跃。

在生态工业小区的建设方面，2005 年落儿岭村加大了生态工业小区的建设力度，在工业小区内的企业全面实行清洁生产，美化绿化工作，突显生态经济的快速发展。

4. 生态家园

落儿岭村在建设生态家园方面，主要结合清洁能源——太阳能的开发与家庭生活污水的处理来建设生态示范户和生态型康居点。

在家庭生活污水处理方面，落儿岭村在对集镇生活污水通过潜流式人工湿地处理的同时，把水污染治理由集镇扩展到广大居民家庭。在全省率先实施分散式居民生活污水处理工程。该工程将居民家庭生活中的厨房、卫生间洗涤污水通过管道收集，进入三格式居民生活污水处理池，经第一格的沉淀厌氧处理，然后通过第二格的沙石过滤，生物填料（主要为鹅卵石）上的微生物消化，再利用栽植喜水植物根系吸收等作用降解污水中的有机质和氮磷含量，起到净化水质的作用，使生活污水得到净化处理。该工程在落儿岭村东门冲、牛栏冲、三道河三村民组率先启动。目前，已建成使用 30 口，在建 26 口，今后将在落儿岭镇范围内逐步推广，计划到 2010 年实现全镇居民生活污水净化处理率在 80% 以上。

落儿岭镇党委、镇政府按照"面上打基础，点上求突破"的工作思路，确定落儿岭村东门冲为全镇生态家园建设示范点。在新农村建设中，落儿岭村力争实现"生产有发展，农民生活有提高，乡风文明有变化，村容村貌有改观，管理机制有创新"的目标。对村庄生态环境进行科学合理的规划整治，全面实施"三清一建五改"，充分利用国债项目和生态家园项目，使人畜粪便、农作物秸秆、生活垃圾和污水得到综合治理和转化利用。另外，通过改水、改厕、改圈、改灶、改院，在落儿岭村东门冲初步实现垃圾清、污水清、路障清，住宅与圈舍分离，庭院硬化、绿化、美化、亮化。落实了落儿岭村大畈桥生态型康居点示范工程，规划建设面积 9500 平方米，新建生态示范户 80 户。

在清洁能源开发与利用方面，在落儿岭村乐道冲建设了一处 50 户集中连片的太阳能洁净能源示范点。在东门冲村民组开展了清洁能源示范工程，推广"五改一化"工程，猪圈、厕所、沼气池"三位一体"的农村新能源模式，结合太阳能、液化气建设，做好农村污水垃圾治理，改善农村环境卫生，逐步建成一批高规格、高标准的农村生态家园 150 户。在三道河和牛栏冲两个村民组集中实施了"一池一改"工程。经过近两年的发展，已建成集标准化猪圈、水冲式卫生厕所和沼气池"三位一体"的生态家园 45 户。不但美化、亮化了广大村民的居住环境，而且大大节约了能源，促进了生态经济的发展。该工程在县农委能源办的支持下，采取每户补贴 1000 元，农户自筹一部分资金的方式，统一规划并结合农村改水改厕工程，利用人畜粪便进行无害化处理后，推及发酵产生沼气，使广大用户用上清洁能源，同时利用废弃的沼液和固产品作为生物肥料。2006 年通过发展了 45 户"三位一体"的示范户。据统计落儿岭村利用沼气能源后，年均节约使用薪柴炭林 110 吨，价值约 20 万元，同时可改有机茶园 60 亩，实现增值约 3.5 万元，而且通过改水、改厕大大提高了生活质量，创造了一个优美、舒适、和谐社会主义新农村形象。

5. 生态旅游

生态旅游特别是乡村游、农家乐等是新农村建设中一些地方普遍采取的建设形式，落儿岭村将生态旅游的开发与生态家园的建设联系起来，利用开发六万寨旅游景点的契机，加快生态家园建设，以落儿岭村东门村民组为中心，建设了 200 户左右的"农家乐"生态旅游示范点。该工程的实施，加快了落儿岭村以"游六万寨、吃农家饭、干农家活、赏农家院"为主题的生态旅游开发。

6. 生态文化

落儿岭村注重加强生态文化建设，全面提高广大人民群众的生态意识，把生态文化建设作为村生态建设的重要手段。

一方面全面推进"绿色学校"、"绿色街道"、"绿色村庄"、"绿色饭店"、"绿色医院"等"创绿"系列活动，增强公众生态意识；另一方面深入开展生态文化宣传教育，村里建立固定宣传碑牌和墙体标语，充分发挥每个中小学生就是一个小喇叭作用，利用节假日开展形式多样的生态知识宣传活动，增强社会各界的环保意识、生态意识，营造浓厚的生态创建文化氛围。落儿岭村设立三个固定的永久性生态建设宣传牌；在乐道冲口树立一个较大的生态乡村建设宣传牌；沿 318 线和鹿大公路悬挂 5 幅生态建设横幅，书写 330 条流动标语。在全村企业中设立 10 座生态建设宣传栏，每月定期出生态建设专栏共 20 期，全面提倡清洁化生产，加强生态工业建设。印发宣传资料5000份以上（《致广大农户的一封信》、《生态建设随手做的一百件小事》、《农作物的生物综合防治》、《在农作物中减量使用化肥、农药的通知》、《护林防火从我做起》、《生态养殖的技术要点》等）。在中小学开设生态教育课程，每周不少于1节生态教育课，坚持生态建设从娃娃抓起，全面提高全村人民的综合素质。以8处宣传栏为阵地，强化全村的生态建设宣传。在村政务公开栏、林业站宣传栏、企业骨干——东风纸业宣传栏以及5个村政务公开栏，定期宣传全县生态建设的相关政策、信息和有关知识。在全村范围内举办24期以上的生态知识讲座，邀请县镇相关技术讲解员讲解生态知识，受学农户普及率达90%以上。

生态建设领导组还定期组织生态知识专题学习，在全村范围内举办了生态知识测试，并举办形式多样的知识竞赛，全面提高村干部、致富带头人、农村党员、村民组长、企业负责人的生态意识，辐射带动全村居民树立强烈的环保意识。

全民营造更加良好的生存环境和发展空间。

二　东风造纸厂的治污国债项目

东风造纸厂曾经是落儿岭村的污染大户，纸厂的治污也是村里生态建设的重点项目。落儿岭村几年来一直以东风造纸厂的污水处理和清洁生产为核心来开展全村的生态建设。

2005年，落儿岭在全村范围内加快推广清洁化生产。2006年，安徽霍山晨风纸业有限公司（原东风造纸厂）实施了工业废水深度处理和清洁化生产项目。该项目是晨风纸业2006年的重点治污及生态建设工程，项目总投资1480万元，其中争取了国家淮河流域工业废水深度处理的无偿资金370万元。项目共分为清洁化生产、废水深度处理和厂区两污管网分流的三部分内容。于2007年6月底正式投入运营。正常运营后，项目日处理工业废水能力将达到10000吨以上，可确保外排废水达到国家一级排放标准，极大地提高了公司的经济和生态效益。总投资1480万元的东风纸业清洁化的国债生产项目已立项，正在组织实施。

2007年霍山东风纸业有限公司"清洁生产及废水深度处理项目"环保

验收得到了六安市环境保护局的批复。批复指出，根据公司"关于清洁生产及废水深度处理项目"环保验收申请，六安市环保局组织六安市经济委员会、六安市环境监察支队、六安市环境监测中心站、霍山县环保局、污水处理工程设计施工等单位，于 2007 年元月 24 日对公司污水综合治理工程进行了现场检查验收，经现场检查，公司"清洁生产及废水深度处理项目"设计、运行符合环境污染治理设施竣工验收要求，依据验收组《关于"清洁生产及废水深度处理项目"环保验收意见》，同意公司"清洁生产及废水深度处理项目"通过环境保护竣工验收。在此项工程验收之后，东风纸业有限公司在治污方面将着重做好三方面的工作：第一，进一步加强污水处理站运行管理，进一步提高项目水循环利用率。第二，落实污水处理站运行管理责任人及运行经费，建立健全设施运行记录、设施维护记录，完善设备档案。按标准规定的监测频次要求，做好外排废水监测，及时上报市环保部门。第三，做好 COD 在线监测设施与省环境监察局联网工作。

东风纸业有限公司的治污工程有效地改善了村庄的生态环境，这一项投资较大工程的顺利实施既有益于百姓生活，也有益于纸厂自身的进一步发展壮大。纸厂治污的成效足以证实落儿岭村生态建设的决心和落儿岭人的生态意识，同时纸厂治污的主要资金来源是国债投入，所以国家对农村环保的支持也是农村生态环境改善的关键所在。在落儿岭村集体经济的发展过程中，纸厂治污也是重要的一环，大量环保资金的投入也使落儿村的工业发展改变了原先粗放的、单纯经济导向的发展模式，转向为以环保为前提，以环境为底线的发展模式。

落儿岭村的生态建设在几年的时间里取得了一定的成效，村民的生存环境得到了极大的改善，村庄得到较好的规划，变得整齐而漂亮；水源得到了净化，变得清洁而甘甜；房屋得到了改造，变得节能而干净。农业和工业都向生态型稳步迈进，生态意识也渐入人心。落儿岭人正在努力地建设着自己的美丽家园，感受着所有喜人的变化，憧憬着山村美好的未来，这一切让他们自信而满足。

第六章 落儿岭村的社会结构变迁

第一节 社会阶层结构*的历史演变与现状分析

一 落儿岭村社会阶层结构变化描述及成因机制研究

落儿岭村是当代农村的一个缩影，从宏观上来讲，落儿岭村社会结构的变迁源于以下几个因素。

第一，乡村工业化是乡村社会阶层结构变化的基础和前提。落儿岭的乡村工业化是从家庭作坊开始的。1956 年，落儿岭村（当时还被称作落儿岭大队）就成立了一个手工作坊式的捞纸厂，主要生产皮纸和大裱纸（当地人们在祭祀活动或祭奠亡灵时焚烧的一种纸）。这一手工作坊成了当地村办集体工业的原始雏形，捞纸厂最初就有 5 名工人从事捞纸业务。

1958 年，当地进入了历史罕见的困难时期，大旱之后就是大涝，粮食几乎颗粒无收。在"大炼钢铁"的热潮中，落儿岭大队也加入到这个大潮中去了，用极为落后的方法来冶炼钢铁，用废铁当原料，用树木当燃料，到处支起小锅炉来炼钢铁，严重耽误了农作物的耕种。既浪费了大量的人力、物力又损坏了良好的自然环境，使本来非常贫穷的生活更加恶劣，经济总体规模和农作物产量剧烈下降。贫困的状况一直延续到 1966 年以后的"文化大革

---

* 本章同时使用了社会结构和社会阶层结构两个概念。社会结构是作为一个大概念来使用，其内涵包括产业结构、经济结构、职业结构、家庭结构以及社会阶层结构等。社会阶层结构则界定为社会不同等级人群的关系。

命"，在那个特殊的年代，当时的公社（即现在的乡镇）和大队把所有的粮食集中起来，办"公社食堂"、"大队食堂"，各家各户都到食堂吃饭，一日三餐都是在食堂吃供应，喝稀饭。社会结构超常简单化，正如当时流行的一句顺口溜所反映的"走路咚咚响，不是大队干部就是司务长"。

到 20 世纪 70 年代以后，随着人民公社制度的废除，家庭联产承包责任制的实行，市场经济的逐步建立，农民自由配置其所拥有的生产要素的可能性进一步增加。1971 年，落儿岭村捞纸厂上马了第一台半机械化造纸机械，实现了由手工捞纸向半机械化造纸迈进的第一步。此后，村集体经济特别是村办工业经济进入了快速发展期，由发展农业经济为主逐渐走向发展工业经济为主，农业在集体经济中的比重也越来越小。1979 年，大队的六名干部凑了 4000 元，贷款 6000 元，购买两台制砖机，办起了砖瓦厂，当年年产值就达到 9 万元，获利 7000 元。利用这些资金铺底，采用"滚雪球"的模式，大队在 70 年代先后办起了茶叶加工厂、彩印厂、轻工机械厂、金刚石厂等队办集体企业，使大队的集体企业初具规模。

第二，改革开放是乡村社会阶层结构变化的环境和动力。1978 年以后，农村地区逐步实行了以家庭承包为核心的农业经营制度，农户取代了以生产队成为农村生产的经济单位，极大地解放了农民。80 年代启动的一系列农村改革，政府进一步下放权力，给农民更多的自主权，调动了农民的积极性。农村的社会阶层结构开始分化。

在纸厂的带动下，和其链接相关的产业也发展起来。民营企业短短十几年间就发展到 12 家。发展中规模较大的包括陈庆宽的星宇印务，总资产达到 2563 万元，就业人数 28 人（其中女职工 26 人），工业产值 4084 万元，销售产值 3872 万元，实缴税金 192 万元；还有陈阳春的边丝厂和项兴和的竹编厂产值都在 100 万元以上。正如村书记陈庆泉所说，改革之初，村民搞个体搞私营还有些顾忌。但党的政策一步一步放开之后，农民的活力也逐渐的释放了出来，农民不再被政策束缚手脚，不再缩手缩脚，可以大胆地干了！与此同时，一部分农民有了些积累，开始进行了投资，整个村庄各显其能的局面打开了，养殖能手承包鱼塘，办工厂的、跑运输的纷纷出现了。

经济的发展、人口的流动、职业的分化使农村的社会结构也发生了变化。在利益分化的吸引下，原先收入相近、在社会结构中地位类似的农民，由于社会经济结构变革、区位差异、个体差异等各方面的因素，部分农民开始向第二产业和第三产业转移，出现了职业分化。如果说，职业分化只是农民身份的水平流动，那么，不同职业给农民带来了不同的经济收益，有的农民在自主创业中开始积累原始资金，并逐步成长为私营企业主之类的精英阶层。经过社会水平流动和垂直流动，农民逐渐形成了在职业、收入、社会地位、声誉等方面有较明显不同的差异群体。农民群体中分化出私营企业主、乡镇企业职工和个体工商户等阶层以及仅能维持温饱水平的贫困阶层。同时，社会阶层结构对农村社会的进一步发展的制约作用也越来越明显，研究农村社会结构对村落发展的作用，探索促进农村社会进一步发展的结构性因素，就成为当前社会结构研究的重点。

二 社会阶层结构的现状描述及成因机制研究

为了能够尽量准确地描述落儿岭村社会阶层结构的现状，课题组在落儿岭村进行了 230 多份结构式问卷的调查，100 份深度访谈，并收集村委和乡政府关于落儿岭村的文字资料、统计数据等。我们在全村 2920 人中按照 14 个村民组和一个街道社区的人口比例共抽取 230 人做了详细的调查问卷，另外按照职业划分抽取 100 人进行了深度访谈。在我们的这种访谈过程中，村党支部书记、村委会秘书、村计生办主任自始至终陪同我们调查，包括分管落儿岭村的乡镇干部也积极配合我们的调查，并提供了一些宏观的数据。本文中的所有数据都请该村的村委会干部仔细审查、核对过。这些村干部都是从小在这个村里长大的，像书记、村委会秘书都有着几十年在这个村基层工作的经验，所以，这些数据是基本能够反映该村的实际情况的。

1. 产业结构和就业结构的分析

纵观近年来落儿岭村职业结构的变动，我们可以发现，随着经济的高速增长，农村人口特别是农村强壮劳动力和有技术的人才逐渐从山区、从土地上走了出来，由原来的纯粹务农转向工业、商业、交通运输业、餐饮业和信息技术行业。从原来单纯的第一产业，向第二产业和第三产业转移。经济的发展，拓宽了山区人民的就业渠道，使农村的剩余劳动力有了较好的转移，广大农民不仅找到了新工作，更增加了家庭收入，改善了生活，也在不断的创业、学习中提高了自身的综合素质。

我们以职业为标准考察落儿岭村的社会分化情况。就业分化是落儿岭村最主要的特点之一。我们以全村总人口为基数，以户为单位来估计。各职业阶层的总和为 117.3%，大于 100%。这主要是因为落儿岭村从事兼业情况普遍存在，平均每人从事 2.15 个职业，我们在计算职业分层时有一部分人被重复计算了。我们在划分阶层的时候是按照本人从事的主业为标准来划分的。

由于本村属于山地，总面积 10.5 平方公里，全村辖 16 个村民组和一个街道社区，现有农业人口 2910 人，户数 863 户，常用耕地面积 803 亩，山场面积 11376 亩，毛竹园约 2300 亩，茶园 540 亩。大部分家庭都把农业作为家庭的兼业，比如工厂就在村里，在工厂上班的农民大部分的都是倒班制，可以半天上班，半天照顾农活。即使家里有在外地打工的，每当农忙的时候回来帮帮忙，或者村里的熟人亲戚互相帮助，就可以解决问题了。第一部分是种植业，落儿岭村是以工业经济为主导的乡村代表，截至 2006 年底，劳动力 1313 人，把农业作为兼业的人口有 1100 人，约占本村总劳动力的 84.6%（见表 6-1、表 6-2）。

2. 社会阶层结构状况分析

伴随着落儿岭村产业结构、就业结构和职业结构的显著变迁，落儿岭的社会阶层结构也发生了深刻变化。

改革开放以前，与全国其他地方一样，落儿岭村的社会阶层结构非常简单，以农业劳动者阶层为主体，工人阶层占 20% 左右，还有极少部分国家干部以及知识分子。落儿岭村在新中国成立初的人口为 1300 多人，拥有劳动力 270 人。当时全大队共划分为 16 个生产小队，也就是今天 16 个村民小组的前身。由于那时没有村办工业，所以所有劳动力都是种地的农民。到 1956 年大队成立了一个手工作坊式的捞纸厂，才有了 5 名手工业劳动者。1971 年大队造纸厂上马了第一台半机械化造纸机械，工人增加到 20 多人。到 20 世纪 70 年代末，随着村办企业的陆续兴建，从事工业生产的农民越来越多，有近 100 人从事工业劳动了。但这时农民的从业结构主要就是两大部分，即从事农业生产的人约占 80%，其余不到 20% 农民在村办企业里上班，但业

表6-1　落儿岭村村民组就业分布一览表

编号	村民组	常年外出打工人数	留村人员实际从业人数	其　中			村中有无从事较集中的行业
				农业(含种植业)从业人数	专门从事养殖业人数	工业、商业从业人数	
1	项家院	42	30	20	5	5	东风纸业
2	指峰山	35	30	15		15	东风纸业
3	三角塘	72	80	40	2	38	东风纸业
4	乐道冲	29	40	25		15	东风纸业
5	冲　口	36	40	25		15	东风纸业
6	冲　上	22	50	30		20	东风纸业
7	三道河	23	40	20		20	东风纸业
8	大　桥	32	40	25		15	东风纸业
9	东　街	78	85	45	4	36	东风纸业
10	桥　下	24	50	30	2	18	东风纸业
11	桥　上	35	40	25		15	东风纸业
12	西　街	32	45	20		25	东风纸业
13	营　盘	52	75	45		30	东风纸业
14	拦马墙	12	40	20		20	东风纸业
15	牛栏冲	21	30	15		15	东风纸业
16	东　门	18	35	20	2	13	东风纸业
合　计		563	750	420	15	305	1313

资料来源：村委会相关资料统计。

表6-2　落儿岭村劳动力人口变迁一览表

年　份	人口	户数	劳动力	年　份	人口	户数	劳动力
1950	1450	316	536	1999	2253	610	1240
1978	1963	496	745	2006	2920	863	1313
1992	2187	538	890				

资料来源：村委会相关资料统计。

余时间还是干些农活。国家干部和知识分子只占1%左右。

　　1978年改革开放以后，随着落儿岭村产业结构和就业结构转变，落儿岭传统的社会阶层发生了分化。新型社会阶层不断出现，新的社会阶层结构正在形成。按照该村的职业分化和随之而来的经济、文化、组织三种资源占有的变化，落儿岭的社会阶层分化为七个社会阶层，即：农业劳动者阶层、农民工阶层、乡镇企业职工阶层、农村知识分子、私营企业主阶层、个体劳动者和个体工商户阶层、农村管理者阶层。下面分别对每个阶层作具体的描述（见图6-1）。

农业劳动者阶层
（40.5%）
- 一、从事种植业
单纯耕种责任田的农户已经不存在，全村有约1100户仍然种田，但决大多数作为口粮田。承包集体土地或转包其他村民的责任田10亩以上的农户只有5户，种植板栗10亩以上的1户
- 二、从事副业：养羊专业户3户，养牛专业户2户，养鸡专业户2户
- 三、从事渔业：承包集体水面3户，养鱼大户1（承包水面30亩以上）

农民工阶层（17.8%）
是户籍在本村，指流出本乡累计打工时间为　年以上的农村劳动力。2006年底统计为520人。

乡镇企业职工阶层（16.1%）
（长期职工约550人）
- 养殖户企业职工8人
- 集体企业职工350人
- 私营企业职工180人
- 个体户企业职工40人
- 饭店、旅社服务员季节性兼职职工约20人

农村知识分子阶层（1.5%）
- 公办小学教师18人
- 代课教师1人
- 医疗卫生人员26人，其中正式职工19人，聘用4人，退休返聘2人，私人诊所4人（其中3人无证）

私营企业主阶层（1.5%）
（长期雇工8人以上）
- 铸造业1户
- 纸制品加工、印刷4户
- 竹制品加工3户
- 农副产品加工2户

个体工商户阶层（10.3%）
（133户）
- 食品粮食油料加工1户，经营4户
- 食品粮食油料加工6户
- 运输业51户，其中运输公司1户，个体运输50户
- 批发零售业70户
- 餐饮住宿服务业7户

农村管理者阶层（1.78%）
- 乡镇干部30人
- 村干部22人（其中包括村民组长17人，村两委5人）

图6-1　落儿岭的社会阶层分化

（1）农业劳动者阶层。虽然村里仍然有550户种植多种经济作物，但是单纯耕种责任田的农户已经不存在。承包集体土地或转包其他村民的责任田10亩以上的农户只有5户。板栗种植10亩以上的有1户。养殖业农户包括：养羊专业户3户，养牛专业户2户，养鸡专业户2户。集体养鱼3户，共计水面15亩。在家从事农业生产的大都是老人和妇女，项家院队有个叫郑长前的老汉从2002年起从事山羊养殖，每年存栏40～70头，年收益在5000～8000元。粗略估算，尚未脱离农业生产的村民约占该村总人口的40.5%，但从事农业为主业的劳动力仅占全村劳动力的1.6%左右。

（2）农民工阶层。这一阶层是指户籍在本村，流出本乡半年以上，长期在外打工的农民。他们主要在上海、浙江、南京、无锡、合肥等地，从事建筑、装潢、手工业、加工业等低技术的体力劳动，一般一年收入在1.5万元左右。根据乡政府的统计资料，落儿岭村2006年底在外打工的农民工为520人，占总人口17.8%，农民工数量占全村劳动力的40%左右。

（3）乡镇企业职工阶层。这里的乡镇企业职工是指本村人在本乡范围内被乡镇集体企业、私营企业和个体企业雇佣的从业人员，大部分被本村人雇佣。一共有570人，占劳动力的比例为43.8%。其中，村里集体企业晨风纸厂职工350人、商贸大楼职工3人、加油站的职工2人，私营企业职工180人，个体户职工40人。这一阶层占到了全村人口的21.4%，比农民工的比例还要高。由此可见，该村村民主要服务于村内企业。乡镇企业职工阶层由于工作性质不同，收入差异也很大。像晨风企业的职工月工资一般在900元。但在私营企业如铸造业、纸制品加工业、竹制品加工业里的技术职工的月工资一般在1500元以上。餐饮、交通服务业的司机月工资可达1800元，厨师的工资也可达到1500元。一般家庭妇女在个体工商户的饭店、旅社当服务员，工作时间自由，并比较短，一般作为兼职月工资只有400元。

（4）农村知识分子。这一部分人包括公办小学教师18人，"民代"教师1人。"民代"教师是村里雇佣的老师，他们的收入比公办教师低得多，但有自己的责任田，一般为女性，年底结工资，每年 2000 元。医疗卫生人员共 29 人，其中村卫生所正式职工 19 人，外聘 4 人，退休返聘 2 人，个体诊所 1 人，赤脚医生 3 人。这一阶层的人共 48 人，约占总劳动力的 3.3%。

（5）私营企业主阶层。他们雇佣长期工人在 8 人以上。这些企业多为家庭企业，家庭成员参与劳动和管理。这样的企业共有 10 户。我们在计算这一阶层时，把其家庭成员计算在内，共 22 人左右，占全村劳动力的 1.5%。

（6）个体劳动者和个体工商户阶层。这一阶层是指雇工在 8 人以下，主要依靠自己劳动的交通运输户、食品加工、粮油加工和批发零售户，从镇政府统计材料了解到共 133 户，平均每户 2~3 人就业，从业人员 300 多人，占全村人口的 23.1% 左右。

（7）农村管理者阶层。其中，本村的乡干部（指在乡政府、乡党委及相关职能部门如工商所、邮政局、财政所等工作，籍贯为落儿岭村的人）30 人；村干部 22 人，其中村两委主要领导 5 人。这一阶层共 52 人，占总劳动力的 4% 左右。

三　收入分析：从业收入与家庭收入

我们在以家庭年纯收入为标准对全村进行分层时，考虑到估算的难度，仍以户为单位，把每户中劳动力人口而不是家庭总人口的平均年纯收入作为标准，确定了三个基本阶层：富裕阶层、中等收入者阶层、贫困阶层。我们把人均纯收入相当于全村人均纯收入的近三倍的家庭所组成的群体作为富裕阶层。2006 年落儿岭村的人均纯收入为 3550 元。我们确定富裕阶层的家庭劳动力平均年纯收入在 10000 元以上。贫困阶层因为主要是生活难以自立的家庭、孤、老、寡户和"五保户"，所以以户人均年纯收入为全村的 1/2 以下为标准，我们确定为 2000 元。其余的划分为中等收入者阶层。比如一个家庭中有四口人，夫妻俩、未成年孩子和一个老人。如果去年他的家庭纯收入为 3 万元，那么夫妻俩平均收入为 1.5 万元，这个家庭应该属于富裕阶层。如果把孩子和老人也作为基数，家庭人均收入为 7500

元，应当算中等收入者阶层。为了估算方便，我们采用前者的划分方法，而不是后者。

我们计算的总户数，既包括户籍在本村的村民，也包括户籍不在本村，但籍贯在本村而且长期居住在本村的这一部分家庭。落儿岭村除了 17 个村民组还包括一个街道社区，约 220 户都是非农户口，这些家庭人口户籍不在本村，但他们的生活和消费都在落儿岭村。加上农业户口 640 户，该村户数这样计算共达 860 户。

1. 富裕阶层

本节根据当地经济实情，为分析方便，只纳入家庭收入一个变量来对该村不同阶层进行简单分类。把家庭劳动力年人均纯收入在 1 万元以上的家庭界定为当地的富裕阶层。这一部分人占到总户数的 28.5%。在富裕阶层中，我们又根据家庭收入分成超富阶层、中富阶层和小富阶层。他们的职业界别见图 6-2。

（1）超富阶层。家庭劳动力年人均纯收入在 20 万元以上，我们确定为超富阶层。该阶层数目不多，但由于该阶层收入大幅度高于其他阶层，在拉高当地经济水平的同时，也拉大了当地的贫富差距。属于这一阶层的主要是当地的经济精英，包括集体企业负责人，3 户；部分经营较好的私营企业主，6 户；以及板栗种植大户（10 亩以上）1 户；共 10 户，占总户数的1.2%。

（2）中富阶层。家庭劳动力年人均纯收入在 6 万元以上，20 万元以下的家庭，我们确定为中富阶层；该阶层主要包括部分私营企业主，4 户；养鱼大户，1 户；企业高级管理人才，17 户；承包责任田种植大户（10 亩以上），5 户；共计 27 户，占总户数的 3.1%。

（3）小富阶层。家庭劳动力年人均纯收入在 2 万元以上，6 万元以下的家庭我们确定为小富阶层。这也是富裕阶层中数量最多的一个群体。个体工商户中收入达到富裕阶层水平的约有 133 户；运输业老板 60 户（其中运输公司 1 户，客运货运个体老板 50 多户）；部分医生、公办教师、部分乡镇干部，他们的人均年工资收入基本都能超过万元，达到 1.5 万元左右，约 15户。共计 208 户，占到 24.2%。

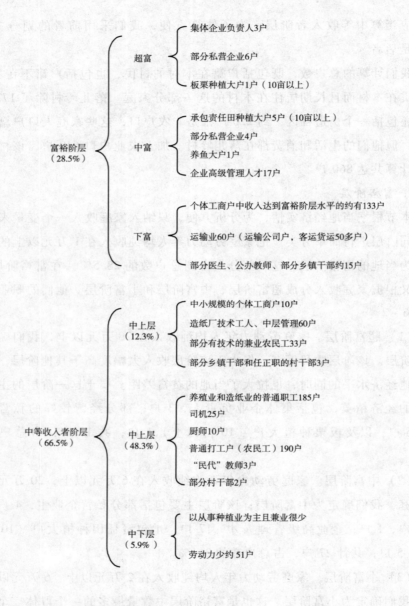

富裕阶层（28.5%）

超富
- 集体企业负责人3户
- 部分私营企业6户
- 板栗种植大户1户（10亩以上）

中富
- 承包责任田种植大户5户（10亩以上）
- 部分私营企业4户
- 养鱼大户1户
- 企业高级管理人才17户

下富
- 个体工商户中收入达到富裕阶层水平的约有133户
- 运输业60户（运输公司户，客运货运50多户）
- 部分医生、公办教师、部分乡镇干部约15户

中等收入者阶层（66.5%）

中上层（12.3%）
- 中小规模的个体工商户10户
- 造纸厂技术工人、中层管理60户
- 部分有技术的兼业农民工33户
- 部分乡镇干部和任正职的村干部3户

中上层（48.3%）
- 养殖业和造纸业的普通职工185户
- 司机25户
- 厨师10户
- 普通打工户（农民工）190户
- "民代"教师3户
- 部分村干部2户

中下层（5.9%）
- 以从事种植业为主且兼业很少
- 劳动力少约51户

贫困阶层（5%）
- 孤、寡老人
- "五保户"
- 因病、残致贫约40户

图6－2　三个基本阶层

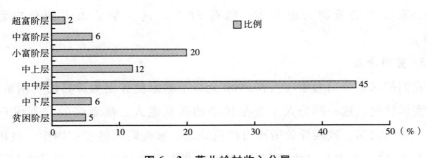

图 6 - 3　落儿岭村收入分层

2. 中等收入者阶层

按照相同的思路，我们把中等收入者阶层也分成中上层、中中层、中下层来进行分析。

（1）中上阶层。家庭劳动力年收入在 1 万～2 万元之间的家庭，被确定为该村的中上阶层。这一阶层他们耕种少量的责任田作口粮或基本脱离第一产业，以从事第二、第三产业为主。主要包括集体企业或私营企业中熟练的技术工人、中层管理人员，约 50 户；中小规模的个体户，10 户；部分兼业农民工，一些掌握一项技能的农民工年收入基本都能达到万元以上，约计 33户；部分乡镇干部和部分村干部中的正职，乡镇干部中工资收入较低水平的一般也能达到 1 万元，一般村支部书记和村委主任每年的工资是 8000 元，副职是 4000～5000 元，有 3 户。这一阶层户数共 106 户，占全村总户数的12.3%。

（2）中中阶层。家庭劳动力年收入在 4000～1 万元之间的家庭，被确定为该村的中中阶层。他们多数有自己的责任田，但收获粮食大部分只作口粮。他们把种植粮食作为兼业，而主业则从事如出外打工、"民代"教师、村干部中的副职以及集体企业和私营企业中的长期雇工。这一部分人最多，共计 415 户，占到总户数的 66.5%。其中，本村集体企业和私营企业的普通雇工有 185 户，普通打工户（农民工）190 户，还有一些技术性行业，司机，25 户；厨师，10 户；"民代"教师 3 户；普通村干部 2 户。

（3）中下阶层。我们把家庭劳动力年纯收入在 2000～4000 元的家庭确定为该村的中下阶层。他们是以耕种责任田为主，其他兼业很少或兼业收入较低。家庭中的劳动力也不多，约有 51 户，这一部分人占到总户数的 5.9%。

3. 贫困阶层

我们把家庭劳动力年收入在 2000 元以下的家庭界定为该村的贫困阶层。根据实际情况，这一部分人主要是村中的孤寡老人、敬老院的"五保户"，以及一些因大病、残疾导致劳动力严重缺乏，家庭陷入极度贫困中。贫困家庭共有 43 户，约占总户数的 5%。解决这些家庭的贫困问题，预防农村家庭因病致贫，目前，该村正在积极推行农村合作医疗制度。详细分析见社会保障一章。

4. 家庭财产分层：家庭财富及其分布

（1）以家庭收入分层。如果以家庭总收入分层，即按照家庭中所有人的收入和进行分层，我们会看到一个近似标准的"橄榄形"（见图 6－4）。

表 6－3　家庭收入分布

家庭收入	户数（户）	比例（%）	家庭收入	户数（户）	比例（%）
20 万元以上	20	2.3	2000 ~ 1 万元	166	19.3
5 万 ~ 20 万元	87	10.1	2000 元以下	43	5
1 万 ~ 5 万元	544	63.3			

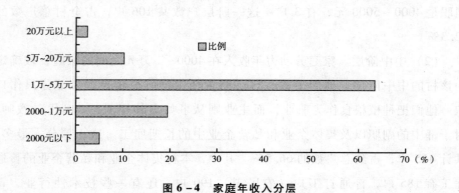

图 6－4　家庭年收入分层

（2）以家庭财产分层。我们将家庭财产分为动产和不动产，折合成现值进行分层。不动产主要是房屋。动产包括生产资料如拖拉机、汽车、加工机械、抽水机及三轮车等，耐用消费品如家电等。我们没有把家庭储蓄计算在内，因为这一部分很难估算出来。从表 6 - 4、图 6 - 5 中可看出，大部分村民的家庭财产集中于 5 万～20 万之间，其中 5 万～10 万的有 215 户，占到了 25%的比例；10 万～15 万的有 205 户，占到了 23.8%的比例；而家庭财产 15 万～20 万元的比例最大，占到了 40%以上，共有 345 户；而家庭财产收入在 50 万元以上和 5 万元以下的极富或极穷的比例都很小，分别只占到了 2.56%和 4.53%（见表 6 - 4、图 6 - 5）。

表 6 - 4　财产分布

财　产	户数	比例(%)	财　产	户数	比例(%)
50 万元以上	22	2.56	10 万～15 万元	205	23.8
20 万～50 万元	34	3.95	5 万～10 万元	215	25
15 万～20 万元	345	40.12	5 万元以下	39	4.53

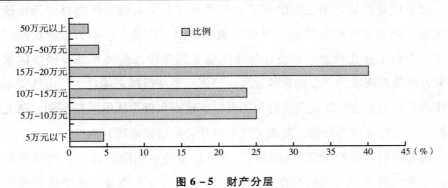

图 6 - 5　财产分层

第二节　落儿岭村社会阶层结构的特征分析

一　落儿岭村社会阶层结构的总体特征

我们把落儿岭村社会阶层结构的总体特征概括为"开放的阶层流动、公平的阶层分化、兼业的社会分工、和谐的阶层关系"。

落儿岭村的社会阶层结构的第一个特征是开放的阶层流动。社会阶层的边界是开放的而不是封闭的。落儿岭村是当地镇政府所在地，拥有一个社区街道，在社区内的服务业十分齐全。在我们去调查的时候，就有一户居民刚开了一家早点店，店主是一位30岁左右的中年妇女，她穿着干净，脸上带着山民特有的健康红润和淳朴而腼腆的表情，用憨厚的嗓门到村委会办公室"宣传"她的早点店里有牛肉面、稀饭和馄饨，并热情地招呼各位村干部到她那惠顾。第二天，我们课题组就特地来到这个店铺吃了早餐，店铺里设备非常简单，也就是在社区街道的一户人家，一个地地道道的农户的平房结构，把堂屋让出来添了几条桌椅板凳。屋后就是厨房熬着稀饭和当地特有的"辣糊汤"，屋前置了一口锅专门煮面条。这里没有准备所谓的一次性餐具，洗碗的应该是这家人的长辈，一名60多岁的老太太，碗和筷子都用开水烫的干干净净。早上来吃早点的客人都坐满了，有附近中学的学生，也有街道上其他做生意的，大都是本村的。老板娘做着生意还不停地招呼着熟人。

之所以详细地记录上面的例子，是因为这个生动的实例能够鲜活地证明一家农户是如何跨出农民的"身份"流动到第三产业——服务业阶层的。可以说，在前工业化社会，经济行为深深地受到各种社会关系而非经济因素的约束，但随着现代化、市场化的发展，经济行为变得越来越自主。市场需求与个体的自利追求能够促成经济行为的发生，继而实现个体的阶层流动。落儿岭村村民市场化意识的加强，促成了这个村社会阶层流动的开放性。

落儿岭村的社会阶层结构的第二个特征是公平的阶层分化。改革开放以来，中国农村劳动力通过兴办企业、外出务工、自主经商、接受高等教育等多种途径实现了社会流动。农村阶层分化日益明显是不可避免的一个趋势。制约社会流动的另一个方面，就是阶层身份获得与分化机制的公平性。一个人的社会经济地位的取得，不是主要依靠其先天的或与生俱来的先赋性因素，而是主要取决于个人学识、能力和努力等自致性因素。①

---

① 帕森斯（Talcott Parsons）用"模式变量"来反映行动者之间的互动关系，"模式变量"有五对基本范畴，其中包括特殊性与普遍性、先赋性和自致性。先赋性与自致性是指在互动情景中评价他人或自己的根据和标准是什么，是以先天的条件还是后天努力获得的能力。特殊性和普遍性是指在互动情景中，遵循的规范评判的标准是一视同仁还是因人而异的。我们在这里借这两对范畴来描述社会阶层分化的公平性。

在落儿岭村，职业分层和收入分层是一致的，阶层分化的过程和结果都是大体公平的。首先，职业声望较高、收入较高的阶层成员，都来源于这个村的政治精英、经济精英和文化精英。比如，乡镇以上干部都要通过国家统一的公务员选拔考试；村干部都是由村民海选产生，由在村民中声望和影响力较高的人担任；企业负责人都是懂技术、有文化、懂管理、会经营并为企业的发展立下了汗马功劳的人担任。其次，大部分专业技术人员、办事人员、企业职工、外出务工劳动者也都是凭借自身拥有的技术、能力成为各个阶层的佼佼者。在我们调查中，感触最深的就是村民挂在嘴边的"勤劳致富"四个字。农民朴实的语言恰恰反映了这个村阶层分化的公平性。

落儿岭村的社会阶层结构的第三个特征是兼业的社会分工。提起社会分工，在人们脑海中浮现的应该是"专业化"三个字。尤其是在分析新兴职业产生的时候，宏观的社会分工总是为了满足社会或社会成员某种特定需求而划分出越来越专业化的职业群体。但是，本文想阐明的是，新的社会需求并不能立竿见影培育出一批专业化的从业队伍，于是在社会需求已经存在，但专业化的从业队伍又尚未形成的过渡期，必然会产生大量的"兼业群体"，其在落儿岭村就表现为有大量同时从事第二、第三产业的兼业农民。首先，该村仍然是一个传统的农业化的山区村庄，土地、林场、茶厂、水产养殖等农村经济支柱不可能消失，也不可能像城市那样完全从事第二、第三产业，发展农业是基础，该村大部分已经在工厂打工的村民都仍然兼业从事农产品的生产；同时，乡村工业化、社会服务商业化是乡村现代化的必由之路。随着乡村现代化的发展，仅仅依靠农业也是无法带领农民脱贫致富的，农民只有通过兼业才能富起来，于是，该村农民的兼业身份就进一步确定下来了。

举一个典型的个案。笔者作为课题组的成员，多次来到落儿岭村调查，因为该村离县城不是很远，所以很多次我们都是住宿在县城的招待所里。2007年10月，为了节省时间，也为了能够更深入地了解这个村庄，我们在村里的一家家庭旅馆住了一个星期。说是旅馆其实和农户家里几乎一模一样。这户人家在村内的街道社区盖的一幢两层小楼，四上四下。具体功能分布是：上面三间和一个阳台、一个卫生间作为旅馆主体部分，每间房里有三张床位和一台彩电（旅馆是按照床位收费，每张床每天十元）；下面主人家夫妇俩带一名上初中的儿子，住两间，还有一间是堂屋，另外一大间开了一个超市，卖一些日用品，还有长途电话可打。就我们了解到的这对年轻的夫妇所从事的职业包括：种点家用蔬菜、楼上开一个旅馆、楼下开一间超市、早上在超市门口卖菜（包括猪肉）等四种。生意忙的时候，连放假回家的孩子都要身兼数职。这户人家属于典型的兼农兼商。这种农民兼业的功能将在后文阐述。

　　落儿岭村的社会阶层结构的第四个特征是：和谐的阶层关系。阶层关系的和谐与否与前面提到的开放的阶层流动、公平的阶层分化、兼业的社会分工是紧密联系的。当然，决定阶层关系的根本在于阶层结构的具体分布。中等收入者占主体是一个合理的社会结构的具体体现。从落儿岭村村庄的家庭收入分布图和家庭财产分布图都可以看出，该村的中上等收入群体占到了大多数，而极富和极穷阶层都只占社会的少数比例，这是阶层关系和谐的基础。正如宋林飞教授所指出的那样："当中等收入者成为社会主体时，社会矛盾和社会紧张程度就会大大缓和，极端的思想和冲突观念就很难有市场；中等收入者的生活方式就会推动与稳定消费市场，从而有效解决内需不足的问题，促进经济持续发展与繁荣。"①

　　阶层分化体现着不平等，但也要看这种不平等是基于什么基础上的不平等，如果有机会均等原则主导，在竞争公平条件下产生与效率相关的不平等则是被人们认可的。该村的贫困阶层大多是孤寡老人、"五保户"和因病致贫，这个贫困阶层的形成有着其历史原因，造成他们贫困的也非人为因素。这种贫困阶层并不具有可复制性，它是一种非结构式贫困阶层。该村的富裕阶层也大都是勤劳苦干出来的。更重要的是，比较有能力和市场经验的民间经济能人，他们在自己经营的同时不仅带动了村庄的就业，还客观上给村民带来了比重不小的收入。正如前文分析，该村纸厂和竹编厂等大型企业的员工大部分都来源于本村村民。私营企业的发展带动了全体村民生活水平的提高。该村还十分重视教育，村民一进纸厂都能得到专业的职业培训，有利于普通村民掌握技术，并通过掌握知识、技术向上流动。

---

　　① 宋林飞：《优化社会结构是构建和谐社会的基础》，《社会学研究》2007 年第 2 期。

二 落儿岭村社会阶层结构中的兼业群体分析

1. 落儿岭村兼业农民多，兼业种类多

新农村的建设迫切需要培养造就有文化、懂技术、会经营的新型农民。具体到农村实际，"兼业"可能是新型农民的主要特征。种田地只是农民的一种职业，他们还可以进城务工、跑运输、搞农产品经营等多种职业兼营。就落儿岭村而言，通过统计职业从业人数和实际劳动力人数进行对比，可以得出平均每人从事 2.15 个职业的结论，由此可见，该村从事兼业情况普遍存在。农民为什么要选择兼业呢？原因可以从三方面来探究。

（1）从社会发展来看，农民兼业受当地农村产业结构调整和第二、第三产业发展水平的影响。落儿岭村的乡村工业化水平高，第二、第三产业的发展相对较快，在这些产业里能获得更多的经济收入和利益空间，农民自然会趋向经济收入较高的产业。同时，农村土地、山林的保障功能又是能够给予农民最基础的安全感的保障，所以农民也不可能完全脱离土地采取非农业就业的方式，而是选择兼业的方式。

（2）从家庭发展来看，农民兼业受家庭耕地面积、劳动力人数和未成年人数等因素影响。落儿岭村人口不多，但地更少。由于地处山区，人均才三分耕地。仅仅依靠土地是不能进一步提高家庭的生活水平的。只有发展多种经营，才能改变农民自身单一的"土里刨食"的生存方式。

（3）从个人发展来看，农民兼业也受到劳动力个人性别、年龄、文化素质的影响。受中国"女主内、男主外"传统思想的影响，家庭的男主人一般为家庭的经济状况承担的更多，为了改善家庭成员的生活条件，家中的男主人多选择兼业；同时，随着该村教育事业的发展，村里新一代年轻人一般都受到了良好的教育，有了较高的知识水平，为了追求更好的生活，寻找更多的发展空间，年轻人们也不再拘泥于"埋头种田"，而是选择兼业。

总之，农民选择兼业的原因是综合的，多种因素作用的结果。兼业的农民多数从事体力劳动，收入不稳定，劳保制度不健全，土地仍然是赖以生存的最终保障。农村劳动力寿命增长，劳动强度比过去降低的小型机械技术节约了农村部分劳动力；农村工业和服务业的发展以及不断的城市化是农民兼

业机会增加。

落儿岭村兼业的特点除了兼业的农民多以外，还有一个就是兼业的种类也很多。首先，农业的发展迈向多种经营，农户从单纯经济作物的种植户转变为"种植＋加工＋销售"的立体发展模式。该村农业产业化龙头企业之一的霍山福瑞商贸有限公司是一家从事葛根、蕨根、橡子等植物淀粉及竹坯板加工、销售的龙头产业化民营企业，始建于20世纪90年代中期，致力于农业产业化和生态农业的发展之路，2006年公司为扩大生产规模，通过招商引资项目新上一套竹坯板生产加工项目。该项目立足于当地丰富的毛竹资源，采用"公司＋基地＋农户"的经营模式，可带动周边1000余户农户发展毛竹产业，扩大了企业生产规模，提高了农户收入，具有明显的经济和社会效益。

其次，乡村工业化带动农民"离土不离乡"，村民开始以工业为主业，以农业为兼业。农民成为"兼工兼农"的新型农民。早在1998年时，落儿岭村全村实现乡村企业营业收入22850万元，乡村企业净利润704万元，入库税金242万元，人均贡献1060元，企业发放工资690万元，人均达3000元，成为六安地区小康示范村。2007年底全村已拥有造纸、彩印包装、农副产品加工、建材、小水电等支柱行业，骨干企业年销售收入500万元以上的企业三家，100万元以上的达四家，工业总产值2亿元，全年发放工资700万元，全村人均收入近4200元。该村大部分村民，只要高中毕业通过考核，都能进入村内各类企业，成为企业员工。

第三，随着农村综合改革的深入、社会服务的完善、第三产业的发展，给村民自主创业提供了契机。不少农民有了一些资金、技术以后，就能开超市、开理发店、办餐馆、旅社，跑运输，为村民提供各种社会服务。村民成为"兼农兼商"的新型农民。走在该村的社区街道上，我们可以看到餐馆、超市、电话超市、手机缴费中心、公交车站、美容美发店、旅馆、大药房、太阳能销售点、台球室等各种消费中心、娱乐中心，应有尽有。街上还有五六家"花圈乐队"，由此可以判断出乡村殡仪事业也在向专业化、产业化发展。虽然街道上的每个店面都不大，基本上都是农村两层楼的标准住房，一楼作店面，二楼住家。但种类齐全，真可以形容为"麻雀虽小，五脏俱全"。

这么多种类的服务业无疑给村民兼业提供了更多的选择机会。也正因为如此，在全国上下"民工潮"大量流动的时代，这个村的外出打工劳动力还不到一半，与其他中西部农村地区 80% ~90% 青壮年劳动力选择外出打工形成了鲜明对比。

2. 农民兼业的功能分析

从国际上来看，农民兼业经营无论是在发达国家，还是在发展中国家都是一种普遍现象。在不同的时代背景处于不同农业发展阶段的国家，农民选择兼业的动因和规律不是完全相同的。但有一点是可以肯定的，农民兼业既是农村现代化的结果也是现代化进程的一个推动因素。农民兼业化是迈向专业化的现代社会的过渡时期。

（1）农民兼业有利于农民丰富自身的社会角色。农民的兼业行为使农民的活动范围在扩大，农民增加经济收入的机会增多。我国是一个农业大国，农村人口占到了 9/13。大量农民工走进城市打工是我国城市化的一个特色，然而受城乡户籍制度的制约，农民工为城市建设作出了大量贡献后的身份转化仍然有许多问题，单纯依靠农民工实现"市民化"生活是不现实的，充分利用农村资源，发展小城镇建设，拉动更多农户兼业经营是可以实现的。尤其是利用农民兼业化把各种资源结合起来，建成农村、城市复合体，农、工、商复合体。

（2）农民兼业有利于传统农民顺利转型为新型农民。正如马克思所说："当 18 世纪的农民和手工工厂工人吸引到大工业中以后，他们改变了自己的整个生活方式而完全成为另一种人，同样，用整个社会的力量共同经营生产和由此而引起的生产的新发展，也需要一种全新的人，并将创造出这种新人来。"[1] 建设现代农业，最终要靠有文化、懂技术、会经营的新型农民。通过兼业，能够提高农民综合素质，挖掘农村人力资源潜力，充分发挥我国农村的人力资源优势，为推进新农村建设提供强大的智力支持。

3. 农民兼业的前景分析

（1）加强农民专业生产组织建设，可以促进更多农民兼业经营。自然经

---

[1]《马克思恩格斯选集》第 26 卷，人民出版社，1972，第 421 页。

济的解体和农产品的商品化是任何国家走向现代化不可避免的现象。但在国家工商业尚未发展到转变更多农村劳动力之前，或者农民不愿放弃耕地所有权的情况下，通过农民种植专业化，连接起毗邻零碎农地，形成一定规模的专业化农场的做法，可节省出更多的劳动力从事兼业经营，这不是为我国近期增加农民收入的好办法。世界上一些发达国家和地区早已采取建立农民专业合作社组织和共同经营的做法以提高农产品的质量，增强市场竞争力，同时节省劳动力开展兼业经营，增加农民经济收入。

像其他国家的"小麦合作社"、"园艺合作社"、"奶业合作社"等一样，把经营共同专业的农民组织在合作社内，有经营特长的社员负责田间管理、机械操作和市场营销，余出更多的农户去获得农业以外的更多利益。农民专业合作社的操作在国家有关法规的统一调整之下，能够促进和保证农民专业合作社的发展和农民之间在其相关经济领域的合作，以降低成本，使社员获利。我国台湾地区早在20世纪80年代专门制定了《家庭农场共同经营实施法》，大力推行一种称之为"专业区"的农田经营形式，当时加入到这种经营方式中的农户约占30%，较好地促进了农业企业化、机械化和现代化的实现。我国农民专业组织的建设问题尚未得到应有的重视，大批农户处在自由、分散、低效经营状态下，这与现代农业的经营方式不相称。我们可借鉴一些人多地少国家的成功做法，加快我国农民实现小康目标的步伐。

（2）加强农民教育培训，提高农民兼业经营综合技能。根据调查结果，目前落儿岭村农户兼业经营的内容较为多样化，能够进行规模经营的种植业、养殖业和加工业农户还较少，多数农民靠外出打工增加收入，一些养殖专业户，如养牛、猪、鸡、蚕等农户规模也不大，其原因在于多数农户投资能力不足，最重要的原因是广大农民的专业技能较低，无力从事科技含量高、经济收入多、专业技术强的生产项目。

从国际上看，很多国家在基层市、区建设有农村教育学院，或委托一些职业技术学院，专门从事农民或农业专业技术教师的培训工作。有的国家创办了多个农民教育研究所，负责农民和基层官员的教育，内容有农民继承人的职业教育、农业教育技术、农业机械、农业政策、民主道德公民教育，以及农副产品的加工储藏销售知识。农民不仅要掌握一套过硬的专业生产技术，而且还要有一套经营管理方法，在农业发展、农户兼业和经营规模扩大的过程中，要十分重视对农民的教育和培训，为农业经营效益的提高创造很好的农村人才培养条件。农村职业教育是农民致富奔小康的关键性基础工作，只有使广大农民成为具有现代化意识、专业化知识和具有创造性的人，才能实现村庄的可持续发展，才能达成我国全面小康社会的总目标。

第三节　三个村庄社会结构变迁模式的比较研究
——落儿岭村、老洪村、顾村

落儿岭村调查是作为"'九五'国家社会科学基金重点项目"的"中国百村调查"课题组的一个子课题进行的，在此之前，我们课题组成员已经在全省各地的不少村庄进行了实地考察。尤其是在做农民工子女调查、失地农民调查等专项课题的时候，我们对调查的每个村庄都作了问卷和访谈，还收集了一些文献资料。为了使农村社会结构变迁的过程在我们的头脑里形成更加"立体化"的印象，也为了突出落儿岭村乡村工业化的典型性，本节选择了城市化过程中三个不同类型的村庄进行了比较分析。

一　落儿岭的乡村工业化之路

从学理上对村落类型划分来说，对村落的类型有不同的划分维度。总结村落类型的划分，它的参照坐标大致有两大类。一类是从经济结合的角度。如工业化、集体化和市场化等等；另一类是从组织结合的角度，如家、村地位，宗族强弱，族老地位等。按照这两类不同的划分标准全国农村不同的地区形成了具有地域特征的村落分布。王汉生主持的北京大学社会分化课题组在 1990 年根据各地乡村工业化水平及社区集体化程度的不同，将中国农村分成了四种类型。他以工业化水平为横轴，以集体化程度为纵轴。四种类型：一是高集体化低工业化类型（改革前人民公社时期的农村）、二是低集体化低工业化类型（我国目前大部分农村地区）、三是高工业化低集体化（如温州地区）、四是高工业化高集体化（如苏南地区）。

落儿岭村的社会结构变迁走的是一条乡村工业化的道路。村域经济的快速发展，经济实力的显著增强带动了农村社会结构的变迁，落儿岭村人的生产方式、生活水平、教育意识、文化水平和就业结构也随着村级集体经济的发展逐渐地发生变化。落儿岭村虽然在地理位置上处于大别山区，但从工业化和集体化水平上看，它的发展类型近似于苏南的高工业化高集体化的类型，经过产业模式的转变和所有制体制的改革，苏南的集体化程度已经弱化了，同样在落儿岭村，在纸厂改制的过程就是一个集体经济和私营经济博弈的过程。

1. 乡村工业化的道路体现在村办企业的发展上

落儿岭村办企业的发展在前文已经有详细阐述。那么村办企业发展以后对该村的社会阶层结构的变化究竟能起到什么作用呢？陆学艺先生按农业劳动者和乡镇企业职工相对规模的大小，把农村阶层结构分为前分化性、低度分化性、中度分化性、高度分化性四类，代表农民分化的四个类型。"这四种分层结构类型的依次变迁代表和反映了经济现代化水平的提高。"[1] 落儿岭村纸厂发展越来越快，在村办企业中就业的青壮年劳动力达到了一半以上，农民的分化程度已经接近高度分化性。村办企业的发展加快了落儿岭村的社会分化，使落儿岭单纯的农业人口的社会阶层结构向多阶层、多职业的现代社会转变。

2. 乡村工业化的道路表现在多种经营的发展上

根据我们的研究，从市场化程度、政府对经济的干预大小、村落自我组织化水平和作为最小经济单位的农户经济能力几个角度，可以把落儿岭村总结为"市场开放、政府服务、集体弱化、个体强化"的类型特征。①市场开放。随着乡村企业的发展，企业的市场化程度越来越高，正如前文中提到的，纸厂的原材料来自于本地纸浆之外进口了美国废纸（纸厂称"美废"），纸厂技术人员除了培训本地村民之外还高薪聘请了山东等省技术专家，同时纸厂的销售市场在立足国内长三角地区以外，已经远销东南亚等地。②政府服务。在纸厂发展的过程中，村级政府正确树立了服务工业发展的理念，为企业的发展提供了坚强的后盾，同时减少对企业经济发展状况的干预。政府回归对公共事务的管理，为企业提供保障，实现公共资源的优化配置。③集

---

① 陆学艺：《改革中的农村与农民》，中央党校出版社，1992，第31~32页、第35、第36页。

体弱化。纸厂的发展离不开村集体，从集体企业到合作企业的转轨，集体的力量由强变弱，这是纸厂可持续发展的必由之路，只有产权明晰、权责分明才能真正增强纸厂的内在竞争力，在市场经济的浪潮中拔得头筹。④个体强化。从事工业农民更快更早地接受现代社会的生活方式和价值观念，新思想、新观念的引进能够迅速得以传播。从而增强了农民自主创业的个体力量。落儿岭村个体工商户的成熟发展正是该村村民个体力量的完美展现。

3. 落儿岭村的乡村工业化道路还表现在公共服务的发展上

在纸厂的市场竞争力不断增强，个体工商户等多种经营方式的不断成熟的基础上，落儿岭村的公共服务建设也日趋完善。落儿岭村的公共服务集中体现在基础设施建设、生态保护建设两个方面。从基础设施建设来看，道路、通讯、水利设施逐步完善。落儿岭行政村下面的 16 个村民组组组通机耕路，户户通自来水、收音机、电视机。电话拥有率达 80%，电脑拥有率达 20%。同时，村里 16 个村民组有 5 口"当家塘"，可灌溉 770 亩以上土地，可确保该村农田旱涝保收；4 道堰坝可实施自流灌溉。从落儿岭村的生态保护建设来看，该村以生态示范村的标准为总体目标，大力发展生态经济，着力推进生态农业、生态工业、生态家园、生态林业、生态文化和生态旅游建设，村聘请了县、镇相关部门的技术人员来村驻点指导生态创建，先后编制了《村生态建设总体规划》，涵盖了生态农业、生态林业、生态工业、生态文化、生态旅游等六方面的规划任务，以此作为全村深入开展生态建设的指南，生态创建不断向纵深发展。公共服务的完善是落儿岭村社会阶层合理分化，阶层关系更加融洽的基础。

二 老洪村的外力城市化之路

老洪村位于安徽省 HF 市市郊，是 SS 区 SWLH 村下的 13 个自然村之一。随着 HF 市政务新区打造步伐的加快，老洪村原来的村庄在"外力"下完全消失，原村庄旧址已经完全纳入 HF 市政务新区。原村民由 HF 市集中规划住入 HF 市绿怡居小区成为 HF 市新一代的市民。像老洪村这样，由于城市的迅速扩张，城市文明迅速渗透，村庄在外力的剧烈推动下，短时间内实现城市化的村庄在中国并不在少数。仅以安徽 HF 市为例，HF 市经济开发区

2001 年开始征地转户，到 2004 年 2 月，全区就批准了 216 个村民组 11559 户 33046 人的城市户口转化。

纵观老洪村的发展过程，我们不难发现，老洪村由一个城郊原始的自然村庄，受到城市的辐射，演变为一个初步工业化的村落，最后，在城市化的进程中完全同化，村庄消失，村民"市民化"。老洪村几次历史性的土地分配调整包括：家庭联产承包责任制中，土地实现平均分配；1992 年，HF 市二环路和绿化带建设征用部分土地；1998 年，农业科技示范园的建设征用部分土地；2001 年，HF 市政务新区的兴建，村庄整体拆迁。经历了短时期的剧烈城市化以后，老洪村作为一个自然村庄已经不复存在，老洪村的村民失去土地后，进入了新一轮的社会化过程。在外力作用下剧烈的城市化之路，村民在期间多少有些"无法选择"，而城市化的主体——城市管理者的作用显得尤为重要。

1. 职业结构

在职业结构上，村民不再依赖土地，不再以农业生产来维持生计，他们由政府安排或自主创业转移到城市的第二、第三产业中去。原村民彻底"离土又离乡"并进入城市的职业体系当中。一般高中以上文化和有技术的青壮年到企业中适应能力较快。而一些年龄偏大或无技术的村民只能到一些劳务公司、绿化公司、快餐店等后勤服务企业；这一系列的职业转化都是在城市管理者的行政介入下进行的。城市管理者行政能力水平的高低直接影响着村民顺利城市化的进程。如何更好衔接农民和企业？如何对农民进行职业培训？如何有针对性推荐就业？更多的问题都需要城市管理者来解决。

2. 生活方式

其次，在生活方式上，村民脱离了原始农村的自然环境，进入城市社区，必须要适应新的生活方式和社会管理方式。村民在这种外力"城市化"的作用下，失去的不仅仅是土地，而是原有的一切生活环境。他们必须接受新一轮的继续社会化。城市管理者不仅有责任补偿他们失去土地的金钱、帮助他们重新就业，还应该思考如何进行积极的政策参与，保障他们生活，实现他们继续社会化过程的顺利进行，使村民从思想和文化上进行转变，真正成长为有能力变被动为主动，真正融入城市化建设中去。

资料①：

时间：2007 年 12 月 25 日

地点：省城绿怡居小区

人物：绿怡居小区居民

12 岁的孙晓晨："我的生活变变变！以前冬天每天都吃大白菜，现在冬天每天都能吃到新鲜的西红柿。"

69 岁的陈祥宝老人："以前只能在深夜的小灯泡下手握毛笔，现在每天都能在活动室和一帮老朋友们写字练字。"

32 岁的李芸："以前一下雨，土路上的泥巴能甩到脸上，现在出门就能坐到公交车，伸手就能打到出租车。"

40 岁的宋少杰："以前夏天经常突然停电，现在很少停电，即使停电，几天前就有人挨家挨户地通知。"

【现场】

傍晚时分，放学后的孙晓晨和等候在校门口的爷爷一起来到社区书画苑，从学校到书画苑要穿过一条四车道的马路，路旁两边是整齐划一的居民楼。书画苑里早已聚集了一群前来学习书法的小学生，在古筝弦乐《庭院钟声》的氛围中，老人和小孩子一起用笔墨书写美好的生活。

说起变化无论大人小孩都能从自己的生活里列出一二三，喜悦之情溢于言表。在热烈的氛围中更让人感动的是，面对记者采访，年轻人都知道礼让长辈先发言。"表叔，您老先说。""二婶说完，我再说。"以前他们都是一个村的，似乎每个人都有亲戚关系，这看似害羞的推让让人深深感动于人情味的淳朴。

在这里，与水泥钢筋都市森林的冰冷有着截然不同的感受。

【背景】

其实他们所说的"以前"并不遥远，五年前这里杂草丛生，稀稀拉拉的村庄偶有陌生人出现就会引起阵阵犬吠。2002 年 4 月经合肥市规划，将原老洪村、姚公庙、丁岗村征地拆迁合并新建绿怡居小区。3000 多户的新居拔地

---

① http：//ah. anhuinews. com/system/2007/12/27/001919714. shtml。

而起，新超市、新小学、新幼儿园、新广场如雨后春笋般地出现在人们欣喜的视野中。

2004 年月 11 月，村民全部安置回迁到绿怡居。然而，村民变成市民，并不代表大家马上就改变了以前的生活习惯。"我家楼上两位老人在阳台上养鸡养鸭，还把鸡屎鸭粪直接从阳台上往下扔。"宋叶林回忆说，"第二天，我就拿了个桶送给两位老人家，告诉他们把垃圾放到桶里，装满了我帮他们出去倒。"两位老人家连声答应，从此再也不从阳台上扔垃圾了。

【独白】

居民陈海涛："虽说只有几年的时间，但对我来说，变化是翻天覆地的。以前，一遇到事情就动手打架，认为只有拳头能解决问题。现在与外界接触多了，环境变了，在与人相处中我对自己也有了清楚的了解，人们说我也变了。"

【旁白】

生活就像少女，总在不经意间出落得如此靓丽。三年过去了，村民变市民不仅带来了户籍变化，更带来了生活方式、思想观念的更新与变化。以往传统小农经济下分散和封闭的乡村已经发生极大的转变，"新市民"面对的是健康开放的环境，大家逐步了解自己、认识自己并勇敢地摒弃生活中的陋习。在积极融入城市生活方式的同时，人们内心依然恪守那份浓浓的乡土人情（张岳、李泽贵）。

三 顾村的农民工外流之路

顾村是安徽省 BB 市 GZ 县 LJ 镇的一个自然村，南临新浍河，西靠浍河，处于两河的三角地带，地理位置偏僻，是典型的农业社区。从内部来看，顾村缺少村庄工业化的条件，尤其是没有私营企业。在顾村，由于初级市场的范围狭小，与外部市场缺少信息资源沟通，村民缺乏获得信息资源的渠道，再加上小农生产的狭隘性和自我满足，这些内外部劣势抑制了村庄内部现代工业的萌芽。从外部因素上考虑，顾村远离"长三角"等消费市场，顾村消费市场仅限于九湾集市，消费能力很小。该村周边也无大城市的有力辐射，处在一个封闭的边缘地带。

　　因此，顾村的城市化发展只有靠突破区位限制、走出村庄，实现劳动力的转移。改革开放以来，顾村村民在价值观念上已经日益现代化了，他们在寻找着突破贫穷落后的途径，在调查中81.3%的被访者认同"辛苦点没什么，什么活挣钱多我就干什么"，83.3%的被访者认同"只要有机会我就到外面去闯一闯"。大量农民工外流，成为该村中等收入者的主体，是该村社会阶层结构变迁的一大特征。

　　首先，农民工出去打工提升了农民的家庭收入，改变了农民的生活方式。在村民只能单一依靠种田养家糊口的顾村，如果一家有一个人出去打工，一年就能带回5000～10000元收入，而这是一家人仅靠种田所不可能完成的"增收"。因此在顾村出去打工的人越来越多，该地区中等收入者的经济水平也逐步提高。农民工外出的道路是我国中西部农村的普遍选择，农民工外出不仅带回了收入资金，也带回了新的理念和城市文明。很多村民挣了钱回家乡盖了房子，买了电视、洗衣机等家用电器，有的还添置了电脑。农民的生活方式由旧的传统的农村生活方式逐渐转变为新的现代生活方式，有利于农村和城市的进一步接轨。

　　其次，农民工大量外出打工改变了农民的家庭结构，弱化了原来村落的凝聚力。从家庭来看，外出打工的农民大部分都是家里的青壮年，老人和孩子通常留守家园，"空巢家庭"的数量很多。粗略估计，该村有1/3以上的家庭由于家庭成员的流动处于分居状态，包括父母与子女的分居，夫妻的分居。家庭成员的"离散化"使留守老人缺少子女的关爱，留守儿童缺少家庭的温暖，留守妇女的生活负担空前加重。在一定程度上影响了家庭成员生活的幸福指数。从全村来看，村民大量外出使顾村本身成了一个"空巢村"。随着农民工外出的人数不断增加，留在顾村的村民逐渐只剩下了"386199部队"。而农村农业产业化、农产品深加工的发展，需要大量有技术、会经营、懂管理的新型农民来建设新农村。新型农民的培育和鼓励农民工回乡创业成为顾村进一步可持续发展的必由之路。

　　正如陆学艺研究员所说，"农民工已经成为中国广大农村联系城市的纽带，他们把农村勤劳淳朴的作风带进了城市，为城市的建设付出了辛勤的劳动；他们又把在城市里学会的新思想、新的生活方式带回农村，加速了农村的现代化发展，可以说农民工对实现中国城乡间的功能整合、利益整合、关系整合起着不可替代的作用。"① 农民工进城务工是我国城市化建设中的重要途径之一。当然，社会发展总是与社会矛盾同在的，每一条社会发展的道路都可能充满着荆棘，而构建和谐社会正是在不断地披荆斩棘、解决矛盾中持续前进的。

四　三种社会结构变迁模式的共异特征与内在联系

1. 变迁的目标是相同的，而变迁的道路不同

合理的社会结构呈现在阶层结构形态上是一个中间大、两头小的"橄榄形"结构，在阶层关系上是一个公平的、开放的、良性互动的关系（陆学艺，2002）。改革开放30年来，中国广大农村进行了深刻的经济体制改革、产业结构调整，总的目标和趋势都是一样的，那就是培育农村合理的现代的社会阶层结构、构建农村和谐的社会阶层关系、孕育开放的社会流动状态。而如何完成从传统到现代的变迁，结合各地的具体条件，上文叙述的三个村庄就选择了三种不同的道路。

2. 社会宏观环境相同，而具体微观境遇不同

改革开放以来，从社会宏观环境来说，我国农村的发展是与中央的惠农政策不断创新相伴随的。1978年至今，中国的改革以农村为突破口，中央通过制定多项倾向性政策，顺应和主导了农村改革，有力地促进了农村发展。正如温家宝总理所说，"我国的改革是从农村开始的，农村改革取得了举世公认的巨大成就。农村改革近三十年来，我们迈出了三大步。第一步，实行以家庭承包经营为核心的农村经营体制改革；第二步，实行以农村税费改革为核心的国民收入分配关系改革；第三步，实行以促进农村上层建筑变革为核心的农村综合改革。这三步改革始终贯穿一条红线，就是保障农民的物质利益，维护农民的民主权利，解放和发展生产力"。②

---

① 王开玉主编《不一样的童年——中国农民工子女调查报告》，陆学艺先生写的《序言》，合肥工业大学出版社，2007，第1页。
② 温家宝：《不失时机推进农村综合改革，为社会主义新农村建设提供体制保障》，《求是》2006年第18期，第1～9页。

从给农民放权、减赋到农村的综合改革，在社会宏观条件的助力下，我国农村经济社会改革不断向纵深发展并深刻影响着农村社区阶层结构的变迁。首先，农村的产业结构调整导致农民就业结构发生变化，农民不再从事单纯的"面朝黄土背朝天"土地劳作，开始从事工业、服务业等二、第三产业。阶层分化趋向于职业分化。职业因素对社会阶层分化的影响主要体现在：一是体力与非体力劳动之间的社会经济差异扩大；二是管理者与非管理者之间的社会经济差异扩大。其次，当代中国社会的一些特殊的制度性安排对我国农村社会阶层分化也有着明显的影响。这些制度因素包括所有制、户籍制度、部门差异以及政府在资源配置中的强有力的作用。

虽然农村发展的整体环境是一样的，但是具体到每个村庄由于地理区位不同、村民意识不同、资源条件不同、把握市场能力不同等诸多微观境遇的不相同，每个村庄的现代化、城市化的道路选择不尽相同，社会变迁的进程速度也有快有慢。老洪村离中心城市距离近，受城市的影响大，整个村庄在城市化的步伐中，急速迈向了城市社区；顾村离中心城市距离远，村民要靠外出打工才能提高经济收入和生活质量，村庄的现代化发展步伐较缓；而落儿岭村村民市场意识较强，继承并发展了新红军精神，在村内创办了具有竞争力和凝聚力的集体工厂，也带动村内的个体工商户的发展，以乡村工业化的道路逐步迈向乡村的现代化。

3. 发挥农民主体作用：城市化的三种途径

中国农村是一个乡土社会，其特征有两点：一是从人与空间的关系看，中国农村社会的人口是不流动的；二是从人与人的关系看，中国农村社会的人际关系是对外以聚居集团为单位的孤立和隔膜，而对内则是人皆共享的"熟悉"（费孝通，2001）。随着家庭联产承包责任制中国特色市场经济体制的确立，农村社会开始从封闭走向开放，农民群体开始从静止转为流动。从人与空间的关系看，现代农村社会的人口流动开始逐渐加速；从人与人的关系看，现代农村社会的人际关系对内仍旧熟悉，但对外界不再一味孤立、隔膜，而是有一种开放、接纳的态势。农村劳动力开始向第二、第三产业转移，农村社会出现了职业分化，贫富差距逐渐拉大，农民差异性逐渐增强。再加上中国国土面积辽阔，全国东西部、南北方差异较大，因此，中国乡村的发展不断呈现出多样化的态势。所以目前对农村村庄社会结构的研究就是要通过对不同地区、不同环境的个案研究进而总结出个案所属的类型特征。

各地村庄在改革和发展中自主探索发展道路，使中国乡村日益呈现多样化的格局。以落儿岭村为代表的相当一部分村庄通过村办集体企业的发展，逐步实现了社区经济的工业化和再集体化，也推动了个体工商业和私营经济的发展，以集体化、个体化的方式实现了农村工业化，并成为集体和个体工业经济发达的现代农村社区；以老洪村为代表的原城乡结合部的大部分村庄受到了周边城市快速发展的辐射，以迅雷不及掩耳之速彻底转变为"城市社区"；而以顾村为代表的更多的村庄仍然以农业经济为主，大量青壮年劳动力的外出打工，突破了城乡壁垒，慢慢弥合着城乡二元分割的局面。

对于这三个村庄社会阶层结构类型的总结、对比、分析，我们的目的不在于寻求一种万能的、可无条件复制的"模型"，而是希望通过我们的分析，尽可能多地展示、回望每一种社会变迁类型，为中国城市化的可持续发展寻求多元化的发展道路。中国的城市化道路不可能只走扩大中心城市的道路，推动广大农村地区的现代化发展，学者们已经提出了"重视小城镇建设"，重视"县域经济发展"等发展路径。

我们认为，农民是新农村建设的价值主体，更是新农村建设的创造主体。我国的新农村建设也不能走单一化的发展模式，而是在不同类型的村庄要发挥农民的主体作用，结合各地的具体境遇，真正寻找到适合本地区发展的现代化的道路。仍以这三个村庄为例分析，像落儿岭村这类乡村工业化的村庄，寻求村办企业可持续发展，增强竞争力的途径。像顾村这类农民工大量流出的村庄，可以鼓励农民工回乡创业，参加家乡的新农村建设。而对于老洪村这类已经进入城市社区的村民，发展的重点就是顺利实现村民继续社会化，真正融入中心城市的生活体系中。

第七章　落儿岭村的政治结构

第一节　村民自治下的落儿岭村政治结构

改革开放以来，农村以土地使用制度为核心的经济体制改革，引发了农村政治、文化及整个社会结构一系列的深刻变革。随着工商业经济的发展，人们的社会活动空间越来越大，交易内容日益复杂，社会秩序和安全的内涵与以往大不相同，提供安全和秩序的社会管理者需要有新的知识经验和新的专业背景方能胜任。与全国其他村落一样，落儿岭村的行政组织系统包括党支部、村委会和专业经济协会。

一　村党委的组成

1990 年，经落儿岭镇党委批准，该村设立党总支委员会，下设农业支部和企业支部。2005 年为适应新形势下党组织建设的需要，更好地发挥党组织在各行各业中的战斗堡垒作用，全面促进农村经济社会发展，经霍山县委常委会研究同意，落儿岭村在全县率先成立村级党委，根据行业中党员的分布状况，下设村务支部、民营企业支部、个体协会支部、东风纸业支部（后改为晨风纸业支部）、街道社区支部五个支部。

落儿岭村党组织产生主要经过三个阶段。一是党内民主推荐。村党组织召开党员大会，对党委原有成员进行民主评议，并按应选人数推荐新一届党委委员候选人初步人选。二是群众推荐。各村召开村民代表会议，对候选人初步人选进行信任投票。三是选举。召开党员大会，差额选举产生新一届村党委。新一届村党委选举书记一人，副书记一名兼任晨风纸业总经理，一名党委委员兼任新宇印务公司董事长。

二 落儿岭村村民自治制度的实行

村委会是村民自我管理、自我教育、自我服务的基层群众性自治组织，是亿万农民群众开展民主实践活动最切实有效的场所。落儿岭村自 1990 年开始村民选举村民委员会制度，三年一届，第一、第二届村民委员会候选人是经过乡镇提名，从 1996 年第三届村民委员会开始实行直选。直选主要经过两个阶段。一是准备阶段，主要是摸底、选民登记、业务培训和审计、宣传工作，推荐选举产生村民委员会成员，改选村民代表和村民组长；因村民委员会 3 年到届进行换届选举，同时村民代表和村民组长也跟着换届，村民代表、村民组长可以连选连任，可以推荐产生也可以投票选举产生。二是投票选举。先召开村民会议，直接提名产生村民委员会候选人。提名以得票多少确定候选人。在外地的村民，可以依法办理委托投票手续。选举时设立秘密写票处，实行无记名投票、公开计票，当场公布选举结果。

落儿岭村人数比较多的是两个大姓，一是储姓，一是陈姓。由于组织工作做得充分，村民民主意识较强，所以选举都进行得比较顺利。2006 年，我们课题组开始调研时，村委会主任和村支书都是陈庆泉。2008 年 3 月落儿岭村完成了第七届村民委员会换届选举工作，产生了新一届两委，经过全村村民海选，原村文书储晓军被选为村委会主任，陈庆泉仍当选为村党委书记。

村民自治促进了落儿岭村的社会管理。"村民自治"的含义包括四方面：民主选举，即直选；民主决策，即通过村民会议决定重大事项，通过村民代表会议研究日常工作；民主管理，通过制定村民自治章程或村规民约，建章立制实现规范化管理；民主监督，即实行村务、财务公开，民主评议干部，建立重大事项汇报制度。落儿岭村实行村民自治，对村级管理产生了巨大影响。一是扩大了农村基层民主。实行村民自治，扩大农村基层民主，是党领导亿万农民建设有中国特色社会主义民主政治的伟大创造，是贯彻落实科学发展观的体现。做好这项工作，有利于把村民公认的、真心实意为群众服务的人选进村民委员会；有利于调动广大农民群众当家做主的积极性、主动性，增强自主意识、竞争意识、民主法制意识，促进农村先进文化的发展；有利于坚持党的全心全意为人民服务的根本宗旨，密切党同农民群众的血肉联系，巩固党在农村的执政基础，更好地实现最广大人民群众的根本利益。二是变革了农村管理体制。从"三级所有、队为基础"的人民公社管理体制，转变为现在成立乡政府、选举村民委员会的农村管理体制，这一农村管理体制的重大变革主要表现在两个方面。首先，最大的变革就是民主。过去干部是任命制，现在是选举制，这是一个很大的变革。其次，对村委会与乡政府的关系，也带来一种新的变革，过去是上下级的关系，现在成为一种指导与被指导的关系。这个意义非常重大，农民自己的事情由农民自己去办，农民自己的幸福由农民自己来决定。

村民自治委员会创造出人才脱颖而出的机制。以前干部任命都由上级说了算，现在实行直选，各种人才都有了施展能力的空间。村民自治还有利于社会的稳定，通过村民自治，落实四个民主，把党为人民服务的宗旨在农村得到体现；过去行政命令、简单粗暴的方式引起农民的反感，现在通过村民自治方式，使群众真正有了当家做主的感觉，农村的许多矛盾和问题都能够迎刃而解。

第二节　村民自治下的制度化管理

近年来，落儿岭村已由依靠传统模式管理过渡到依法管理，实现了管理方式的转变；通过加强制度建设，使各项工作的开展有章可循、有法可依，走上了科学化、规范化、制度化的轨道。主要制度一是党支部七项基本工作制度，二是村委会三项制度；同时，还建有党建工作制度、行政管理制度、干部廉洁制度、财务管理制度、工程承包招标制度、村民建房制度、治安管理制度、外来人口管理制度等。另外，民兵、妇女、共青团、治安队、土管小组等组织，也根据各自的工作特点建立了相应的制度，保证各项工作规范运转。制度让群众更放心，制度并不是只限于经济，更是在人类社会当中人们行为的准则。人们依靠制度来衡量自己的行为。制度包括约定俗成的道德观念，法律，法规等。村民自治制度在农村建立起来，农村基层民主不断扩大。1998 年，《村民委员会组织法》开始实施，以法律的形式固定了村民自治的合法地位。农民的民主意识也大大增强。

落儿岭村建立了各项制度，实现规范管理。自1999年以来，落儿岭村就已经实行村务公开民主管理制度，设立起了村务公开栏，制定了村务公开、财务公开制度，并成立了村务公开和民主理财小组，村中所有的财务和事务对群众公开，做到及时、完整，数字清楚并逐笔公示。民主评议党员、村干部制度，调动了党员、干部的积极性和主动性。评议中，村党委、支部、村委会要将一年来工作开展情况、主要实绩、存在的问题及下一年的打算向大会报告。村党委、支部和村委会班子成员要将个人思想和工作情况认真总结，逐人述职。对评为不称职的村党支部和村委会班子成员，按程序进行调整。民主评议党员按照个人自评、小组互评、支委审查、支部大会定格的程序，对不合格党员按党的有关规定加以处理。落儿岭村民委员会印章使用管理制度，设定专人保管，村党委书记、村民委员会主任不得直接保管印章。保管人由村民委员会提名，并经村民代表会议讨论决定。落儿岭村集体财务审计监督制度，切实理顺了农村集体资产产权关系，维护了农村集体经济组织及其成员的利益，发挥了农村集体经济在全面建设小康社会中的作用，从而加强了对农村集体财务的管理和监督，推动农村集体财务管理和监督向经常化、规范化、制度化发展。村民代表会议制度，保证依法议事，保证党和国家政策，法令的贯彻执行和上级任务的完成。为保证村民代表会议的科学性和民主性，必须坚持三项制度。一是村民代表的学习制度。每年集中学习3~5次，不断提高村民代表的政治素质和参政、议政能力。二是联户制度。村民代表要密切联系自己的建设和意见，会议有专人负责记录，会议记录和所有材料留档备查。在各项制度的保障下，落儿岭村建设取得了很大的成绩。近几年来落儿岭村共投资近120万元铺设4条村级水泥路及柏油路和两座村民组主干大桥以及水利冬修建设项目，投资近10万元安装了村民用电线路改造，所有规划村庄一律接通电信线路，保证中心村庄内每户居民能够接通宽带上网。现在全村已基本上实现了"四通"：通电信网络、闭路电视、自来水和村级公路，甚至村民组公路都铺了柏油路，实现路面的"黑色化"。农民的生活质量不断提高，人均住房面积20多平方米，80%的农户用上了自来水，电话通户率达90%以上，大屏幕彩电、全自动洗衣机、甚至笔记本电脑都走进了寻常百姓的家里。另外落儿岭村还加大"平安村"创建力度，加大社会治安综合整治力度，组建了村治安联防队和应急分队，有效地减少了偷、盗、抢现象，增加了群众的安全感，社会治安秩序明显好转，促进了村风、民风的好转。落儿岭村 2006 年通过了新农村建设省级示范村的申报，选择两处原有条件较好、具有代表性的示范点：一是东门冲组 30 户单户庭院别墅式，每户投入资金 6000 元，按照"一建五改"的要求，建设清洁化、能源化的生态示范家园；二是省道"318 线"边大桥畈处 20 户集中连片式生态家园，新建公厕一座，新铺 4 米宽水泥路 300 米，安装路灯 20 盏。

　　落儿岭村通过进一步完善民主管理、决策责任追究、监督机制，集思广益，更好地拓宽群众参政议政的渠道，使村务公开、民主监督由虚向实，由重形式向重内容转变。一是实行村民大会和村级代表议事制度。由村民代表对涉及村民自身利益密切相关的事项，向村民委员会提出建议，村委会对村民代表提出的议案进行答复。对合理的议案提交村"两委"联席会议讨论，形成可行性方案后提交村民代表大会讨论通过，不搞村党委、村委会说了算。如在 2006 年村办集体企业改制中，村"两委"考虑到村办集体企业和职工利益不受损失，把改制中所涉及的有关事宜提交到村民代表大会讨论，经过村民代表两次大会反复讨论，形成了上报材料共同解决的方式，从而使企业改制不受影响，村级和职工利益受到保护、社会治安达到稳定的发展趋势。由于事先征求群众意见，各个环节公开民主，群众较为满意。村民代表会议制度的实行，实现了权力下移，还权于民，由过去一个人或少数人说了算变成了群众参与，集体决策，保证了村民的权利，调动了民主管理积极性，村民对村的建设和管理提出了很多合理化建议，解决了一批群众反映强烈的热点问题。二是进一步完善监督机制，强化群众监督。首先，村民代表大会、村务公开监督小组、理财小组对村集体资产和财务管理实行监督，每年年初要将监督情况向群众公布、接受群众的监督。其次，开展对村干部的民主评议，每年开展一次，评议结果与干部的奖惩挂钩。再次是建立激励机制、包组责任制，与工资挂钩。对为村经济建设作出贡献的干部给予奖励，如计划生育委员会主任在近两年的工作实绩中表现突出，被选为县人大代表，年年被评为优秀村干部。同时建立责任追究制度，对村干部的工作实行任期考核和离任审计。对不履行岗位职责、不做组织分配工作、班子内部不团结、生活作风不检点、失职造成决策失误致使集体利益受到重大损失或安全事故等情况的村干部要追究责任。在村民自治中，农民群众通过推荐候选人、竞选演讲、参加投票、监督评议村干部，在民主实践中经受民主的锻炼和洗礼，行使自己当家做主的民主权利，依法管理自己的事情，不断创造自己的幸福生活。实现了农村干部由村民自己选，村里的事情由村民自主办，村中财务由村民自己管。村民自治的伟大实践，增强了农民的民主法治观念，推进了法治建设的步伐，并使社会主义政治文明能够通过村民自治这一民主与法治相结合的有效载体在广大农村逐步得以具体落实。

要在制度化的管理中充分发挥新型农民的作用，就要强化四点工作内容。第一，增强民主监督力度，充分地实现民主决策和民主管理。当前我国农村实施的村民自治是社会最基层组织的群众性自治，但村民自治并不意味着每个村民都直接从事村务的管理。在村民自治的实际运行中，村民主要是以委托代理的形式将村中的公共事务交给村委会主任、副主任和委员去管理。为了保证村务管理这种公共权力不被滥用，或产生运行上的偏差，必须加强对村务管理的民主监督。民主监督是村民自治的保障环节，缺少这个环节，即使选举是民主的，也无法制约被选举人的行为，民主决策和民主管理也会因缺少民主监督而变成个人或少数人的行为。

第二完善村务公开民主管理程序，更深更广地实现村务民主管理。凡是涉及村民利益的土地承包、税费改革、公益事业、宅基地分配等重大事项，均召开村党支部和村民委员会联席会议讨论，集体研究形成方案后，再提交村民会议或村民代表会议讨论决定，然后由村党支部、村委会执行。村党支部和村委会联席会议，遇到重大问题或特殊情况随时召开。"两委"联席会议按民主集中制原则议事。凡是村里的重大事项和群众普遍关心的问题，都向群众公开的原则。重点抓内容、形式、时间、程序、监督"五规范"。

第三充分发挥县乡人民代表大会的作用，完善利益表达渠道，强化监督职能。其措施是：一方面充分发挥县、乡级人大代表的作用，使选民的意愿能在选举中得到真正的表达，通过加强人大代表的技术性设计，规范选举的各个环节和程序，使县乡人大真正能够反映和代表农民的利益。另一方面，要赋予乡级人大主席团对乡级政府官员的业绩考核权，考核既要看对当地经济与社会发展的实际贡献，还要看民众公论，并根据考核结果对乡镇政府官员进行奖惩。此外，还应加强乡级人大对农民负担、乡镇财政的监督作用，通过完善的制度，强化农民在乡村治理中的主体地位。

第四培养管理者的服务意识，提高农民的民主管理能力。受数千年封建社会历史和新中国成立后实行计划经济体制的影响，我国农村基层传统管理思想中还存在法治观念淡薄、民主精神缺失、服务意识不强等问题，这妨碍了村民自治目标的实现。农村基层管理者必须要及时转变观念，树立起现代的科学管理思想和理念。管理者自身首先是服务者，管理者制定管理制度，但制度的存在是为了帮助管理者，而不是代替管理者，要通过他们的服务调动农民的积极性，起到一个承上启下的作用。

农民是农村生产力的决定因素，是农村民主管理的主体，重中之重是培养"有文化、懂技术、会经营"的新型农民，使之具备发挥主体作用的基本条件。当前，一方面要根据农民的需要进行文化科技、政策法律、思想道德、市场经济基本知识等教育，提高农民的管理能力。以解决农民生产就业中的实际问题为目的，开展各种形式的农业实用技术培训、职业技能培训。采取夜校或培训学校的方式，发挥农村"带头人"的作用，形成专家给"带头人"传授，"带头人"给村民传授的良性互动关系，全面提高农民素质，增强农民适应工业化、城镇化和农业现代化的能力，把沉重的人口负担转化为强大的人力资源优势，使农民真正成为新农村建设的主力军。另一方面要积极培育农民的民主管理意识，农民通过选举把农村的管理权力赋予了村委会，但是很多农民并没有意识到选举的意义，对选举过程和结果不够重视，从而对农村管理造成一定的麻烦。

第三节 落儿岭村专业经济协会的发展

一 落儿岭村专业经济协会发展现状

农村专业经济协会是我国社会主义市场经济体制建立和不断完善过程

中，由农民根据生产发展需要，按照"民办、民管、民营"的原则自愿组织发展起来，为农业生产、销售和技术推广提供服务的新型互助合作性社会组织。党的十六届六中全会明确提出"健全社会组织，增强服务社会功能"，强调要"推进政事分开，支持社会组织参与社会管理和公共服务"，发挥"社区民间组织"在社区建设中的积极作用。党的"十七大"报告中进一步指出要"重视社会组织建设和管理"。目前，专业性的经济协会在农村社区的经济社会活动中发挥着越来越重要的作用，成为农村社区中最重要的社会组织之一。

进入 21 世纪后，广大农民群众为适应市场经济发展要求，在家庭承包经营基础上创造了农业产业经营组织形式。这种新型农民专业合作组织的产生和发展，是广大农民作为独立的市场主体，面对日益激烈的市场竞争，所产生的内在合作需求的必然结果。它是从事同类农产品生产经营农业生产经营者（主要是农民）在自愿联合的基础上，按照民主管理的原则建立，为农业生产提供产前、产中、产后服务的互助性经济组织。

位于落儿岭村的霍山福瑞商贸有限公司始建于 90 年代中期，是一家从事葛根、蕨根、橡子等植物淀粉及竹坯板加工、销售的龙头产业化民营企业，2006 年公司为扩大生产规模，通过招商引资项目新上一套竹坯板生产加工项目，也是该村农业产业化龙头企业之一。该项目总投资 600 万元，一期新上了三条竹坯板加工生产线，于 2006 年 11 月底竣工投产，主要为安徽龙华集团、保得利公司提供竹坯板半成品，公司现有总资产 800 万元，其中固定资产 550 万元，拥有员工 80 余人，中专以上文化程度 12 人，公司占地面积 3000 平方米，该项目立足于当地丰富的毛竹资源，采用"公司＋基地＋农户"的经营模式，可带动周边 1000 余户农户发展毛竹产业，扩大了企业生产规模，提高了农户收入，具有明显的经济和社会效益。2007 年，实现年销售收入 1500 万元，实现利税 300 万元。公司自成立以来，致力于农业产业化和生态农业的发展之路，走"公司＋基地＋农户"的发展模式，目前与古桥畈村林场的 1000 亩毛竹基地项目正在洽谈之中。经过 10 余年的努力，公司已由最初员工几人、资产十几万的小厂，发展成为落儿岭村农业产业化龙头企业，公司在发展过程中得到了各级政府和部门的关心和支持，先后三年荣获"落儿岭镇优秀民营企业"称号，并多次受到各级政府和部门的表彰。

落儿岭村毛竹产业协会自 2006 年 11 月成立以来，坚持将工作的重点，放在竹业科技推广和竹产业的发展上，为会员及广大竹农提供全方位的服务，促进了该村毛竹产业生态化、产业化的全面发展。以毛竹造林大户为教材，通过召开现场观摩会，印发宣传材料以及广播电视等宣传形式，大力宣传竹业是山区林农致富奔小康的重要途径；协会在春季造林中，主要协调毛竹的栽植，提供资金、技术以及优质的竹母，尽量减少林农的造林成本；在竹产业方面，协会采取走出去，请进来的办法，参观学习，解放思想。协会先后 3 次组织会员以及积极性较高的竹农，到浙江、江苏一带参观、考察、学习外地竹产业的深加工、再利用的先进技术和科学管理方法，从而提高落儿岭村竹材的利用率。同时鼓励竹农与外界合资在镇创办毛竹加工企业，采取请进来的办法，调整产业结构，以产业带动整个竹业的发展；不断提高竹产业的经济效益，竹产业协会积极引导，竹制品加工企业优化产业结构，适应市场需求，加大投入，扩大营销规模。近几年全村共发展规模竹制品加工企业 6 家，小型竹品加工企业不计其数，年产值 1180 万元，毛竹的价格比 2003 年增长了 1 倍，从真正意义上促进了林农的增收。协会把有经验的竹产业大户组织起来，组成科技服务队，对全村的竹业科技示范户进行面对面的服务，创建毛竹栽植示范基地、毛竹加工示范企业，以此带动提高竹产业的经济效益，协会还打算在毛竹工艺方面取得进展，对毛竹进行艺术加工，使现有的毛竹资源生态效益、经济效益最大化。

二　发展农村专业经济协会的对策建议

1. 推进农村专业经济协会的法制化、专业化

完善与农村专业经济协会相关的法律机制，确立协会的评价体系。尽早出台社团法或结社法以及相应的商会法、行业协会法、公共服务组织法等一系列规范协会组织行为、机构、治理方面和管理体制方面的法律法规，积极营造健康宽松的农村专业经济协会的外部发展环境。从法律和制度的角度严格地界定农村专业经济协会与其他民间组织以及政府的关系和区别，明确农

村专业经济协会的角色和地位。这既有助于农村专业经济协会日常的管理和合理利益诉求合法地实现和满足，也有助于政府在合法的范围内进行管理和服务。同时政府相关部门也要创新自身的管理模式，做好各项服务，把属于农村专业经济协会的社会管理职能尽可能释放回归，在各项社会政策和经济政策方面加大扶持力度。

2. 培育农村专业经济协会的组织化、规范化

要建立明确的协会自律标准，规范协会的内部自治结构。协会要加强自律机制的完善，特别是在民主管理、监事制度和财务管理等方面充分体现会员参与，民主决策的特点。提高协会的专业管理理念，提升组织的执行能力，把个人行为规范成专业化的组织行为。将农产品的生产、加工和销售等环节系统化，加强各个环节的分工协作，确立发展目标、制订发展规划、搞好协调服务，把农业的发展以产业化的模式进行。通过引进专业人才，健全和完善协会的内部组织结构，充分实现民管、民营的组织特点。农村专业经济协会不是为了保护少数专业户的利益，而是为了广大农民的利益而成立的。协会通过不同利益群体之间的对话、协商，调节利益群体之间的利益平衡，协调各种利益关系的各种矛盾，使广大农户在充分的市场竞争中获取最大利益。同时，农村专业经济协会加强了农户之间信息的沟通和利益一体化，发展较好的农村专业经济协会以协会的形式加强了同一行业内部的自律，避免了农户之间利益相互损害的不良竞争。在农村各行业以协会的形式组织起来，以协会的形式管理起来，行业自律引导农民以理性的方式面对自身的利益、其他农户的利益、关联企业的利益以及整个市场风险。同一行业的单个农户之间既有利益的冲突，也有共同利益，农村专业经济协会基于共同利益并将这一共同利益尽可能的扩大，农户间因此增加了合作的理由而减少了竞争可能。

3. 促进农村专业经济协会的市场化和产业化

农村专业经济协会作为一种正式的社会组织，通过一套正式的组织规范和各种非正式的行为规则，将单个的农户和企业组织起来，通过这些正式和非正式的组织规范保证了协会内部和外部的各种合作。在农村经济发展中，农民的组织化程度低，缺少与市场的联系，农村专业经济协会将农村资源有效地整合起来，实现了小生产与大市场的结合，改变过去由农户单独应对市场风险的情况，由协会组织起来的全体来共同应对。通过农村专业协会的桥梁作用，农户与农户联合起来，农户与企业联合起来，农户的联合增强了竞争力，而农户与企业的联合，营销环节也得到了保证，大大降低了千变万化市场所带来的风险。通过协会和企业农产品走向市场带来的更强的实力，农产品的销售渠道通过市场的作用不断拓宽，农产品品牌也有了不断提升的空间和能力，有了品牌和知名度，农产品就有了竞争力。

4. 营造农村专业经济协会发展的社会氛围

农村专业经济协会是经济和社会发展到一定历史阶段的必然产物，是现阶段农村生产力的有效组合，是推动农村经济和社会发展的新型组织形式，提高了农民进入市场的组织化程度和农业综合效益。农村专业经济协会的发展，需要一个良好的社会氛围。社会媒体要发挥舆论先导作用，向社会宣传、介绍农村专业经济协会。不仅提升了农村专业经济协会的知名度，而且能在更广范围内推广农村专业知识。

5. 加快农村专业经济协会的科技化、社会化发展

农村专业经济协会的科技化主要体现在科研、种植、加工和销售等环节专业技术的介入，包括新品种的研发和各种技术的培训等。科技化的特点避免了农户的低水平生产，协调了农民文化素质较低与农业技术迅速发展以及农产品日益丰富与农产品深加工滞后的矛盾，使科技融入农业生产中，大大提高了农业效率，促进了农村生产力的提高。

第八章 落儿岭村的社会事业

在新中国成立之初，落儿岭村社会事业在很多领域还是空白，仅仅在教育、卫生等方面有一些微小的变化。伴随着共和国前进的脚步，尤其是改革开放三十年的快速发展，落儿岭村经济腾飞的同时，社会事业如同雨后春笋，茁壮成长。同时，社会事业的快速推进，又为经济的发展提供了必要的精神支柱和智力支持，进而形成了经济与社会事业互促互进、和谐共荣的良好局面。

第一节 落儿岭村的教育和体育

一 学校教育

1. 沿革与变迁

位于大别山北麓门户的落儿岭村很早就有了私塾教学，而真正意义上的学校教育始于 20 世纪 20 年代。落儿岭小学创办于 1926 年，由于地处大别山口，人口相对集中，因此比周边其他的山村办小学要早出许多年。校址位于落儿岭集镇北面的山坡上，坐北朝南。据许多老人回忆，即使在很多特殊时期，如抗日战争和内战时期，小学也没有停办过，至今已有 81 个年头了。

新中国成立之后，落儿岭小学在 1952 年成为公办小学。当时只是初级小学，设 4 个年级、4 个班，有 80 多名学生、7 名教师。两年后升格为完全小学、设 6 个年级、6 个班级，共 9 名教师。1960 年，五年级和六年级撤并到距离落儿岭约五华里的鹿吐石铺完小就学。1964 年又恢复为高小六个年级。由于人口的急剧增加，加上"文化大革命"时期的大形势所需要，落儿岭小学在 1968 年有了初中学生，俗称"戴帽子学校"。设 7 个年级、9 个班级。同年，小学六年制改为五年制，秋季招生也变为春季招生，直到 1979 年恢复了秋季招生。1999 年，小学恢复了六年制。其间十几年，这所学校一直被称为"落儿岭学校"。直到 1982 年秋季学期，初中部分完全从小学划出去，搬到了落儿岭小集镇北面的朱家窑拐弯处，改为落儿岭中学。1992 年，东风机械厂迁往合肥后，落儿岭初中迁入原东风职工子弟学校校址。现有 30 多个教师，600 多学生，大多为落儿岭村人。而落儿岭小学仍在原校址一直未动。

2. 校长任职情况

铁打的营盘，流水的兵。新中国成立后已有 50 多年过去了，从落儿岭小学毕业的前几届毕业生大多年逾古稀，他们大多数对儿时的情况已不是很清晰了。我们重点走访了 1956 年从该校毕业的杨玉明老师等人，落儿岭小学校长的大致情况见表 8 - 1。

表 8 - 1 1949 年后落儿岭小学历任校长简表

历届	姓　名	任职时间	学历	家庭住址	备　注
1	徐存全	1952 ~ 1954 年	中师	落儿岭	
2	李蛮人	1954 ~ 1955 年	中师	漫水河	
3	刘业建	1956 ~ 1958 年	中师	诸佛庵	
4	陆秀强	1959 ~ 1963 年	初师	黑石渡	
5	余龙国	1964 ~ 1965 年	初师	诸佛庵	代理
6	张贤福	1966 ~ 1970 年	中师	黑石渡	
7	杨玉明	1971 ~ 1973 年	中师	落儿岭	
8	何家付	1974 ~ 1975 年	大专	城关	后任中学校长
9	叶玉文	1976 ~ 1982 年	初师	黑石渡	
10	田大海	1983 ~ 1985 年	中师	落儿岭	
11	陈运高	1986 ~ 2007 年	中师	落儿岭	
12	刘争春	2007 年至今	大专	黑石渡	

在这里，有几位校长应该重点谈一下。第一位是该校第一任校长徐存全。他是落儿岭本地人，1928 年出生，曾在家乡及外地教过多年私塾，也在学校教过书。徐存全年轻有为，积极要求进步，落儿岭小学由人民政府接办后，被任命为第一任校长。徐校长后来辗转各地，一直从事教育教学管理工作。曾任

本县大化坪区辅导员校长。20世纪80年代后期任职于霍山县总工会,并担任教育工会主席。1988年退休回到了落儿岭,2005年故去,享年77岁。

再一位就是刘业建校长。他是皖西革命先烈刘淠西烈士的儿子。其父牺牲后,他由父亲的战友养大成人,读完师范后成为小学教师。1957年由诸佛庵小学调任落儿岭小学任校长。当时正赶上"反右",因其年轻,敢说敢为,被打成"右派"。值得庆幸的是,由于他是革命烈士的后代,即使在那个年代,也没有受到严重的迫害,只是被贬为普通教师,调回诸佛庵小学任教。

在该校任校长时间最长的是陈运高。1987~2007年干了20年校长。他工作有热情,管理有方。在他任职期间,学校被评为"安徽省百所家教名校",他本人也被评为"安徽省关心下一代先进个人"。

3. 师资情况

在新中国成立初期,落儿岭小学教师的学历并不高,因为当时设有初级师范,学生高小毕业后就升入初级师范学习两年,毕业后分配到初小或高小任教。随着时代的发展,国家对教师知识文化结构,尤其是学历要求越来越高。举例来说,到落儿岭学校设立初中班后的1971年,在初中班任教的教师基本上都是中师学历,只有教导主任何家富老师学历高一点,为原六安师范预科毕业(见表8-2)。

表8-2　1971年落儿岭学校初中教师情况简表

姓　名	性别	出生年月	任教学科	毕业学校	学历
查茂才	男	1942年8月	语文	霍山中学	高中
何家富	男	1943年10月	物理	六安师范预科	大专
张应忠	男	1947年10月	数学	六安师范	中师
陈守祥	男	1952年6月	化学	诸佛庵中学	高中
孙立平	男	1956年8月	英语	霍山中学	高中
马德培	男	1945年6月	语文	六安师范	中师

陈守祥从高中毕业,就被请到初中代课。窥一斑而知全豹,20世纪60~70年代落儿岭镇教师学历状况如此这般,根本达不到国家要求的标准。

到了80年代初,拨乱反正,科教兴国,"两基"工作成为学校工作的主要内容，一些学历不达标教师采用不同的方式提高自己的学历层次，或函授或全员培训或离职进修，加上分配的大专毕业生，教师的学历层次有了很大的提高（见表8-3）。

表8-3 2004年后落儿岭中心学校教师学历水平简表

单位：人，%

年　度	人数		合格人数		大专以上学历		中专高中		合格率	
	小学	初中	小学	初中	小学	初中	小学	初中	小学	初中
2004～2005	49	35	49	33	17	33	32	2	100	94.3
2005～2006	48	35	48	33	20	33	26	2	100	94.3
2006～2007	48	35	48	33	23	33	23	1	100	95.2

从表8-3中可以看出，教师学历层次已达部颁标准，落儿岭中心学校师资力量更要高于其他学校。16名教师中有本科学历两人，专科12人。从职称看，中学高级教师2人，小高10人，初级职称的只有4人。

图8-1 落儿岭小学教学楼

十几年来，广大教师扎根山区，爱岗敬业安贫乐教，为乡村教育辛勤耕耘，默默奉献，涌现出许多知识储备丰厚，教学理念先进，教学经验丰富的优秀教师。老教师中以马德培、何家富、孙立平等教师最为突出，在同辈教师中颇有建树。年轻一辈中，田祥鸿、陈伟、孙思平三位是其代表。前两位是市级"教学能手"和"教坛新星"；2006年孙思平老师被评为远程教育培训国家级"优秀学员"。该校的中年教师汪德国注重教学理论研究，时有论文在报纸杂志上发表。他撰写的论文《繁茂方知是根深——霍山高中入学高比率现象浅析》获"全国教育学术论坛"一等奖。近年来，落儿岭教育又取得了长足进步，2003年，该校代表霍山县顺利通过安徽省"两基"复查验收，获全县一等奖。2006年霍山县代表安徽省接受国家"两基"复查考核，落儿岭被列为全县首查乡镇，受到霍山县委、县政府表彰奖励。

4. 课程设置变化

在课程设置方面，据杨玉明同志的回忆，"文化大革命"前，小学就开设语文、算术、历史、自然、常识、思想等。"文化大革命"期间，学校正常的教学秩序被打乱，虽然开设语文课、算术课，但所占分量大大减少。有一段时间，《毛主席语录》、《毛泽东选集》等政治性文献进入课堂，但科目设置没有大的变动。2003年起，小学从三年级至六年级全部开设了英语课。从教科书版本看，小学课沿用的都是人民教育出版社编写的教材。到2003年，霍山县成为新教材教学试点县，小学低年级开始试用"苏教版"教材，后来有部分年级用了"北师大版"教材。教材的使用呈现较为宽松自由、择优而用的趋势。

5. 管理体制的变动情况

新中国成立以后，直到20世纪90年代初，农村教育管理体制总体上一般是以乡（以前称公社）配备一位教育辅导员，有的乡镇还配备了一名会计，一般都担当一定课程教学。1992年，霍山县撤区并乡后，成立了乡镇教育办公室。办公地点设在镇政府大院内，主管全乡（镇）教育教学工作。除教办主任外，办公室还配备了若干人员负责其他具体工作。2001年撤教育办，成立教育组，教育办主任改称为教育组长。2003年底，霍山县又一次撤并乡镇，全县24个乡镇合并为16个乡镇，落儿岭凭其民营经济发展较快的优势，得以保留镇级建制，撤销教育组，成立中心校。落儿岭小学遂更名为落儿岭中心校，设1名校长、3名副校长，主管全镇的小学和初中教育教学管理工作。

6. 教育经费来源和管理

新中国成立后至 20 世纪 80 年代初，小学课本费及学杂费用一直比较少，每学期最多不超过 10 元；80 年代后期开始上扬，80 年代末至 90 年代初人均已达几十元至 100 元不等，基本上都是谁念书谁掏钱，收费标准也不太统一，学生家长负担明显加重。学校公用经费除收取学杂费外，以乡镇为单位，从老百姓手里收取教育附加费，归镇财政所统一管理使用。教师工资也由乡镇财政所发放，学校办公经费也由财政所按计划拨付。这一时期，霍山县的工资尺度不一，教育附加费也不能保证专款专用，学校公用经费比较紧张。从 2005 年起，教育经费由国家统一拨付，并且开始实施"两免一补"政策，相当一部分贫困生免除了学费和杂费，部分住宿生还能享受每天 5 角钱的伙食补助费。2007 年，安徽省农村义务教育阶段全部实行免除学杂费政策，同时还有部分贫困生享有减免课本费的优惠，减轻了农民的负担。国家又同时取消了农业税，落儿岭的老百姓和全国的人民一样深切感受到党的"民心工程"的温暖。

7. 村里经济发展起来，人们想到第一件事就是把学校建牢固

落儿岭小学 1926 年初建，建校时仅仅只有十余间土木结构的房舍。到了新中国成立后的 20 世纪 60 年代，那些土木结构的房舍实在是不能再用了。这时，属于国家"小三线"的东风机械厂建厂于落儿岭村，职工子弟必须在当地学校入学，才盖起了十余间砖木结构的平房。落儿岭村的集体经济得到了很快的发展，人们最先想到的就是把学校建好。1987 年，由村委会出资建起了一幢质量很高的教学楼。当时造价高达 27 万元，钢筋混凝土结构，异常坚固。有 8 个教室，1 个办公室，1 个实验室，1 个大会议室。内部结构合理，外部造型大气，为师生的学习和生活提供了良好的设施和环境。落儿岭小学现占地面积 4400 平方米，生均占地面积 26.8 平方米，生均建筑面积 8.2 平方米；拥有图书 5000 余册，生均占有量为 24.5 本，实验室、电脑室、仪器室各一个。体育设施器材完备：拥有大型操场 1 个，乒乓球台 4 个，单双杠、爬竿等一般基础设施一应俱全，在落儿岭镇及周边地区均属上乘。

8. 教育教学实绩方面

落儿岭村小学是全镇的中心小学，教育教学质量一直名列前茅。"普

九"、"扫盲"工作更是走在全镇乃至全县前列。"两基"工作在 1992 年启动，1994 年实施"两无、一有、六配套"工程，当年就通过安徽省政府"两基"验收；1996 年通过省政府第一轮复查考核；2006 年顺利通过省政府第二轮"两基"考核验收，被评为全县一等奖，受到了县委县政府的嘉奖。2006 年落儿岭小学适龄儿童入学率为 100%，辍学率为 0，17 周岁人口初级中学教育完成率为 98.3%，15 周岁人口文盲率为 0，青壮年识字率为 98.8%。这所学校尤为注重家校互动，合力办学。1992 年创办家长学校。2000 年 7 月被授予"六安市家教名校"，2002 年 10 月被评为"安徽省百所家教名校"。2003 年 9 月，校长陈运高被评为"安徽省关心下一代先进个人"。

图 8 - 2　落儿岭小学

几十年来，这所学校培养出许多优秀的毕业生，涌现出许多对国家和社会做出突出成就的人物。在这里列出他们中的几位代表。

姜典法，1945 年出生，公办落儿岭小学第九届毕业生，1968 年从华东局机要干部学校毕业后参加工作。由于工作勤奋，踏实肯干，受到了党和人民的信任。1983 年进入淮南市领导班子，1998 年任淮南市委常委、常务副市长，2003 年任淮南市政协主席。

文家庭，出生于 1954 年，1968 年从落儿岭小学毕业。1973 年入伍，1977 年退伍后任落儿岭村党支部委员，后又任村办企业东风造纸厂副厂长，落儿岭村党总支副书记，霍山彩印厂厂长，落儿岭村党总支书记，镇党委副书记等职。1992 年获"安徽省劳动模范"称号，1998 年 2 月当选为第九届全国政协委员，2003 年再次当选为第十届全国政协委员。

还有许多从落儿岭小学毕业的学生，分别在各自的岗位上取得了不错的成绩，如在安徽省书画界久负盛名的徐守刚，在经济界小有名气的国家注册会计师陈玲（中山大学研究生毕业），在文史界崭露头角的陈如（华东师范大学研究生毕业）等。

更多的毕业生在初中毕业后成为该村工农业生产经营的骨干，许多人成为厂长、经理，如张友堂、凌顺甫、储兆芳、肖峰、姜成全等，都为全村经济的发展做出了突出贡献。

二 社会教育和职业培训

1. 背景

20 世纪五六十年代，落儿岭小学毕业生只有少数能上初中或师范之类的职业学校。据退休教师杨玉明介绍，1956 年，和他一起从小学毕业的 15 人中只有 4 个人通过考试升入了高一级的学校学习。杨玉明、孔繁荣考入本县上土市中学（原狮山中学），熊从古、何云姿考入霍山中学。其他 11 位同学都回乡务农，升入学率仅占 26.66%。后来国家重视普及义务教育，但小学升初中比率仍不够高。"文化大革命"期间，实行推荐上学，一部分出身不好的学生仍然不能升入高一级学校。一直到 20 世纪 80 年代后期，小学升初中才免去了考试关。1989 年，落儿岭小学的升学率为 89.4%，仍有一小部分适龄少年没有升入高一级学校学习，高中入学率更是低得多。这种状况固然与整个社会发展密切相关，更与落儿岭村这个小范围的经济社会环境有着紧密的联系。

改革开放之初，一些农村明白人就认识到，要脱贫，要致富，就必须充分利用好身边的资源。位于大别山口地带的落儿岭村就很具有代表性。由于该村人均可耕地不足 5 分，为了摆脱贫困，20 世纪 80 年代初，村里在手工作坊的草纸厂基础上办起了东风造纸厂。此后不久，又相继办起了砖瓦厂、彩印厂、铸造厂、鞋眼厂、金刚石厂等十几家企业。在只有 2000 多人的村里，竟有职工近千人。落儿岭简直给人"万人空巷"的感觉，有劳动能力的人几乎都到工厂上班去了，不应上班、本该读书的初中未毕业学生也有到工厂上班的。由于就业条件较好，急于摆脱贫困的村民就不愿意让子女进入高中阶段学习。以当地小学教师熊从古、汪发华夫妇为例。他们有四个子女，三男一女，老大 35 岁，老二 33 岁，老三 30 岁，老四 28 岁。老大 16 岁就进厂当了工人，还当上了班长。老二在读初二那年也进了纸厂。老熊夫妇仍把老三老四就业的希望寄托在村办企业身上。不久以后，也确实有了这个机会。老三读初三那年，纸厂又开始招工了，可是去报名时却卡了壳，因为报名条件里多了这么一条规定：招工对象必须具备高中以上文化程度。关把得很严，要验高中毕业证。这可难坏了老熊夫妇，托人"走后门"也不行。没有办法，老熊只好不大情愿地让老三和老四读到高中毕业，后来哥儿俩才进了村办工厂。

从这里我们可以看出，一方面落儿岭村办企业为村里提供了大量的就业岗位；另一方面由于荒废了学业，部分企业职工当时的文化素质比较低。毋庸讳言，在乡镇企业的粗放式生产阶段，职工的文化素质肯定是参差不齐，高低不一的，甚至有一定比例的文盲也未尝不可。但随着生产的机械化、自动化，甚至是数字化，使企业对职工的文化理论素质要求就越来越高了。这样就出现了一个问题，一边是部分企业职工的文化素质已不能适应企业的发展，一边是企业又不能硬性把文化程度达不到标准的职工都辞退。该怎么解决这个问题？在这次调查中，我们就这个问题特地采访了落儿岭村村委会主任陈庆泉、晨风纸业办公室主任陈良武，他们的回答基本上是一致的，就是搞培训，采用多种方式办青工、青农培训班，不断提高农民及农民工人的文化素质和专业技术水平。

数十年来，落儿岭村把"扫盲"、"培训"和"再提高"三者融合起来，以农民文化技术学校和职工培训班作平台，村校协作，步调一致，力求做到脱盲一个，提高一个。自 20 世纪 80 年代中期开始，不间断地开展培训活动，收到了很高的文化效益、经济效益和社会效益。

2. 青农培训

青农培训主要是动员回乡高初中生、脱盲学员及部分青年农民到农民文化技术学校学习，以促进农业开发为目的。根据不同的年代，不同对象开办课程。这个村青农培训班开办的课程有名优茶开发、蘑菇培植、家禽家畜养殖、天麻栽培、水稻旱育稀植、蚕桑养殖知识使用指导等，很有针对性、时效性和实用性，由镇农技站、林业站、初中及中心医院等人员任教，教学效果很好，落儿岭农民文化技术学校培训计划见表 8 - 4。

表 8 - 4　2005 年度落儿岭农民文化技术学校培训计划表

期数	培训内容	培训时间	培训人数	主讲人	培训人职务
1	稻曲病的防治	2005 年 3 月 10 日	30	乐以荣	县农委科长
2	百合的病虫害防治	2005 年 4 月 3 日	30	王　福	镇农技站长
3	桔梗栽培	2005 年 5 月	30	杨　健	农技站技术员
4	食物营养与健康	2005 年 6 月	30	余立功	医院院长
5	玉米大斑病防治	2005 年 7 月	60	杨　健	农技站技术员
6	普法知识	2005 年 8 月	40	柯永升	司法所长
7	水稻病虫害防治	2005 年 8 月	40	王　福	镇农技站长
8	天麻收加工	2005 年 10 月	30	李其义	县农林技校
9	中草药种植	2005 年 11 月	30	汪敦华	医院药剂师

三角塘村民组的冯立家，通过培训掌握了较好的水牛养殖技术。自 1996 年开始，每年放养水牛十数头，年收入近 2 万元，靠养牛致了富。朱昌义是 20 世纪 80 年代高中毕业生，回乡后进纸厂当工人，不但成了厂里的技术骨干，还利用业余时间搞茶叶栽培。头两年效益不怎么好，后来参加了村里办的有机茶栽培培训班，增长了不少知识，掌握了技术要领，经济水平明显提高。家里现有有机茶基地 20 多亩。仅是摘青茶一项年收入也超过 4 万元，再加上工厂的工资，想不富也得富了。徐生全 1996 年初中毕业后回乡务农，收入不怎么好，成家立业后，更感到钱不够花。后来他参加了精品茶制作培训，培训后就承包了村办茶厂。由于技术好，茶叶品质好，又善于经营，第一年就挣了 2 万元。

3. 青工培训

青工培训采用的方式更是多样化，既有短期培训，又有长期培训；既有本地培训，又有外地参观学习。不仅请进来、走出去，还有传统带徒式的培训和班组集中培训的结合。不管什么形式，都能根据实际、根据分工、根据专业特点来进行。干中学，学中干，实践与理论相结合，边学边干边提高。东风纸业青年职工张成立，初中没有毕业就进了厂，通过青工培训学习，理论水平提高了，专业技术上去了，进厂没几年就成了厂里的机修能手。

表 8-5 2005 年晨风纸业有限公司技术培训计划表

期数	日期	主讲人	主讲人身份	内容	参加人员
1	3月9日	倪克余	镇安全办主任	《安全生产 ABC》	车间主任、班组长
2	4月6日	张义华	县环保局	环保知识讲座	环保人员、技术人员
3	5月6日	陈白金	厂供销科科长	产品营销	供应人员、采购员
4	7月8日	陈欢明	厂部工程师	白板纸工艺流程	白板车间青年工人
5	9月4日	萧 锋	晨风纸业经理	企业管理讲座	各科室负责同志、车间主任
6	12月4日	陈良武	厂办主任	工业生产与生产保健	后勤人员

十几年来，村里或厂里派出去培训的青年工人近百人，这些人现在都成了各个企业的精英骨干。现任方圆纸业的董事长凌顺甫是其中的佼佼者。原东风厂厂长张友堂在任时，十分注重培养青年管理人员，把凌顺甫等数十位高中毕业生送到本省或外省高校学习，为企业发展贮备了丰厚的人才资源。凌顺甫当时上的是西南技术学院，学制两年，回来后担任副厂长，主管技术业务。张友堂调到县纸厂任职后，凌顺甫通过推举担任了厂长。上任后他充分发挥了年轻人的创新特点和专业特长，锐意改革，新上了三条生产线，使东风纸业一跃成为霍山县龙头企业之一。他在谈起这段经历时，有感而发地说，西南技术学院的学习经历对他后来的发展起到了关键作用。

铸造厂的姜成全，一开始只是普通工人。通过到外地培训，他的技术水平和管理水平提高很快，很快成了厂里的业务尖子。企业改制后，他抓住机遇，入主并盘活了村办铸造厂。现在企业经营得红红火火，他也成了霍山县小有名气的私营企业家。

据村文书储晓军保守估算，在该村 2006 年人均收入的 3000 余元中，依靠青工、青农培训带来的经济效益可占到 1/4 以上。

三　浓厚的教育氛围

1. 教育的理念正在发生变化

在改革开放的大背景下，各种新思潮、新观念也吹进了大山深处。在调查中我们发现，这里的干部群众对教育的认识正发生着深刻的变化。人们对传统的"穷不丢书，富不丢猪"有了进一步的理性思考，用老百姓的话说，就是"种粮食不如长知识，育木材不如育人才"。经济和教育的良性互动，不仅推动了落儿岭经济的持续发展，也促进了落儿岭教育的发展。

在与村民熊从古交谈时，他就说："若不是纸厂的硬性要求，我家的三子、四子就不会读高中。"通过多方了解，我们发现了这样一个事实，落儿岭村，乃至霍山全县的高中入学率（已达到87%）远远高于全省平均水平。近几年来，落儿岭村的高中入学率达到了90%以上。在村民的心里，培养了一个高中生和未来的大学生，能够使他们获得最为宝贵的精神财富、能力财富和物质财富。一个人命运的改变，则会带来全家生活的改变，让全家人逐渐过上比较富裕、相对体面的生活。现在，村民送子女上学由被动变为主动，由不自觉变为自觉，甚至把送子女上学看成一种需求，一种时尚，一种荣耀了。

2. 用行动表达对教育的诚挚情感

落儿岭人把办教育看成自己义不容辞的责任和义务。下面举几个例子来说明这个问题。

胡长明，落儿岭村三角塘村民组里一个普通的农民，到省城合肥收废纸赚了钱。有了一些积蓄后，他想到的首先是教育。他看到家附近的乐道冲小学房屋破烂不堪，主动要求拿钱建学校。仅用一个假期就盖起了8间砖瓦房，还建了围墙和大门楼，这是1996年的事。

1987年，落儿岭村的经济发展刚刚起步，仍然在爬坡阶段。刚刚上任的落儿岭村党支部书记储召芳同志看到师生仍在破旧的教室里上课，心里很不是滋味。哪能让孩子们在这样的房子里上课，哪能让教师们在这样的破木楼里办公呢？再穷也不能穷教育，再苦也不能苦孩子。他立即召开村支委会，决定不等不靠，由村里掏钱盖学校。不到半年，一座在当时还很时髦的钢筋混凝土结构的教学楼就这样盖起来了，没有让教育行政部门花一分钱。尽管当时村里经济还不宽裕，但储召芳同志认为这样做值得，也得到了村里干部和群众的支持。

1998 年，落儿岭村党总支和村委出台了一项规定：凡是落儿岭村里的学生，考上一个中专发奖金 200 元，一个大学生发 500 元。后来又改为中专、大专没有奖金，因为上高校的人太多了，只能发上本科的了。仅以 2006 年为例，村里发出奖金 5000 元（见表 8 - 6）。

表 8 - 6 2006 年落儿岭村奖励情况

姓　名	奖金金额(元)	家庭住址	考入学校
叶　刚	500	乐道冲	武汉理工大学
余小琪	500	牛栏冲	皖西学院
范学凤	500	三角塘	海南师范大学
殷传文	500	大　桥	南昌大学
余　洋	500	冲　口	安徽工业大学
陈　琰	500	冲　口	安徽大学
陈　颖	500	牛栏冲	安徽财政学院
姜　成	500	牛栏冲	安徽建工学院
陈子明	500	营　盘	安徽大学
操时伟	500	牛栏冲	合肥工业大学

这些年来，在一个 3000 多人的行政村里，先后走出去几百名大中专学生，这笔奖金已成为一个不小的数目。村里的书记和村委会主任表示，这项规定不但不会改变，今后村里还要花更多的精力、物力去支持教育事业，促进本地的教育发展。

从这里可以看出，这些正带领群众脱贫致富奔小康的农村干部们已经具备了一定的战略眼光，而这正是谋划建设社会主义新农村的希望之所在。

四　给山乡带来了无限活力的群众体育活动

1. 学校体育

落儿岭小学和落儿岭初中的课程设置均严格按照部颁要求操作，音、体、美等科目教学正常有序。低年级每周安排三节体育课（2006年前为两节），高年级每周两节；另外还有两操：广播操和眼保健操。

落儿岭小学每学年举办一次单项运动比赛，或乒乓球，或篮球，或拔河、踢毽子等。规模不大，但组织有序，符合小学生特点，富有情趣。落儿岭初中人数相对比较多，而以前没有运动场，学生体育活动以篮球、乒乓球为主。2006年，学校拆除了原东风机械厂留下的五幢"筒子楼"，修建了一个环形跑道约300米的田径运动场。随后，该校的体育活动开展得更加丰富多彩。2007年秋，举办了"落儿岭初中第一届田径运动会"，有模有样，县局、镇村领导及不少兄弟学校领导现场观摩，反响颇好。该校的教师篮球队在全县也小有名气，与同级学校进行篮球比赛时胜多负少，还经常与完中校队进行交流比赛。

2. 社会体育

由于原"三线厂"东风机械厂在落儿岭办了近30年，为这个山乡小集镇带来了许多城市生活的气息。体育活动便是其中的一类。因此落儿岭村的群众性体育活动开展得比较早，在20世纪70年代就建立了村篮球队，经常与东风机械厂的车间篮球队进行友谊比赛，增加了工人与农民之间的友好情谊。当年村篮球队的主力队员有储成彬、李朝国、杨玉友、蔡亚树等。后一茬篮球队员有储晓军、王东宁、熊正军、蔡方园等人，他们参加了多届县内的农民篮球比赛，取得了较好名次。

落儿岭村有大小企业30多家，企业体育活动是群众性体育活动的主要内容。其中晨风纸业（原东方造纸厂）是他们的杰出代表。这个厂在1989年举办了第一届田径运动会，设置了长短跑、跳高、跳远等10个项目，全厂1/3的职工都参加了比赛。现任村计生干事的储召霞获得了女子100米跑亚军，得到了精美台灯一个，价值60元，在当时可算是一份不菲的奖品了。后来又举办过两届，效果都还不错。

1990年，该厂举办了一次爬山越野赛。比赛路线为厂大门——六万寨天井——佛子岭大坝，30多名职工参加了比赛，一位36岁的纸浆车间工人获得了冠军。

此外，该厂还举办过自行车慢行比赛、定车比赛、拔河比赛、象棋比赛等。在 2003 年的第二届象棋比赛中，落儿岭村东风铸造厂董事长姜成全获得冠军，街道居民陈明军得了亚军，中学教师陈庆常获得第三名。

第二节　落儿岭村的科技、广电和通讯事业

一　经济增长的加速器——科技

21 世纪，科技的发展在社会发展的进程中发挥着越来越重要的作用，"科学技术是第一生产力"，现已成为人们的共识。在建设社会主义新农村的进程中，科技的发展将同样起着举足轻重的作用。由于科技的推动，落儿岭村在 20 多年间出现了翻天覆地的变化，这个山口小村一跃成为全县经济发展的强村，曾有"亿元产值第一村"的美誉。可以说，落儿岭村的发展史就是一部科技的发展史，落儿岭村的今天就是科技之种在这个山口小村结出的累累硕果。

1. 科技发展一片空白（新中国成立前）

新中国成立前，落儿岭村的科技发展是一片空白。村民们沿袭的还是自给自足的自然经济，以手工劳作为主，整个村只有几家个体商户，贩卖一些村民们的日常生活用品。那时，村民用的是"洋火"、"洋油"，有很多村民就连这些也用不上，98% 以上村民的生活处于极度贫困的状态。在当时年年战乱和自然灾害的大背景下，落儿岭村又谈何发展科技呢？由于当时的诸多主客观因素，落儿岭村的科技发展为零，没有现代意义上的产业，整个落儿岭村的经济处于极端落后极端贫困的状态，这为日后落儿岭村的科技发展带来了极大的困难，也就意味着他们要在一穷二白的基础上发展科技产业，进行农村现代化的进程。

2. 科技发展举步维艰（1949～1978 年）

新中国成立初，落儿岭大队（落儿岭村）分为 16 个生产队，人口总数在 1450 多人。当时的生产力水平十分低下，由生产队统一安排社员劳动，以工分多少作为家庭的生活经济来源，科技的发展处于举步维艰的状态。1956 年，大队成立一个手工式捞纸厂，有工人 5 人，生产皮纸和大裱纸。这

也是当时唯一的"工业的萌芽"。科技发展的这种状态使当时群众生活十分困难，吃不饱，穿不暖，人均年收入只有 100 余元。在此后 20 年中，村民经历了人民公社大跃进、大办钢铁、"三年自然灾害"和"文化大革命"。1962 年大队用上了电，结束了点灯用油的时代，并办起了粮食加工厂，从而使村民不用垒子和磨子来取得食物来源，村民的生活自此才有一点崭新的变化。

3. 科技发展蒸蒸日上（1979～2006 年）

1978 年党中央召开了十一届三中全会，确立了改革开放的基本国策，摒弃了先前许多不合时宜的阻碍发展的政策，有力地促进了社会经济的飞速发展，整个国家呈现了良好的发展态势。改革开放 20 多年来，整个国家和社会发生了翻天覆地的变化，国民经济飞速发展，现代科技日新月异，逐渐摆脱了贫穷落后的局面，国家迈入了一个发展的快车道。同样，改革开放的春风也吹到了落儿岭这个山口小村，吹进了落儿岭村的干部群众的心里，吹活了落儿岭村的经济，带动了落儿岭村的科技发展，落儿岭村的科技发展蒸蒸日上，加速了落儿岭村社会经济的全面快速发展。自此，这个山口小村迎来了快速发展的春天，驶入了奔向社会主义新农村的快车道，落儿岭村社会经济的发展一年上一个台阶。

4. 工业科技飞速发展，走工业强村之路

改革开放以前，落儿岭村没有现代意义上的工业，也就谈不上工业科技的发展。改革开放以后，由于国家政策的扶持，落儿岭村的工业蓬勃发展，落儿岭村的工业生产总值年年翻番，有力地推动了工业科技的发展；反过来，科技的飞速发展又促进了落儿岭村的工业飞速发展，两者相得益彰，全力推动了落儿岭村的社会经济的全面发展，使这个山口小村在短短的 20 多年里一跃成为皖西地区的工业强村，被人们称为"落儿岭现象"。

晨风纸业有限公司（原先为东风造纸厂）的前身为 1956 年创办的一个手工捞纸厂，1979 年进行现代化改造，用现代的工业造纸技术对传统的工业小作坊进行技改，使之由原来的人工造纸向半机械化转变。落儿岭村支部想方设法向纸厂投入 40 万元，新上了"787 造纸机"，建立了两条生产线，企业主要生产水泥袋纸、卫生纸、裱纸、牛皮纸，产值由 20 世纪 80 年代的

400 余万元发展到 90 年代的 1000 余万元，最高突破 4000 万。这是落儿岭村工业发展的新起点，为以后落儿岭村的工业发展奠定了良好的基础。此后，东风纸厂步入了企业发展的第一个黄金时期，生产规模不断扩大，工业产值年年翻番，带动了落儿岭村的就业，极大了地改善了村民的生活水平。

20 世纪 90 年代后半期，在党中央关于大力发展乡镇企业的号召下，东风纸厂迎来了第二个发展的黄金时期。企业一面派出人员到外面学习现代的造纸工艺，另一方面向中国农业银行和中国工商银行申请贷款，总共贷了 3200 万元。东风纸厂利用银行贷款进行扩大规模再生产，同时对原先的造纸工艺进行现代化改造，不断提高生产力，增加产品科技附加值，开辟了东风纸业发展的新天地。企业由原先的一线、二线发展到三线、四线、五线，产量由原来的还不到 1 万吨发展到 5 万吨，产品的种类由过去的单一化走向多元化，产品质量较之过去有了大幅度的提升，产品的科技含量逐年增加，年产值近 4000 万元。东风纸业有限公司（原东风造纸厂）一跃成为落儿岭村的龙头企业，年上缴国家利税四五百万元，推动了落儿岭村的社会经济发展进程。落儿岭村成为全县有名的"小康村"，企业被授予"安徽省知名企业"称号。

迈入 21 世纪，东风纸业有限公司在发展形势十分利好的情况下引入现代企业管理理念和管理机制，进行股份制改革（企业更名为晨风纸业有限公司），极大地调动了企业员工的生产积极性，优化了企业的人力资源和生产资源，企业的生产效率得到大幅度的提升。在改制的同时，晨风纸业有限公司多方筹集资金加大科技投入，对现有生产线进行技改，不断研发新产品，以技改为依托实行多元化的企业经营战略，使销售市场由原来以省内为主逐渐向上海、江苏等长江三角洲经济发达地区拓展。由原来的大小客户 300 余家优化为 60 余家，由原来以纱管、茶板、瓦楞等纸业最低档品种为主导逐渐过渡至以 B 级箱板为主导产品。此举不但大大地增加了企业的知名度，减少了销售贷款风险并压缩了贷款不正常占用，也使企业的技术进步和市场竞争力得到了较大提高。2006 年企业总产值达到 6000 万元，晨风纸业有限公司迎来了发展的第三个黄金时期。

晨风纸业有限公司（原东风纸业有限公司）在快速发展经济实力的同

时，也把污染问题提到公司的发展规划议程上来。众所周知，困扰造纸行业最大的问题就是污染，特别是污水的排放与治理。污染问题解决不好，随时都有可能置企业于发展的困境，甚至是关闭停产。针对污染问题，公司提出了"科学治污、有的放矢、合理排放、综合利用"十六字方针。自 20 世纪 90 年代以来，公司先后派出几批人员到沿海地区去学习先进治污经验，依据自身的实际情况大量吸收先进的治污技术，并聘请治污专家对公司进行技术指导，为公司的治污计划出谋划策。公司先后投入几百万元用于治污，兴建了低洼污水治理示范工程，通过应用高新科技，对现有的生产设备进行改造，以期减少工业污染，并收到了良好的效果。如企业对经过处理的工业废水进行循环利用，此举既达到了环保的目的，又节约了水资源。晨风纸业有限公司由于实行了科学治污的方略，环保措施得力，获得了环保效益和经济效益的双丰收。用晨风纸业有限公司董事长肖丰的话说，晨风纸业有限公司能从一个手工捞纸作坊发展到今天这样现代化的纸业有限公司，能有今天这样的规模和良好的经济效益，一方面要得益于党的好政策，另一方面要得益于企业对造纸科技的投入与研发。科技是我们企业的第一生产力，是我们企业发展的生命线。

在晨风纸业有限公司的带动下，落儿岭村兴办了十几家具有一定科技含量的企业。这些企业纷纷效仿晨风纸业有限公司的做法，加大科技投入与研发，增强对企业员工的培训，强化他们的科技观念，不断增加产品的科技附加值，使企业在市场上始终保持较强的竞争力，如落儿岭村的东风铸造有限公司、金马彩印有限公司等。这些企业尝到了科技投入的甜头，不断增加科技投入，大部分企业的科技贡献率由原先的 20% 提升到现如今的 60%，科技在企业发展中的比重越来越大，科技是第一生产力已成为这些企业老板们的共识。落儿岭村的工业格局在科技的推动下，从无到有，从小到大，由弱变强，呈现了良好的发展态势，现如今落儿岭村的工业总产值已过亿元，成为远近闻名的工业强村。

二　农业科技稳步推进，走特色农业发展之路

工业要发展，农业须先行。近 20 多年来，落儿岭村在工业飞速发展的

同时，农业也获得了长足发展。农业服务工业，工业反哺农业，两者相辅相成，推动了落儿岭村的农业产业结构调整，铺就了农业产业化发展的道路。

新兴的农业科技在农业生产中得到广泛的应用，农业生产三年一小变，五年一大变。落儿岭村利用自己在全镇的区位优势，依托农技站的农技支持及其提供的最新农技信息，充分发挥科技在农业生产中的助推作用，加速了农业科技向现实生产力的转化，其农业生产格局较之改革开放以前发生了翻天覆地的变化，村民充分享受到了现代农业科技发展带来的实惠。"学科技、用科技"现已成为村民们从事农业生产的法则，农业科技落实到了田间地头，体现在农业生产的每一个环节。现如今落儿岭村的农业生产向着"三高农业"的目标迈进，以农业科技为依托，走农业产业化发展的道路，农业生产一年一个台阶。

1. 以农业科技为依托，不断引进新品种，改良农业生产技术，提高农业生产效率

落儿岭村总面积 10.5 平方公里，现有耕地面积 960 亩，水田面积 769 亩。基于落儿岭村的自然条件，农业生产主要以种植业和养殖业为主。"民以食为天"，水稻种植是本村的传统农业生产项目，也是本村的主要农业生产项目之一。过去，水稻种植用的是老品种，这里的村民称之为"归巢"，况且村民采用传统的生产方式进行田间管理，亩产水稻只有 200～300 斤，农业生产效率十分低下。20 世纪 80 年代末，落儿岭村的村民广泛采用新的水稻品种，即杂交水稻。杂交水稻较之先前的老品种产量翻了三番，再加上进行科学的田间管理，亩产可以达到 800～900 斤。现如今水稻的新品种越来越多，产量也越来越高，水稻栽培技术和病虫害防治技术也在不断改良，因而水稻的平均亩产在 1200 斤左右，超级水稻的产量则更高。过去，村民们收割水稻都是采用传统的收割方式，现在条件好的地方收割的时候都是采用小型收割机进行作业，生产的效率得到成倍提升，极大地解放了世世代代辛苦劳作的村民。在水稻的栽培过程中实行科学的田间管理，大量采用新的水稻品种，逐步采用现代化的耕作方式，使得整个生产周期较之从前缩短了许多，而水稻产量又得到大幅度提升，这儿的老百姓确确实实感受到了科技带来的实惠。

除了水稻以外，落儿岭村的主要农作物还有玉米、红薯等，这些农作物的单产较之从前也有了较大幅度的提升。这一切归根结底主要得益于不断引进新的品种，不断改进传统的耕作方式，对农作物的整个生产流程进行科学的管理所致。由于村民们尝到了农业科技带来的甜头，所以村民们在农闲的时候不断给自己充电，学习最新的农业科技知识，经常向镇上的农技人员请教相关的农业生产技术，有的还把农技人员请到了田间地头。现如今，学科技、用科技已经成为村民的一种时尚，农业科技让村民的心中乐开了花。

2. 以农业科技为依托，大力发展新兴农业项目，实施农业生产多元化战略

落儿岭村在依托农业科技全力发展传统农业项目的同时，还大力发展新兴农业项目，凭借新兴的农业科技实施农业生产多元化战略。近年来，人们对生活质量的要求越来越高，绿色产品现已成为人们生活的新宠。相对于传统农业来说，绿色农业生产已成为农业生产发展的一种趋势，落儿岭村在传统农业的基础上借助新兴的农业科技，在全镇率先建立了无公害绿色农作物生产示范基地，产生了良好的经济效益，切实增加了农民的经济收入。落儿岭村先后建立了水稻绿色生产示范园、有机茶种植示范园、药百合种植示范园等几个绿色农作物生产基地，在全村起到了积极的示范作用，让村民们看到了绿色农业的巨大经济价值和潜在的市场。现如今，村民们发展绿色农业的热情高涨，借助新兴的农业科技发展富有地方特色的绿色农业经济已成为落儿岭村农业发展的一道亮丽风景线。

3. 以农业科技为依托，走农产品深加工之路，不断提高农产品的科技附加值

落儿岭村先前的农产品的加工主要采用的是初级加工，产品的附加值低，只是充当了别人的农产品原料基地的角色，而别人把经过深加工的农产品又以高价卖回来，这样一来很不合算。于是，落儿岭村的村民从 20 世纪 90 年代以来，一方面致力于发展农业生产，另一方面走农产品深加工之路，不断提高自己农产品的科技附加值。

宏霞米业原先只是一家规模很小的个体加工厂，固定资本只有几万元，主要从事大米初级加工，不仅生产效率低，而且产品的科技附加值和企业的利润率也比较低。用老板叶玉宏自己的话说，那时赚的只是别人的一个零头，根本不能和县外的一些大型米业公司相比。鉴于此种情况，宏霞米业在2000年新上了一批加工设备，淘汰了原先落后的设备，生产自动化程度的提高，使生产的效率大幅提升，产品向大米精加工方向发展。宏霞米业的产品远销县内外，成为远近闻名的米业生产厂家。随着生产力水平的提高，宏霞米业的规模越来越大，产品的种类越来越多，企业的效益也越来越好。2006年宏霞米业又新上了一批设备，集加工、消毒、筛选为一体，整个流程采用的是电脑自动化控制，生产的效率得到进一步的提升。宏霞米业由于不断的更新加工设备，采用新的生产加工技术，产品的质量越来越高，产品的种类也越来越齐全，效益年年攀升。宏霞米业走出了一条属于自己的农产品深加工之路。

落儿岭村现有茶园540亩，茶叶年总产量达19吨，产值40余万元，其中名优茶产量达5吨左右，产值将近30万元。过去，落儿岭村只有一家村办茶厂，茶叶生产技术落后，生产的设备陈旧，茶叶品种比较单一，产品的市场占有率低。20世纪90年代末，落儿岭村一方面投入十几万元对村办茶厂进行设备更新和技术改造，另一方面大力推广绿色无公害和有机茶新技术的应用，相继建立了有机茶种植示范园和绿色无公害茶叶种植示范园，不断提升茶叶的种植和加工水平，使之茶叶生产现已成为这个村的支柱产业之一。落儿岭村现有茶厂两家，一家是村办茶厂，另一家是个体茶厂（翠岭精制加工厂）。由于茶叶种植新技术的推广应用和茶叶加工水平不断提升，茶叶生产由过去的单一品种发展到现在的霍山黄芽、黄大茶、炒青、翠岭兰香等诸多品种并存，茶叶生产的科技含量和产品附加值也随之提高，落儿岭村的茶叶在国内外茶叶销售市场占有率大幅提升，知名度不断扩大，获得了可观的经济效益。其中，落儿岭村翠岭精制加工厂的私营业主陈进，自主研制开发的"翠岭兰香"牌花茶，得到安徽农业大学茶叶专家的一致肯定。陈进自己购置电脑，"翠岭兰香"牌花茶现已实现网上销售，"翠岭兰香"的市场销量及占有率逐年上升。现如今落儿岭村的茶叶生产已实现了集采摘、加工、营销为一体的产业化发展道路，茶叶生产向着绿色无公害、高附加值、品牌化的方向迈进，茶叶生产现已成为落儿岭村农业发展的一枝独秀。

4. 以落儿岭科技信息网为依托，走农业生产信息化之路，紧跟农业生产的最前沿

落儿岭镇镇政府于 2006 年开通了落儿岭科技信息网，实时发布有关落儿岭发展的最新科技信息，为广大的村民提供了一个获取发展信息的平台。与此同时，霍山县县政府于 2006 年为落儿岭村部配备了电脑及卫星接收设备，且已连通了"天网（卫星接收）地网（互联网）"，用来接收和获取有关农村科技发展的最新的资讯，并把它们以种形式向村民们传达，使村民们的农业生产紧跟科技发展的最前沿，努力为落儿岭村的农业生产打造资讯的平台，为落儿岭村的农业发展注入科技的催化剂，加速落儿岭村的农业生产向着信息化的方向前进。

三　林业科技扎实有效，走特种深加工之路

落儿岭村在全镇来说是一个资源丰富的大村，林业资源十分丰富，山场面积 11376 亩（其中村办林场 4 个，森林面积 910 亩），毛竹园 2300 亩。俗话说："靠山吃山，靠水吃水。"落儿岭村正是利用这一资源优势，大打林业经济牌，闯出了一条集栽培、采伐、深加工一条龙的林业产业化发展的道路。

1. 推广应用新的林业栽培技术进行植树造林，构建落儿岭村的绿色"银行"

落儿岭村从 20 世纪 80 年代初就开始实施每年绿化一片荒山计划，全力发动全体村民植树造林栽竹，请林业专家到实地去指导，大面积推广经济适用林，应用新的林业栽培技术，提高其植树造林的成效。经过 20 多年的发展，落儿岭村现有村办林场 4 个，森林面积达 910 亩，毛竹园 2300 亩，取得了可喜的成果。村民们形象地把这些成果比喻为落儿岭村的绿色银行，看到这些心里就有靠山。由于经济、环境协调发展，2005 年落儿岭村被批准为省级生态示范村，其境内森林覆盖率达 80% 以上，竹园、茶叶等经济作物丰富。同年，落儿岭村被国家绿化委授予"全国造林绿化千佳村"，这一切荣誉都是对落儿岭村林业发展事业的肯定。

2. 大力发展林业经济，实施林业深加工技术创新，创立富有地域特色的林业产品品牌

过去，落儿岭村的林产品主要是向外地提供原材料，最多是提供一些半成品，林产品的科技含量和附加值都比较低，林业经济的成效并不是十分明显。在 21 世纪初，为了扭转这种局面，落儿岭村村委会牵线搭桥，相继成立了几家林产品的深加工企业，如大别山竹席厂、项家竹编厂、福瑞商贸有限公司、海子家私有限公司等。这其中以福瑞商贸有限公司和海子家私有限公司最为有名，规模较大。福瑞商贸有限公司是一家竹制品生产公司，主要从事毛竹的深加工，目前已开发出了竹胶板、竹地板、竹制家具等产品，其产品远销省内外。海子家私是一家木材深加工公司，主要从事家具、办公桌椅、室内装潢等项目；目前海子家私的市场占有率逐年提升，获得了可观的经济效益。通过实施林业深加工技术创新，不断投入科研资金研发新的项目，落儿岭村林产品的科技含量和产品的附加值大幅度提高，富有地域特色的林产品品牌的知名度逐年提升，林业经济方略初见成效，村民们也享受到了林业大发展带来的真真切切的实惠。

四 科技培训红红火火，走科技强村之路

落儿岭村社会经济的全面发展离不开科技的发展，而科技的发展又离不开科技培训。可以这样说，科技培训在落儿岭村的科技发展中扮演了一个十分重要的角色，也是这个村科技发展事业中的一个亮点。现如今，落儿岭村的科技培训已形成了"一校、二站、二网"的培训格局，为本村的发展培养了一大批懂科技的人才，有力地推动了本村的科技发展与科技创新。

1. 以落儿岭中学的农民文化技术学校为科技培训的主阵地

落儿岭村于 20 世纪 90 年代初与落儿岭中学联合创办了"农民文化技术学校"，面向本村村民进行科技、文化培训，为本村的村民提供一个学习、"充电"的固定场所。农民文化技术学校现已培训了大批学员，这些人成为各个工作岗位上的技术骨干，产生了良好的办学效益。农民文化技术学校主要设立农业生产科技、工业生产科技、企业管理等方面的课程，依据培训的对象选择设置相关的课程进行有针对性的培训。

2. 以落儿岭镇农技站、林业站为科技培训的第二课堂

农技站、林业站的科技力量雄厚，专业背景强，能够对村民进行有针对性的指导，落儿岭村充分利用这一宝贵资源构建了科技培训的第二课堂。村民们经常把两站的相关科技人员请到田间地头山场园地，就具体问题进行相关的咨询，第二课堂的效能得到充分的发挥。

3. 以村部的"天网（卫星接收）地网（互联网）"为科技培训的网络教育平台

霍山县县政府于 2006 年为落儿岭村部配备了电脑及卫星接收设备，且已连通了"天网（卫星接收）地网（互联网）"，用以接收和获取有关农村科技发展的最新的资讯。落儿岭村充分利用这一网络资源，一方面实时地向村民发布最新的科技资讯、致富信息、市场信息；另一方面利用网络资源对本村的村民进行相关的培训，为本村的村民构筑一个网络教育培训平台，紧跟发展的最前沿，实时把握最新的资讯，步步抢占先机。

改革开放的 20 多年，是落儿岭村翻天覆地的 20 多年，也是落儿岭村科技大发展的 20 多年。科学技术是第一生产力，科技加快了落儿岭村的全面发展，"科技兴农、科技富民、科技强村"的观念现已深入落儿岭村的广大干部群众的心中，落儿岭村乘上了科技的列车驶入了社会经济发展的快车，社会、经济呈现了可喜的发展势头。

二　文化传播的顺风耳——广电

广播电视作为大众宣传的主要媒介手段，越来越多地渗透到我们生活的各个方面，成为现代生活不可或缺的一个重要的组成部分。广播电视事业的重要性，就在于它不仅仅是一个娱乐的平台，更重要的是一个信息的平台和宣传的平台。通过这个平台，人们可以获取有关农村发展的最新资讯，拓宽发展的思路，寻找适合自己发展的最佳途径，以求先行一步抢占发展的机遇。下面我们就落儿岭村的广播电视事业的发展状况的调查情况作具体阐述。

1. 新中国成立前（1949 年前）

新中国成立前，落儿岭村的广播电视事业处于零发展状态，那个时候只有极少数地方官员的家中有收音机，地方上没有设立广播站，收听的广播节目单一。在那个特定的时代背景下，村民连温饱都是一种奢望，广播电视对他们来说简直是天方夜谭。

2. 改革开放以前（1949～1978 年）

新中国成立以后，镇上建了一个广播站，专门宣传党和国家的各项政策，广播的宣传内容比较单一。在 20 世纪六七十年代，落儿岭村兴起了大办广播运动（特定时代的产物），小喇叭入户，家家有广播。村里有什么事的时候就通过广播进行宣传，上工的时候也是通过广播进行通知，这是中国农村发展过程中特定年代的产物，也是落儿岭村广播事业发展的一个鼎盛时期。除了小喇叭入户以外，在 20 世纪六七十年代，陆续有一些村民家中添置了收音机，用以接收广播节目。由于贫困的原因，收音机的普及率还不是很高，收音机在当时来说还是一种生活奢侈品。

改革开放前的落儿岭村还没有电视，只有原东风机械厂（兵工厂，现已迁至合肥）有几台小黑白电视机，接收的频道也非常少。那个时候看电视就像赶集一样，看的人里三层外三层，场面很是壮观。村民最高兴的就是电影放映队定期到指定的场所放电影。放映队既有县电影公司派下来的，也有东风机械厂的，村民每个周末都能在自己家门口看上几部电影。

3. 改革开放以后（1979 年至今）

改革开放以后，落儿岭村的各项事业在党的惠民政策下全面发展，广播电视事业在改革开放后的 20 多年里也得到了长足的发展。特别是由于落儿岭村的经济快速发展，村民的经济收入和生活水平大幅度提升，极大地推动了落儿岭村的广播电视事业的发展。与此同时，落儿岭村作为镇政府的所在地，充分发挥自己的区位优势，综合利用镇上的广播电视资源使自己的村级广播电视事业迎头赶上，实现本村广播电视事业的跨越式发展，一跃成为全镇广播电视事业发展的排头兵。

（1）广播电视事业发展的基础设施建设逐年完善。

近二十多年来，落儿岭村广播电视的基础设施建设逐年完善，为广播电视事业的迅速发展提供了硬件支持。落儿岭村广播电视基础设施建设（主要是落儿岭镇的广播电视基础设施发展概况，但落儿岭村也是其基础设施建设的主要参与者，并且建成后的资源为落儿岭村所共用）在近二十年来的发展概况如下：

1992 年，落儿岭镇建成两个频道的电视差转台。

1994 年，落儿岭镇投入 30 万元把电视差转台改造成卫星发射节目。

1996 年，落儿岭镇建成有线电视台，采用隔频、邻频相结合的方式，共有 12 个频道。

1996 年下半年，落儿岭镇投入 3 万元将原来机房简单、机器落后的镇广播站改造成现在装潢考究、设备先进的标准化甲级站。与此同时落儿岭村投入 15000 元对原先的村级广播站的陈旧设备进行更新换代，提高广播站的硬件水平。

1999 年，落儿岭镇对有线电视网络进行系统改造，与县光纤联通，能收 31 套卫星节目。

（2）收录机、电视机的普及率达 100%，新兴广电产品逐渐成家庭新宠。

目前，落儿岭村现有 826 户，按户来计算，收录机、电视机的普及率达 100%（见图 8－3）。收录机在 20 世纪 90 年代末的普及率就已经达到 100%，现如今已经逐渐退出了历史的舞台。电视机的普及经历了由黑白到彩色、由厚到薄的这样一个发展历程，如今电视机的普及率已达 100%，95% 以上的家庭至少有两台电视机。由于村民经济收入和生活水平的提高，新兴的广电产品逐渐成为家庭的新宠。录像机、VCD、DVD、功放音响等新兴的广电产品已不再只是城市人生活的奢侈品，现已进入了寻常百姓家，新兴的广电产品在落儿岭村的普及率已达 90% 以上。

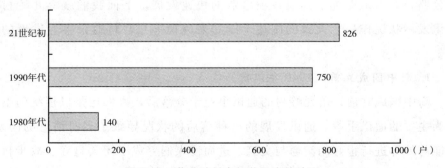

图 8－3　落儿岭村电视普及率统计图

（3）有线电视用户和卫星地面接收用户（农村俗称"老天锅"）逐年增加（见图 8 - 4）。

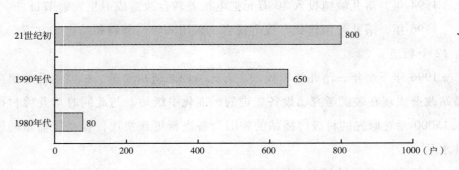

图 8 - 4　落儿岭村新兴广电产品普及率统计图

随着落儿岭村广电基础设施的逐年完善和村民生活水平的提高，本村的有线电视用户和卫星地面接收用户逐年增加。现如今，落儿岭村的有线电视用户已达 400 户，占总户数的 48%，地面卫星接收用户达 426 户，占总户数的 52%。由于广电基础设施日趋完善，村民接收的广播节目和电视节目越来越多、越来越丰富，为广大村民提供了一个广阔的娱乐资讯平台。

三　信息社会的宠儿——通讯

通讯事业的发展是建设信息化村落的重要保障。衡量一个地方发展得怎么样，往往可以通过这个地方的通讯发展状况窥见一斑。通讯事业为其他各项事业的发展搭建了一个沟通交流的平台，架起了一条信息流通的高速公路，有力地促进了其他各项事业的快速发展。下面我们就落儿岭村的通讯发展状况作一个大致的阐述，以此来透视落儿岭村通讯事业发展的轨迹。

1. 新中国成立前（1949 年以前）

新中国成立前，落儿岭村的通讯事业十分落后，人们还是以传统的书信作为主要的通讯手段。通讯发展的这种落后的状况导致了当时消息的闭塞，不能与外界进行很好的沟通与交流，进而使人们养成了闭关自守、故步自封的落后意识。

2. 新中国成立后（1949～1978年）

新中国成立后，落儿岭村的通讯事业较以前有了一定的发展，人们联系的方式相比较新中国成立前方便快捷了一些。由于东风机械厂厂址在落儿岭村，本村的通讯基础设施也有了一定程度的改善。当时只有厂里和邮电局有手摇电话机，还必须有专人值守负责转接线路，仅用于和上级部门联系作办公用。除此之外的通讯手段就是发电报，那时整个这一片只有邮局有一部发报机。但是由于"文化大革命"的影响，落儿岭村的通讯手段及通讯技术依旧比较落后，通讯的基础设施不够完善，这一切都扼制了落儿岭村的通讯事业的发展。

3. 改革开放以后（1979年至今）

改革开放以后，落儿岭村的通讯事业实现了跨越式的发展，通讯基础设施日趋完备；再加上"村村通"工程的推动，落儿岭村的通讯基础设施建设一年一个样，现已遍及这个村的各个角落。通讯的飞速发展也促进了落儿岭村社会经济的全面发展，为落儿岭村走向外面的世界构建了一条联通的桥梁。改革开放以后，传统的通讯手段渐渐淡出村民们生活的空间，取而代之的是新兴的通讯手段。自20世纪80年代初至现在，落儿岭村的通讯发展主要呈现以下几个特色。

（1）固定电话飞速发展（见图8-5）。

20世纪80年代，由于安装和使用固定电话的成本比较高，固定电话往往被看成是一个人财富的象征，其普及率非常的低。"楼上楼下、电灯电话"是那个时代的村民对富裕生活的形象诠释。到了90年代，随着村民们经济收入和生活水平的提高，固定电话安装和使用成本的降低，固定电话开始逐

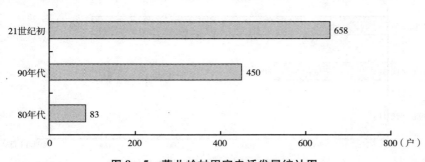

图8-5　落儿岭村固定电话发展统计图

渐普及进入寻常的家庭。21 世纪初，由于固定电话线路的升级改造，其安装和使用的成本进一步降低，固定电话（无线农话）的普及率大幅提升，约占全村村民户数的 80%（按户计算）。现如今，固定电话已有被移动通讯取而代之的趋势，已不再是村民们追逐的新宠，它在渐渐地淡出村民家庭生活的舞台。

（2）移动通讯发展日新月异（见图 8 - 6）。

20 世纪 90 年代初，落儿岭村有少数做生意的人购置了"大哥大"，这也是本村最早的移动通讯工具。当时，拥有这样的通讯工具被看成"老板"身份的象征。"大哥大"是当时许多青年人的梦想。由于购买和使用的成本很高，村民虽趋之若鹜却无经济实力购买和使用，因而"大哥大"的普及率非常低。在 1997～1998 年间，落儿岭村相继建成了移动通讯基站和联通通讯基站，这为日后本村的移动通讯的飞速发展提供了一个强有力的硬件支持。到了 90 年代初 BP 机、手机开始进入一部分人的生活，村民开始用手机进行联系和交流，但普及率并不是很高。在当时，拥有一部手机让人感觉有一种很新潮的感觉，物以稀为贵是人之常情。到了 90 年代末，由于落儿岭村经济的飞速发展，人们的经济条件大幅度改善，手机的持有量迅速飙升，手机按户占有率已达到 95%，其中每户拥有 2 部或 2 部以上手机的约占总户数的 87%。手机用户的迅速攀升，带动了落儿岭村移动通讯事业的快速发展。目前，有两大移动通讯运营商为落儿岭村的村民提供移动通讯服务，在全村的手机用户群中，移动用户约占总人数的 80%，联通用户约占总人数的 20%（落儿岭村现有村民 826 户，3016 人）。

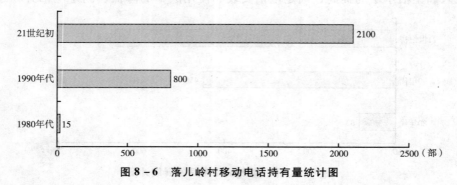

图 8 - 6　落儿岭村移动电话持有量统计图

（3）计算机网络通讯渐成年轻人的新宠。

随着落儿岭村经济、科技的飞速发展以及村民经济收入和受教育程度的大幅提高，一些高科技含量的消费产品开始逐渐进入寻常百姓的家庭。电脑这种高科技电子产品在改革开放以前是普通人想都不敢想的，现如今已经逐渐在落儿岭的村民中开始普及。落儿岭村的电脑的普及程度按户计算，现如今电脑进入家庭率已达20%且都已上网（ADSL）。由于计算机网络技术的发展，计算机网络通讯技术也迅速发展起来，像 QQ、MSN、UC、E‑mail 等网络通讯平台渐渐成为村里年轻人的新宠。网络通讯方式最大的优点是方便快捷、经济实惠、内容丰富（可以有视频、音频、图像等），它突破了传统的通讯理念而更加富于变化。现如今，村民们不仅利用网络来进行通讯，更是把网络看成自己获取资讯的一个平台，把它当成自己了解世界的一扇大门。随着落儿岭村村民生活水平的逐步提高，电脑的普及程度也越来越高，计算机网络通讯在落儿岭村也将呈星火燎原之势。

改革开放三十年来，在党的惠农政策下，落儿岭村的通讯事业获得了大发展。通讯事业的飞速发展为落儿岭村的村民提供了一种便捷的生活方式，为村民们架起了一条通往社会主义新农村的信息高速公路。在现如今的大好发展形势下，落儿岭村通讯事业的发展也必将是芝麻开花——节节高。

第九章 落儿岭村社会
习俗的变迁

作为皖西地区的一个普通村落，落儿岭村具备中国传统乡村社会的典型特征：以自然宗法家族社会为基础，以浓郁的乡土性和草根性为标志，人际往来"以自我为中心，以熟人社会为半径，以血缘、地缘和血统关系为经纬"，也就是费孝通先生所言的"差序格局"原则。在这种文化时空的格局中，人们活动的空间基本上是自然的、有限的、固定的和非流动的，与土地有着千丝万缕的物质和精神上的联系。①

当然，近十几年来，伴随着改革开放的深入和市场经济的激荡，农民的生活发生了巨大的变化，产业结构、耕作方式、劳动空间、生活方式等方面都今非昔比，呈现出焕然一新的局面。在此状况下，我们通过调查访问与资料分析的方式，对当前农村社会生活习俗方面出现的新变化深入探讨，进而勾画出市场经济浪潮冲击下人们文化心理、行为变迁的图景。

第一节 市场经济浪潮下的生活图景

清朝咸丰年间的《六安州志》记载，霍山"民醇俗朴，安于稼穑，无积贮而恒贫"，即便如此，人们仍然"虽极贫困不肯轻去乡里，故游宦者少"。在相当长的一个历史时期内，落儿岭村就是这样的一个村落，民风淳

---

① 许纪霖：《近代中国知识分子的公共交往》，上海人民出版社，2008，第3页。

朴，邻里和睦，重视礼俗，安土重迁，"社会关系是逐渐从一个一个人推出去的，是私人联系的增加，社会范围是一根根私人联系所构成的网络。"[①]这一切，在改革开放的门户大开之后逐渐出现了春风化雨式的悄然变化。经济格局的转变，必然会影响到人们日常生活方式的转变。探寻市场经济浪潮下人们日常生活图景的变化，正是本节所要重点解决的问题。本次调查，主要采取专人访问、田野调查和资料对比等途径，内容侧重于落儿岭村民的生活方式、乡风民俗等。调查对象包括村里的老支书、现任村委会主任、普通村民等。

由于经济形势的"一枝独秀"，落儿岭人的生活方式与霍山县其他的农村地区又有很大的不同。村里流出人口不过 300 多人，其余大多数都在当地企业务工，这直接改变了落儿岭人过去"日出而作，日落而息"的传统生活方式。按照费孝通先生的社会学理论，传统乡村的"匮乏经济"处境与现代工业社会的"丰裕经济"处境，形成了鲜明的对比。而在这两种经济状况下所养成的生活态度、价值体系是有很大不同的，"在匮乏经济中主要的态度是知足，知足是欲望的自限；在丰裕经济中所维持的精神是无餍求得。"[②]落儿岭村人的生活态度、价值体制，就明显地受到了工业浪潮的涤荡。

根据调查，目前落儿岭村大多数人的生活流程是按照企业的作息时间确定的，上班之外的时间则类似城镇人的生活方式，如看电视、泡歌厅、搓麻将甚至买彩票、炒股票，不再仅仅满足于父辈"面朝黄土背朝天"的艰辛生活。只有部分在家务农的老人或妇女，除了做好田里或者山上的农活之外，主要的精力则放在操劳家务、照看儿孙等事务上。

显而易见，由于经济生活处境的变化，落儿岭人的生活方式已经出现了迥异于前的局面，这突出表现在三个方面：一是日常生活，包括衣食住行上；二是闲暇生活，逐渐由"消费"变成"消遣"；三是人际往来，农业文明向工业文明的逐渐过渡势必会带来人际网络格局的变化。

一　落儿岭人日常生活的变化

从衣着上看，新中国成立前，落儿岭的人一般都是自制土布，染上青、

---

① 费孝通：《乡土中国》，上海人民出版社，2007，第 29 页。
② 费孝通：《乡土中国》，上海人民出版社，2007，第 243 页。

蓝、灰、黑等颜色做成衣服。条件稍微好一点的，男子备几件中山装，女子备几件旗袍，基本与西服无缘。到了新中国成立后至 20 世纪 80 年代前期，衣服式样由于时代的原因显得更正统了一些，男有中山装、军干装、便装，女有"列宁装"、翻领装；衣服质料则在 70 年代开始出现了的确良、涤卡等化纤类布料。

如今，随着经济的发展和人们生活水平的提升，当地人（尤其是年轻人）在衣着上逐渐多样化，衣服样式不再囿于过去的"大一统"，休闲装、西装等几乎已是家常便饭，一些比较"拉风"的时尚服装也逐渐走进落儿岭年轻人的视野。在当地调查过程中，笔者就见到不少年轻女子穿着露肩装、露脐装、露背装甚至超短裙，有的还配上了洋气的丝袜、皮靴。

从饮食上看，新中国成立前，落儿岭人的饮食比较粗劣，每天一般都是两稀一干，多糙米配野菜，逢年过节才吃点豆腐、猪肉。家庭条件好一点的，吃的一般都是舂过的熟米，菜则有鱼、肉、虾、蛋等。请客办酒，一般是先上冷盘，然后依次上炒菜、烧菜、圆子等。在第四道菜（圆子）上桌后，由主持人或主人致答谢词（这个风俗直到现在都还保留着）。

改革开放以后，鱼、肉、虾、蛋等不再是稀罕东西，菜肴除了家里种植的，偶尔还可以到街头超市里买一些新鲜时蔬、外来品种。来了客人或家人过寿，在家里办酒的至少 10 个菜，有的则干脆将酒席搬到了村里的饭店里或距离村子 15 公里的县城。一桌饭菜，两三百元，有荤有素，皆大欢喜。家庭条件好的，一桌饭花费七八百元甚至上千元的也有，但只是少数。在当地，勤俭之风仍是主流。

从住房上看，新中国成立前村民多同姓而聚居，房屋以瓦房、草房为主，家庭富裕的则多达数十间。多为平房，罕见楼房。一般的房屋正堂屋里都贴有"天地君亲师"的红纸牌位，新中国成立后改为张贴毛泽东的肖像画，到了 20 世纪 80 年代则变成中间挂年画（多为山水画），两边挂对联。联语多为吉祥如意、升官发财之类。

现在到了落儿岭村，随处可见高高耸立的楼房，两层的、三层的，比比皆是。改革开放早期建房多采用砖木结构，三间一拖，中间是堂屋，两边是卧室，再拖个厨房；如今依然用砖砌墙体，上面则用预制板或现浇砼构筑，窗户安装玻璃，窗棂多用钢筋或铝合金制成，既牢固又防盗。屋内上有天花板，下有水泥地坪，条件好的，还建有卫生间，用上了抽水马桶。条件一般的，房屋附近也建有男女分开的厕所，卫生方便。据调查，当地部分家庭条件富裕的年青一代，在住房选择上已经开始逐渐向县城"转移"，买上了商品房，平常在落儿岭村里的企业上班，晚上则回到县城居住。

从出行上看，新中国成立前山高岭深，平头百姓多是步行，富人出行则坐轿子，水路则乘坐船筏。因交通不便，有的老人一辈子都没去过县城，即便是离家十里、二十里的小镇子也很少去。新中国成立后，山里开始通了公路，人们出行变得便捷起来。20 世纪 80 年代，人们出行多骑自行车，短途则乘三轮车。

到了现在，几乎家家户户都有了摩托车，少则一辆，多则三四辆。落儿岭村位于霍山县城西 15 公里，尚未进入深山区。以往有长、短途各路客车经过，近几年又开通了公交车，从村里到县城，只需 3 元钱，交通方便。部分家庭买上了农用车、三轮车、大汽车，平时用于运输，偶尔用来代步。这种交通的变化，也拉近了落儿岭村人与都市的距离，进而使他们在生活方式上逐渐浸染上许多现代气息。

二　落儿岭人闲暇生活的变化

家庭之内：由于文化水平、通讯方式等的限制，当地人较少看报纸、听广播，主要的家庭闲暇生活方式是看电视。据村里的老支书苏启贵（本地人，1935 年出生）介绍，落儿岭村是 2000 年安装有线电视的，频道很多，节目很丰富。一般村民下班或农闲在家，主要的生活方式就是看电视。正如前面所说，村里的青壮年包括一些女青年，基本上都在乡镇企业上班，作息时间不固定。大型节假日也基本上不放假，只在春节期间放几天假，中秋节调休，回家过节。由于休息时间短，也不存在什么集中娱乐活动只是休息休息，看看电视，会会朋友。实际上他们已成为具有农民身份但不从事农业生产的"新农民"，生活方式接近于城镇居民。

家庭之外：串门聊天或户外聊天，既是农民休闲生活的主要内容，也是农民人情往来，社交活动的主要方式，"聊天"真正体现了农民活动的"悠闲"，农民的聊天主要是闲聊，其中闲谈没有具体的内容，属于闲谈范围内的"邻里的新鲜事"、"各家的生活琐事"、农作物的栽种收割等。最关心的就是子女的教育和婚嫁大事。偶尔有时间的,大家聚在一起,打打麻将、下下棋、打打扑克。有些人打娱乐性质的麻将,在节庆期间稍多一点,或者在亲友聚会时,下棋、打扑克,占用时间短要稍微普遍一些。这几年,当地也像都市一样开设了彩票点,包括福利彩票、体育彩票等,许多年轻人在闲暇时间将不少时间都花在了"研究"这些彩票的中奖号码上。

三 落儿岭人际关系网络的变化

农民的社交活动占闲暇生活较长时间。主要有探亲访友、串门聊天、户外交往、交谈或者是人来客往,人情往复,在一起喝酒聚餐。农村只要逢结婚、生子、小孩过周、盖房上梁等红白喜事,都要去人情,请喝喜酒。酒席宴上也成了社交场所,亲戚朋友借此机会,见面叙谈聊天。农村将婚丧嫁娶、生小孩、老人做寿、新房上梁,亲戚朋友登门拜访祝贺视为非常隆重而又必不可少的一桩人情往来的大事。每年的春秋农闲季节是人情往来最多的时节,红白喜事是农村社会主要的社交活动,具有表达相互体恤、慰问和祝愿的功能。而落儿岭村的人情数目相对来说要高于本县其他农村,特别是近年来此类庆贺活动日渐频繁,人情数额也有明显增长。

根据当地农民叙述,20世纪五六十年代人情礼物主要是实物,如鸡蛋、干果、蔬菜等,70年代就以送现金为主,但非常少,一元、两元最多伍元钱。现在的人情也基本上都是以现金赠送,最低40元,否则就很难拿出手了(特别是本村内的)。一般家庭,平均每年人情的支出都在1000元以上。做东邀请亲戚朋友的人家要将每家去的人情礼金多少,有专人按姓名列礼单,已备以后按照礼单礼尚往来。以前去亲戚朋友家祝贺,只是去吃饭,也就是喝喜酒。现在的大型喜酒宴席基本上在饭店办,人太多,吃了就走。家中亲友聚会,饭后打打牌也是必备的节目,有了休闲娱乐的功能。人情中礼物的货币化,使得原来以情感交往为主题的社会活动演变成一种经济色彩非常浓厚的理性化社交活动。在酒席的饭桌上,平时很少聚会的亲戚朋友开怀畅饮,一起聊天、交流信息。酒足饭饱之后,打几圈麻将,以前互不相识的人,坐在了一起,通过亲戚套亲戚、朋友套朋友,正好扩展了社会关系网。

可以说各类喜酒喜宴，走亲访友是农村最大的日常集会活动；大有聚众娱乐的味道，这种聚会，将血缘、亲缘、友缘关系相互交织在一起。

尽管有学者担心，"货币越来越成为瓦解村庄共同体生活的一种重要力量，人们的日常需求越来越依靠货币来获得满足，村民从各种温情脉脉而又带有束缚性的村庄共同体关系中解放出来，而通过货币与更大范围的'社会'联结起来。"① 但实际上，天然形成的地缘、血缘等脉络，形成了中国传统社会尤为看中的以人伦为核心的差序格局，"这个人和人往来所构成的网络中的纲纪，就是一个差序，也就是伦。"② 这个网络是富有伸缩性的，在有限的活动空间，人们会根据社会的发展作出适度的调整，但传统伦理所要求人们遵循的若干规范，如节令、庆祭等过程中的一些忌讳或讲究，却并不会轻易地因"货币化"而变化，有的甚至因之而有所反弹，甚至比过去有过之而无不及。

第二节　传统节令民俗的嬗变与坚守

落儿岭村中农民大部分居住在落儿岭镇的一条街道上，人口居住相对比较集中，平常往来密切，人际关系相对比较和谐。过去，逢年过节，人们总是要按传统的规矩你来我往，忙得不亦乐乎。

但是，近些年随着当地经济的发展，人们不再像过去一样悠闲，而是上班的上班、打工的打工，生活节奏越来越快。村民对于传统节令所要求的一些习俗开始有了新的认识，大多采取了简化的方式，能省略的尽量省略，不能省略的尽量淡化，这也就是当地很多人感觉"节令味"越来越淡的根源。

经过调查，目前落儿岭村还保持着下列节气，这些节气是大多数农村还共同保存着的最一般的节气，包括春节忙年、拜年、大团圆；元宵节、吃元宵、放爆竹；清明节扫墓、烧纸、祭祖先；端午节吃粽子；中秋节赏月、吃月饼。这些节俗多和拜祖先求吉祥有关，反映出丰富多彩的民俗文化。

---

① 申端锋：《新农村建设的文化与伦理纬度》，《学习与实践》2007 年第 8 期。

② 费孝通：《乡土中国》，上海人民出版社，2007，第 27 页。

一 春节

春节是中国人的传统大节,是一年中最重要的节日,自古到今,不管城乡,无论贫富,都要认真准备、欢欢喜喜过年。一进农历腊月,男女老幼忙着备年货,搞卫生,称为忙年。从腊月初八(腊八节)开始,就拉开了忙年的序幕,家家户户要从这天起清扫屋宇灰尘。当天要吃腊八粥,腊八过后,家家开始宰年猪,杀鸡宰鹅,互相请吃杀猪酒(也叫打猪晃),筹办各种年货(称打年货)。以前年货以腌制品、土特产居多,多为自家制作的腊鱼、腊肉、腌鸡、腌鸭等,或者自家所种的菜或花生、板栗等各类干果。而现在则更为方便,品种也更多。所需物品在市场上均能买到,近的在本镇或附近乡镇,就是到县城关也很方便,一天几班公交车及客车。

落儿岭村人的"小年"是腊月二十四这一天过。当地人还保留着这一天"送灶老爷上天报平安"的习俗,亦称"送灶"。每家在灶龛内贴上灶神图像(没有就不贴),摆上灶神牌位(这是少不了的),两边贴上"上天奏好事,下界保平安"对联,然后摆上祭品,燃烛鸣炮,焚香祷告。然后,全家开始大扫除,家家户户清洗家具,拆洗被褥,扫除尘埃,干干净净地迎接新年。

腊月三十(月小是二十九)叫年三十,家家户户门上贴对联,对联是大红纸黑字或金字,大门、房门、仓房、牛栏、猪圈乃至大农具都贴上吉祥话。对联的内容多半是盼望五谷三丰登、和睦吉祥、财运亨通,还买"福"字、"财神"贴。根据当地的风俗,对联贴了之后,索债的人就不能上门讨债了。有丧事的人家,当年不贴对联,次年可贴紫色对联,但这种情况一般很少。

落儿岭人的传统是中午过年(现在由于做生意的人多,也开始有晚上过年的,并且越来越多)。过去,男人不分老幼都穿上新衣服,祭祖宗(俗称还年)后,放爆竹,才吃年饭。菜至少要10碗,没有汤(喝汤意味出门下雨),整条鱼和圆子必不可少,意味全家团圆,连年有余。吃年饭时,晚辈向长辈敬酒,说些祝福的话,长辈给晚辈发红包,讲些鼓励的话,家主向全家老小历数全年收支,并安排明年生产和生活。饭后,全家围坐在炭火盆旁

（农村有的人家烧火塘）不睡觉，叫"守岁"。现在一般都是看中央电视台的春节联欢晚会，边吃瓜果糖等点心，或打打牌、或电话问候亲朋好友。到晚上零点放鞭炮（经济富裕的还放烟花）来辞旧迎新。年三十晚上还要烧纸给祖先。初一到初三，叫三天年，一般初一早上出门，注意不要碰到"太岁"（每年有各个不同姓氏的太岁，碰上如再讲话了，意味着当年不走运）。过去，年三十晚上要煮够三天吃的饭，挑水要够用三天，三天年中不倒地灰垃圾，以示保住财气，这些规矩现在已基本没有了。

正月初一，早上吃挂面，饭后出门去长辈家拜年，同辈之间也互相恭喜，亲朋邻居见见面也互道新年好，恭喜发财之类的话。对上门拜年的，要招待糖果糕点、烟、茶或留吃饭。随着生活水平的提高，城乡喜庆拜年之风更浓，除夕之夜城乡烟花，爆竹声不断，家家灯火通明，请吃酒，宴请亲朋邻里，欢聚一堂，边吃边聊，十分客气热闹，从初二开始，走亲戚，拜年，一直延续到十五。女儿女婿，先回娘家拜父母，再到双方亲戚家走亲访友。过年也是孩子们的最大乐事，随大人串门或到异地他乡。见到平时很少见面的亲友有时还能得到很多压岁钱。还有的到异地他乡过年，既开阔眼界扩大接触面，又有好吃好玩的。现在也时兴团拜，几户亲朋约好一起去某家，对方准备饭菜也方便。

拜年是交流思想联系感情、密切关系的好形式，因此两千多年来久盛不衰。落儿岭现在还基本保持了这一风俗。只是不再像过去那样，一到过年，晚辈就要给长辈下跪。随着整个社会的进步，拜年的形式也多样化、现代化起来，电话、短信、电子邮件、贺卡等颇有"科技含量"。这也是在厂里上班或外地打工的同事、上下级之间加强联络感情的一个最佳时机。

二　元宵节

正月十五为元宵节，又称灯节，上元节，即全年第一个圆月之日。"元"即"第一"，"宵"即"夜"。正月十五闹元宵，家家户户吃元宵、赏花灯。民间有"正月十五大似年"和"三十晚上火，十五晚上灯"的说法，户户张彩灯、放花炮。城乡玩灯唱戏。十分热闹。落儿岭村的龙灯、狮子一度非常出名，由村里人自发组织，不仅在本地玩，还到县城关巡演，现在由于娱乐活动多了，加上很多过去玩灯的人逐渐老去，过年很少见到玩灯、舞狮了。当天菜肴也和过年一样丰盛。女儿女婿也抽空回娘家团圆。

在当地，特别讲究过年的喜气，一般过年要备七挂鞭炮及各色花炮。三十晚上吃年饭时放一挂，凌晨迎年放一挂。初一到初三共放三挂。初七（称上七）放一挂，十五再放一挂。花炮大多为小孩准备的，图个热闹。过去当地还有"七不出，八不归，初九、初十闹事非"的说法，但现在随着人们生活节奏的加快，年轻人过年初七就要开始上班，外出打工的也早早要出门，不太顾及这些了。

三　清明节

农村一向有"清明大似年"的说法，落儿岭人对清明节也是非常重视的。过去，到了清明节，家家户户门头都要插上新柳枝。清明节前十天或后十天（大多数选择前十天），家家祭扫逝者坟墓（俗称挂坟），但挂新坟不过社日。上坟时，铲两方土放坟顶上，插上纸标（过去一般自己做，现在市场上有现成的可买）。烧纸钱，放鞭炮，清除杂草，年纪大一点的人还要念叨希望逝者保佑下辈的祈福语。这种习俗在 20 世纪 60～70 年代曾被作为迷信活动禁止过，到了改革开放之后逐渐恢复，如今基本保留。清明节前后，当地的机关、团体、学校还会组织祭扫烈士陵墓。

四　二月二

二月初二，是落儿岭的传统节日之一，名叫"龙抬头"，也称"龙头节"。春节前剃头理发到了二月二，已经一个多月，正是需要剃头理发的时候，"二月二龙抬头，家家小孩剃龙头"正是这一原因，为取吉利在剃头中间加"龙"字，叫剃"龙"头，以区别其他时间的剃头。以前，还有些女孩选此日穿耳孔，家长们选此日送孩子们入学读书。

五　三月三

三月三，也叫鬼节，在落儿岭虽然不是特别讲究，但也还部分保留着。

这一天的主要特点是吃蒿子粑粑。春天正是蒿子丰茂的时候，有空的时候采些回来，揉碎，加米面、香葱、咸肉等作料，做成粑粑，又应俗又可口。这种蒿子粑粑也成了平日里街边的一种可口小吃。晚上睡觉后，大人会注意到把家人的鞋子都翻过来，鞋底朝上，意思是魂就出不去了。

六　端午节

五月初五称"五月单五"，是"端午节"、"端阳节"，在落儿岭一带也叫"五月节"。这一天，家家插艾草、吃粽子、吃咸鸭蛋，访亲探友除了必要的礼品之外，也要带上粽子。过去，农村有个风俗，买好新帽、扇子等物品，去接已出嫁女儿回来过节，现在这个风俗已经基本不存在了。

七　中秋节

八月十五是中秋节，俗称八月节，也是团圆节。中秋节同春节、元宵节、端午节并称四大传统佳节，其来源古远，至少有两千多年的历史。中秋节素有祭月，拜月和赏月之俗。这天傍晚一轮明月从东方冉冉升空，月色迷人，丹桂飘香。一家人围坐在一起，摆上月饼、石榴等食品，祭祀赏月。在落儿岭，生公鸡烧板栗是中秋节晚上必不可少的菜肴。

八　冬至

又称"冬节"，这一天当地有做冬米团、吃油炸点心和百味馄饨的习俗，部分人家吃油炸豆腐、山芋等。这一风俗如今已经少见。

九　法定节日

五一、国庆、元旦等现代法定节日，对于村里常住人口来说影响不大。农民自古以来是根据季节来安排自己生产、生活的。平时这些节日还处在农忙时段，节日气味就不浓了。不过对于在外求学、工作的子女来说，可以放假回家探亲看看，帮着干些家务，也是打理农活的好时机，如摘茶、栽秧、割稻等，都是农村一年中最忙的时间。

这样的日子，有时候镇里也会组织主办一些文娱活动或"三下乡"放电影活动，这一两年由于各种原因，此类活动较少。

综上所述，落儿岭村尽管实施改革开放已经多年，许多外来的风尚、做法均在不同程度上影响了当地人的日常生活，但作为一个传统的伦理社会，由于地缘、血缘等关系而自然形成的许多伦理标准（外在表现为一些习俗礼节）是未能根本动摇的。

这其实正是本章重点关注的问题。现在国内呼吁"乡村伦理重建"的学者不乏其人，很多人认为货币化已经彻底改变甚至扭曲了乡村社会的人伦关系。从落儿岭的状况可以发现，这更多是一种担心而已。社会在发展，人与人之间的关系肯定会因外在环境的变化而不断调整，但有些深入骨髓的东西（如传统伦理所强调的长幼有序、忠厚和睦等）是不会轻易改变的。可以说，差序格局下所产生的伦理流变，更像是人际关系的和谐调整，抛弃的是旧有的陈腐的观念，张扬的是适当的人情体认。这其实也为社会主义新农村建设和社会主义和谐社会建设提供了一个很好的样本。

第三节 婚丧习俗变迁背后的社会心理分析

落儿岭自形成村落以来，就是一个典型的伦理社会，家庭成员之间讲究"父慈子孝，兄友弟恭"，人与人之间讲究"各宜相亲相爱，勿恃强凌弱，勿以智欺愚"。这一点，在婚丧嫁娶、生老病死等人生大事上体现得尤为明显。

过去的习俗对于婚丧嫁娶、生老病死等的要求与约束，是相当繁琐并且严格的。从一定意义上而言，这些繁琐而严格的程序让传统社会所期待的差序格局得到尽可能的彰显。但是，在改革开放之后，尤其是由于人们生活节奏的加快、生活方式的变更，这些习俗受到了越来越激烈的挑战，进而做出了许多看似不经意实则带有标志性的调整。这种调整为市场经济社会对传统社会的影响写下了一个经典的注脚。

通过调查，我们发现：在落儿岭一带，人们对于婚丧嫁娶、生老病死等人生大事的处理越来越简单化、货币化，但在排场上则比以往更盛大、更讲究。这其实也是一种新兴社会心理的外在表征，颇值得关注与探究。

一　婚嫁礼俗的变迁

无论是过去还是现在，儿女的婚嫁都是大事中的大事，程序上可以简化，但在礼上却要尽量尊重传统。除了因为大家的习惯心理趋势之外，更多还是希望通过一些必要的礼节来达到营造婚嫁气氛的目的。据落儿岭村老支书苏启贵介绍，当地婚俗的变迁与时代的变迁有着莫大的关联。新中国成立前出生的他对于当地的婚俗了如指掌，如数家珍：

新中国成立前，男女的婚嫁都是父母包办，一般经过这样的程序。第一步，合八字，请算命先生根据男女的出生年、月、日、时辰，按照五行八卦推算，不相冲相克的，才能婚配。第二步，送日子，男方把选定结婚的日子写在红纸上，由媒人带上礼物送到女方家，女方即开始准备嫁妆。第三步，过门，当天上午，男方派出一个有声望的人，在两位红媒的陪同下，带着礼挑（半边猪、坛酒、红糖、喜粑粑）到女方家，其中少不了带点葱，意为"匆匆忙忙，礼道不周，敬请谅解"。女方收下礼物后，回赠一点蒜，意为"都是一家人了，算了吧"。第四步，出嫁，女方置饭请客，饭后鸣炮"催妆"，新娘换上新衣裳、新鞋子，带上护心镜（铜制的，一大一小），然后由兄、弟背到堂屋上轿。新娘啼哭着，一只脚踩一条糕（意为"步步高"）上轿，带着嫁妆出门，嫁妆一般有红漆箱、柜、桌、凳、盆、马桶等（富人家还有陪田、地、耕牛的）。第五步，进门，女方轿子抬到男方门前时，男方鸣放鞭炮迎接，但先不开门，要"压一压新媳妇的性子"。女方从门缝里塞个红包后，开门进屋，先跨过火盆，然后按顺时针方向绕男方大桌子绕一周，再由男方请来人的两位有福之人点上"七星灯"（用红纸拈成，沾上香油），一人三根，一人四根，朝新娘身上绕一绕，意在辟邪。第六步，拜天地，邀请宾客吃喜酒，而后男左女右拜天地，一拜天地，二拜高堂，三拜至亲和高朋。第七步，闹洞房，男女喝完交杯酒，进洞房，亲友闹洞房。洞房三天无大小。

这当然只是传统的婚俗习惯了，很多时候会因为时代的大环境而有不同的变化。苏启贵回忆，新中国成立后到1958年，婚俗与之前差不多，父母包办的仍有，但男女自由恋爱的逐渐占主流，也有少数养童养媳的；1958～1962年，结婚没有彩礼，一般办个三四桌酒，就打发了亲朋好友；1962～1966年，陪嫁的东西由男方买，放在女方家；1966～1969年，受"文化大革命"影响，婚俗习惯被取消最多的时期，基本上一切婚俗礼节、喜庆仪式都没有了；1970年之后，逐渐开始部分恢复，如抬嫁妆、乐队、办喜酒等；到了80年代以后，很多风俗又恢复了。

不过，由于现在的人生活节奏加快，人情往来逐渐货币化，婚俗习惯在坚持传统的基础上也出现了一些变化。20世纪80年代的时候，女方要求男方购置的嫁妆一般为"三响一转"（音响、收音机、电视机、缝纫机），到了90年代，则变成了"三金"（金戒指、金耳环、金项链），再往后，更多的则变成了"折干"，即直接将购置嫁妆的钱折为现金，来得更方便、实在。男女方办酒，过去一般是自家请厨师办，现在有不少都改到了饭店办酒。落儿岭村离县城近，到饭店很方便。部分男女结婚已开始请婚庆公司代为办理，拍婚纱照、婚礼录像等，逐渐融入新风尚。

至于亲友送礼，落儿岭村新中国成立前就比较盛行送现金，只不过当时农民生活都不富裕，能出的钱很少，有的实在拿不出礼金的，则用鸡蛋、米等代替。如今，送礼金的风俗更为盛行，一般最少的40元，多的几百、上千，一般人家结婚，礼金能收到两三万元，最少的也在一万元左右。在当地，几乎每个人家里都有个"人情簿"，上面记录着自家办大事（红、白以及小孩升学）所收的礼金，以后遇到相应的亲友办大事，会送上不少于对方的礼金。

现在的结婚，更多演变为送礼、吃酒，其他的习俗如合八字、闹洞房等，都逐渐被简化甚至取消了。这也是现代生活带给农村习俗的一种有形无形的影响。

二 丧葬礼俗的变迁

旧时丧葬礼仪极为繁琐，封建礼仪迷信习惯兼而有之，特别是上层人家更为复杂，后来基本破除，近年又有回升趋势，很多丧葬中的老规矩，老礼仪都基本恢复。

一般不管城乡，人死了叫"老人了"、"走了"或"过世"，忌讳说"死"。长者归终，子女应赶到床前见面，俗称"送老"。死者断气时，要烧褡裢，也有烧纸扎轿、纸马的，并用湿毛巾把死者前胸后背各擦三把穿老衣，也叫"寿衣"，年纪大的老人生前就准备好俗称"五领三腰"：上身一件，包括一件小袄，下身三条裤子，颜色多为青色，用布条代替扣子，戴老帽，穿老鞋（鞋底用爷头剁三下），腰系白棉线（一岁一根）。遗体停放于木板上，用衾被遮盖。收殓入棺时，棺下放磨子，磨子上放一盏桐油灯。棺前遮白布幔，布幔前放灵牌、烛台和遗照（过去多用画像、黑白照，近些年出现彩色照片）。盛两碗白饭，用筷子穿上三个熟鸡蛋（又叫倒头蛋），灵床左右，子女哭泣致哀，在其地守灵，灵前桌子前面备一烧纸用的瓦盆，专供家里下辈或前来吊祭的人烧纸用的。落儿岭村由于受发展程度及传统观念的双方面制约，多年来一直都沿袭传统的土葬制度，其费用也逐年增高。直到 2007 年 6 月开始作为全县殡葬改革试点，全部要求火化。但旧的习俗并未更改，甚至一年比一年恢复得多。

当地丧葬的习俗步骤是这样的：家里有人去世后，首先要请本家门中年纪大、最懂礼数的人来掌管丧事。主丧人就聘后，召集家里的主要人商议丧葬事宜，用项花销的规模物品购置的多少，帮忙人所要干的活儿的安排，向亲朋撒孝（通知）应酬安排，雇佣丧事乐班、厨师，邀请僧道做"法事"。帮忙的人在总管的掌握下再分配，如做饭、挑水、接待、采购、记账、烟茶、打杂等。丧主在门外用塑料布或席子搭起，叫灵棚。人死后，一般过得去的人家，都要雇请一班乐队（也叫鼓乐班，吹鼓手）。请来的响器班安置在"灵棚里"。目的是，亲朋好友来吊唁时，吹打起来方便热闹，响器班一般由三五人组成，有民乐的，现在也有西洋乐的，一般都是打鼓、敲锣、吹唢呐，所奏的曲调多是悲哀的，不过西洋乐器也有吹奏一些流行歌曲的。

一般人家在死后三日内，亲友闻讯当即时前来吊唁，送丧仪（钱）或挽联、挽幛（绸缎被面）、花圈。凡吊客致门都燃放鞭炮奏乐相迎，至灵堂前有人高声呼报，吊者行礼，孝子答谢，主家有专人敬茶，客人送礼，专门有账房收受登记，若年纪大的人去世，家里要备寿碗，凡来吊唁者每人一个，以示添福添寿的意思。筹办喜丧事的同时，要请阴阳先生或道士来家做"批书"，计算死者所忌及"冲克"，以有所回避，并算出"回煞"之日，等七七四十九天的治丧日期，抄写纸上并贴在正墙上，并请阴阳先生看风水觅葬地，选择坟地俗称"阴宅"。迷信说法，"阴宅"选择适当与否，关系到当代和后辈子孙兴旺与衰败，富贵与贫穷。

在家停丧的第三天出殡，出殡前开棺让亲人瞻仰遗容，以示永诀。随即掩殓（用钉封棺），由八人抬棺，孝子（多为长子）手捧灵牌或遗照在前引路，专有一人走在孝子的前面，任务是手里挎着篮子，里边装着"纸钱"，边走边撒纸线，谓之"撒路钱"。亲朋好友邻里结队去棺前送殡，灵柩在鼓乐、爆竹声中浮厝山野。

现在落儿岭的部分人家，仍坚持当年不下葬的风俗，用砖瓦砌成柩屋，当天下午"圆火"，亲人去柩屋前烧纸钱，并供酒饭祭奠，晚上送烟把（用稻草分节编成，节数与死者岁数相等）到柩屋前烧，也有连送三到七晚的。第七天称"头七"，一共七天。从亡人逝世之日起，每到七天都要由孝子们烧一次纸，俗称"做七"，直到第七个七，即七七四十九天，那日谓之为"出七"，转入正常悼念。当年过年大门贴紫色对联，以示守孝。死后周年或三、五年后择地安葬入土，葬坟时间多在数九寒冬，先请地先生（风水先生）看向择地，算出"破土"、"下寺"（灵柩入土）时辰，然后移棺入穴，由地先生用罗盘拔经定位，死者的下辈衣兜黄土，依次下去踩棺，把土撒下，再攀绳而上，后用土堆成坟，在坟前砌拜台并立碑。

落儿岭村虽然已经开始试点火化，但很多丧葬习俗仍然保留着，特别是由于试点殡葬改革的时间不长，且无公墓，很多百姓一时间尚不能完全接受殡葬改革的真正内涵。在村、镇甚至县里的要求下，尽管村民们勉强同意将逝者火化，但骨灰运回后，仍会放入棺材内，按照当地的习俗安葬。

男婚女嫁，生老病死，自古被人尊崇为人生大事，予以隆重庆典，从而形成了具有浓郁民族和地方特色的风俗习惯。婚事大办，死者厚葬，既隆重又有一整套规程。其场面之热烈壮观、礼数之繁杂，最集中地反映了本地区的民风民俗，正如哲学家李泽厚先生在《中国思想史论》一书中所说："礼是颇为繁多的，其起源和核心则是尊敬和祭祀祖先"，"所谓周礼，其特征确是将以祭神（祖先）为核心的原始礼仪，加以改造制作，予以系统化、扩展化，成为一整套宗法制的习惯法规（仪制）。以血缘父家长制为基础（亲亲）的等级制度是这套法规的骨脊，分封、世袭、井田、宗法等政治经济体制则是它的延伸扩展。"[1] 风俗既是经济生活的折射，又是思想观念的直接体现，从中可以窥见民风民俗中的崇拜迷信和趋福避祸的集体心理。

不过，有一点也不容回避，在一套套繁文缛节中，既有中国传统文化的核心价值——礼乐文明，又不可避免地掺杂着浓厚的封建迷信色彩，渗透着农耕文化的深入影响。同时，人们经济环境的逐渐好转，使得过去内心极度渴望但无法做到的很多事情变成一种可能，于是便会出现一场场铺张浪费的大操大办，这其实也是当今社会文化中相对比较普遍的追逐虚荣、比阔斗富的社会心理的具体呈现。

三　其他礼俗的变迁

除了婚嫁、丧葬等大事外，对于落儿岭村的老百姓来说，还有其他一些事情也是不能不讲礼数的大事，如生育、寿诞、建房、考大学等。同样，这些大事所涉及的礼俗也在坚守与扬弃中点缀着人们的日常生活。

1. 生育

当地人生孩子以往都是在家请人接生，现在大多去医院在医生的帮助下或顺生或剖腹产，妇女儿童的身体健康得到了保证。生孩子的第二天（最迟第三天）向岳父母家报喜。生的是男孩就送一只公鸡和红鸡蛋若干。岳父母用母鸡，红糖，挂面等做回礼表祝贺。生的是女孩就送母鸡，回礼是公鸡加红糖，挂面等。同时还给亲朋好友，邻里送红鸡蛋，挂面。孩子满三天叫"洗三"，主要有以下规矩：①请接生的人或姥姥、奶奶给婴儿洗头洗澡，一般用艾水。然后抱婴儿同来驾喜的人见面，来人给红包，即"洗儿钱"。主家宴请前来贺喜的亲朋好友。宴前，各人吃碗面意味孩子长寿。②婴儿满月时，吃满月酒。满月第一次剃头，剃下的胎毛包入红布做的小袋，挂在床头

---

① 李泽厚：《中国古代思想史论》，转引自兰甲云、陈成国、曾广波：《礼乐文明与和谐社会的构建》，《湖南大学学报》2007 年第 1 期。

或妥为收藏。姥姥家及亲友馈赠小儿衣帽，毛线或现金等礼品。主家宴请来客。③婴儿满一百天时，还要照相，叫"百日留影"。④婴儿满周岁时"抓周"，亲友送衣、帽、鞋袜、项圈、银锁、手镯、长寿线等。小孩穿青色衣服、鞋子，还在桌上摆些书本、笔、算盘、钱等物，让小孩抓。抓到什么意味着将来长大能干什么，如抓到书本表示以后能学习好，考上好学校。

2. 寿诞

即为生日举行庆祝仪式，俗称"做寿"、"做生日"，一般指整生。按农村习俗，男逢三、六、九，女逢一、四、七，都是生命中的关键阶段，不可忽视。现在经济条件好了，一些年纪不大的成年人甚至过起了"三十六"岁，亲人给过生日的人买红色衣服、袜子等以示吉祥。老人一般六十岁以上做六十大寿，一般有"做九不做十"的说法，亲友送寿面、寿酒、寿匾、寿幛、红包等祝寿。寿宴先招待一大碗长寿面，两个荷包蛋后，备下酒宴招待亲友。

3. 建房

在农村盖新房是件大事，开工上梁都要选吉日，正梁中间要贴上写有"吉星高照"四个大字的红纸横幅。两头挂内装糖烟，糕饼和钱的红绿布包，红包归木匠，绿色归砌匠。正梁两边的柱上贴写有"上梁欣逢黄道日，竖柱正遇紫微星"的大红对联。上梁时点烛烧香，放爆竹，家主衣冠整齐祭主梁，有的还散上梁包子。亲邻送烟酒、挂对或红包祝贺。新房建成和搬进新房也要庆贺。搬家的日子要事先选好，搬家要从破晓前开始，表示越搬越亮，以图吉利。先搬其他家具，大方桌和条几（香案）放在最后搬进新房，之前要备好一盆烧得旺旺的炭火以示红红火火。亲朋好友送礼祝贺并前来帮忙搬家，到新家时要放鞭炮，当晚来宾在新屋打牌玩，热闹一夜。

种种的变化，究竟意味着什么？在《中国社会变迁中的文化结症》一文中，费孝通先生写道："即使我承认传统社会曾经给予若干人生活的幸福或乐趣，我也绝不愿意对这传统有丝毫的留恋。不论是好是坏，这传统的局面是已经走了，去了。最主要的理由是处境已变。在一个已经工业化了的西洋的旁边，绝没有保持匮乏经济在东方的可能。适应于匮乏经济的一套生活方式，维持这套生活方式的价值体系是不能再帮助我们生存在这个新的处境里了。"

换句话说，整个社会经济环境的变化，必然带来整个社会心理的变化，由之浸透到人们的日常生活中，则演化为习俗的弘扬与废弃。这种变化，或许尚存有不少消极、浅陋的因素，但倘若将之置于时代发展的大背景下去观照，又不失为是一种进步。社会就是在这种优胜劣汰、抑浊扬清、革故鼎新的变化中不断向前的。

第四节　农村人精神家园的失落与找寻

一个差序格局下的社会，维系人们之间关系的总是以自己作为中心的私人道德。"乡土社会是靠亲密和长期的共同生活来配合各个人的相互行为，社会的联系是长成的，是熟习的，到某种程度使人感觉到是自动的。"[1] 这种格局之下，人与人之间因为私人关系形成了一个自然运行的网络，和谐安宁，知足平静。

然而，伴随着外界的冲击，尤其是以地方经济快速发展为表征的社会大环境的变更，过去这种差序格局所长期依赖的自有道德必然会产生重大的改变。生活方式的变化、人际网络的拓展，都会形成对于传统道德理念的考验。精神家园的失落与找寻，同样成为当地人信仰世界的一个重大命题。

事实上，加强农村精神文明建设，重新建构农村人的精神家园，也是农村改革发展的现实要求。改革开放以来，当地农村发生了翻天覆地的变化。在经济建设取得巨大成就的同时，政治文明、精神文明建设也取得了丰硕成果，推进了社会的全面进步。随着中央文件精神的深入贯彻落实，建设社会主义新农村的步伐进一步加快，农村精神文明建设出现了喜人的变化。我们对落儿岭村精神文明建设进行初步调查后，所到之处，我们看到了新农村的新面貌，看到了农民素质的有效提高，以及许多可喜的变化。

比如，当地人的法律意识在逐年增强。虽然村民大多数人文化水平偏低，但是随着视野的开阔，农民已经形成自我保护意识，政策观念增强了，很多村民对于一些陌生的专业术语，都能讲得得头头是道，对于国家新出的政策规定，尤为关注。随着广播、电视、网络、报纸等大众传媒的推广，农

---

① 费孝通：《乡土中国》，上海人民出版社，2007，第 427 页。

民再也不是"睁眼瞎"了，对于电视所报道的事情，农民也有自己的解读方式。调查过程中，正逢四川大地震，当地百姓通过媒体了解情况后，便纷纷组织起来，向灾区捐款捐物。而对于农村问题，他们也有自己的认识，甚至也有一套发展思路。

更可喜的是，经过多年的外在环境的培育与冲击，市场经济、移风易俗观念深入人心，文明新风开始在当地安家落户。第一，在工厂上班、外出务工人员越来越多，致富途径越来越广，开阔了视野的人们纷纷走出家乡，涌向大城市，投亲靠友，寻找自己的致富乐园。挣得少的，每年也有几千元，大大超过在家种田的收入。第二，农民的计划生育观念也在增强。近年来，一方面由于国家对独生子女实行奖励政策，并采取措施保障独生子女父母的养老问题；另一方面，随着农民见识的增长，在农村推行计划生育工作已基本不需再采取强制措施。"要想富，少生孩子多修路（种树）"、"晚婚晚育、少生优生"也成为大多数农民的共识。第三，农民婚丧嫁娶有从简的趋势。现在农村姑娘的择偶标准也开始发生改变，从原来的倾向人品好、老实可靠逐渐转向偏爱有本事、有文化、会赚钱，个人能力标准逐渐取代道德判断。丧事也更多地趋于经济考虑。现在村民评估一个人在村里的地位往往不再靠这种排场，而更多地看他的文化程度、社会地位的高低、会不会赚钱，市场经济正在悄无声息地改变农民的思维观念和行为方式。

农村基层民主有了一定发展，但提高农民整体素质仍任重道远。据了解，现在村干部把树立良好形象作为工作的切入点，积极规范工作行为。上级每年还要对村干部进行民主评议，评议结果上报镇党委，并与村干部的任免、工资奖金挂钩。

近几年来，落儿岭村的精神文明建设在各方面有了很大的进展，但是从深化农村改革和发展社会主义市场经济的要求来看，从整个农村社会协调发展的要求来看，还存在着一些不相适应的地方。

封建陋俗小有回潮。封建迷信有死灰复燃的趋势，有些算命者生意兴隆，有的竟成了专业户；内容不健康的书刊、音像制品逐渐渗入；治安管理松懈，农村的社会小环境正遭到不同程度的污染和破坏。

个人内心信仰部分缺失。由于社会的多元化，有些人陡然间失去了内心的信仰，精神世界空虚苍白，缺乏追求。部分村民则选择了宗教。当地有很多寺观和宗教信徒，尤其是佛教和道教，在历史上有着重要的地位和影响。但是最新调查发现，落儿岭村传统的佛、道教信徒正逐年减少，而基督教信徒已有30多人，并且这些宗教信徒大多是50岁以上老年人，其中女性占80%。

这些正是快速发展的现代社会带给落儿岭村的一场考验。我们注意到，为了帮助新形势下整个社会精神文明的建设以及村民个人的精神家园重构，落儿岭村正在克服重重困难，切实抓好以下几项工作。

一是开展"文明村"、"文明户"、"五好家庭"等活动，使农村精神文明的内容具体化，引导广大农村讲文明、树新风、革除陈规陋习。深入开展创建文明村活动，推动精神文明建设进村入户，创建文明村镇活动是党的十四届六中全会决议提出的群众性精神文明三大创建活动之一，是农村精神文明建设的重要载体。实践证明，抓住这个载体，有利于调动广大农村干部群众参与精神文明建设的积极性和创造性，也有利于把三个文明建设有机结合起来，落儿岭村实行联产承包责任制后，家庭的地位和作用越来越突出，它不仅成为基本的生产单位，也是创建文明村镇的基础。通过开展创建文明户的活动，把农户建成充满创新精神富有生机活力的文明细胞。建立健全工作运行机制，把精神文明建设的任务落到实处，建立一套符合实际，行之有效的工作运行机制，使农村精神文明建设深入持久健康发展，也是精神文明走向新阶段的重要标志。落儿岭充分发挥农村党员干部、教师、知识青年、退伍军人和退休干部的作用，培养骨干，形成专兼职结合的精神文明建设工作队伍，对被评为文明户的，给予相应的优惠政策或物质奖励，以激发广大农民群众争先创优的热情。落儿岭村2005年被评为"全国小康建设明星村"。

二是开展学习文化知识、学习科学技术的活动。逐步建立健全文化设施，普及农村义务教育，紧紧抓住提高农民素质这个核心，农村思想道德教育首先要讲究方法，采取适合农村实际和农民特点的方式有针对性地进行。以引导、熏陶为主，建立村宣传文化阵地，通过开展各种形式的活动，给农民以潜移默化的教育，充分发挥电视、广播等新闻媒体的作用，引导农民看电视、听广播、了解时事政治，关心国家大事，根据本村的特点，继续举办各类培训班和讲座，对农民进行科技、法律、市场经济等知识的教育和普及。

三是开展破除封建迷信，反对宗族观念的活动；提倡婚事简办，晚婚晚育，净化农村社会环境，优化农村的风气，努力营造和谐的农村文明小社区。农村中封建思想影响是比较严重的，也存在着不少陈规陋习，落儿岭开展过一系列"破旧立新"活动，力度之大，范围之广，前所未见，也取得了明显成效，改革开放以来，落儿岭村抓精神文明建设一开始新把移风易俗作为工作的重点之一，破旧俗、树新风，解决了不少长期困扰农民的陋习，但旧社会遗留下来的陈规陋习，具有根深蒂固的特点，一些过去已经解决的问题，在新的社会条件下又会死灰复燃，比如封建迷信，大操大办，重殓土葬等陋习，始终未能从根本上革除，个别的甚至愈演愈烈。落儿岭正引导村民破除不文明的风俗，改变不卫生的习惯，转变落后的婚育观念，取缔不健康的娱乐，特别重点刹住求神问卜的迷信之风，婚丧大操大办的生活方式，使农民按文明的要求逐步规范自己的言行，发挥当地农民民间文化的优势，引导和扶持健康娱乐活动，玩龙舞狮等群众文艺团体的发展，在移风易俗方面，善于引导农民改善旧有礼尚往来形式，增加社会交往中的内涵，建立新型的人际关系，造就良好的民风。坚持两手抓，两手都要硬，以脱贫致富奔小康社会为目标，突出提高农民素质和提高环境质量这两个重点，抓住创建文明村、文明户这个载体，全面加强思想道德、科技教育、文化卫生、生活环境等建设。落儿岭村 1995 年被国家民政部授予"全国模范村民委员会"，2004 年荣获"安徽省民主法制示范村"。

从地理位置上而言，落儿岭村宛若大别山口的一个美丽家园，自给自足的人们曾经在这里凭借血缘、地缘等天然的联系，形成了一个和谐美好的"小世界"。如今，伴随着当地乡村工业化进展的加速，这种天然的格局正在被逐步打破，外来的文化不可不免地给当地带来了巨大的冲击，使得落儿岭人在前进的过程中频遇考验，传统在坚守中逐步嬗变，习俗在变迁中逐步升华，内心在自足中逐步喧哗。无论是从原有基础还是现有条件来看，这里都应该成为一个美丽的精神家园，成为当前农村建设的一个异常特别但又不乏借鉴意义的样本。

物质文明、精神文明与政治文明的"无缝对接"，将是下一阶段落儿岭人新的追求。

第十章　落儿岭村的婚姻、家庭和生育

第一节　落儿岭村的婚姻关系

婚姻是人类生活的重要组成部分，也是大多数人一生的必经之路。婚姻对于个人和社会都具有无法替代的重要意义。对于个人来说，婚姻能够以合法途径满足个人的生理需求，情感需求。对于社会来说，婚姻是成立家庭最重要的渠道。婚姻可把男女两性维系在一起，是两性平等建立家庭的合法途径。它既孕育了新的生命，又使家庭与社会得以延续。婚姻还能给予子女合法的身份，法律上承认的父母亲。按照费孝通先生在《生育制度》中的观点，婚姻是为了种族繁衍子女抚育而建立的一种关系。因此，婚姻对于个人与社会都具有极其重要的研究价值。

婚姻作为人类社会的集体产物，其核心不仅仅是两性的结合，更重要的还有公众对这种结合的赞同和认可，如履行结婚的法律手续或举行仪式。不同社会对这种结合还有许多限制，如结婚年龄、是否有不能结婚的疾病、是否重婚等。在现代，婚姻也是一种具有法律或契约性质的关系，当事人享有婚姻带来的权利并承担相应的义务。法律出版社 1995 年版《婚姻家庭法教程》给婚姻下的定义是："婚姻是男女双方以永久共同生活为目的，依法自愿缔结的具有权利义务内容的两性结合。"随着我国农村改革开放程度不断加深，农民的婚姻家庭和生育理念的变迁既是现代社会变迁的显示仪，也是建构农村社会现代性的重要力量。

一　择偶标准的变迁和择偶范围的扩大

婚姻不仅仅是个人的事情，即使是在社会分工细化，人情关系多样化的今天，婚姻关系所涉及的人际关系圈也远远大于丈夫和妻子两个人，会牵扯到许多亲属关系，甚至是波及彼此所有的社会网络和社会阶层。具体说来，未婚男女在择偶时至少要考虑到两个方面的标准，即社会属性标准和自然属性标准。择偶标准的自然属性方面使人们把相貌、身体、年龄、肤色、民族等等作为择偶标准，而社会属性又使得人们把经济条件、教育程度、宗教信仰、社会地位、政治观点、家庭背景等条件作为择偶标准。

1. 择偶标准的变迁

落儿岭村的婚姻择偶标准大致经历了"传统道德标准、政治道德标准、经济务实标准"三个阶段。择偶标准的变迁也在价值观念的层面上昭示着整个村庄的全面现代化转型。

在 20 世纪 50 年代，适龄男女择偶标准主要由双方父母选定，受传统道德的影响，当时的择偶标准比较注重"门当户对"、"生辰八字"相符，双方家人通过媒人之约，来确定婚姻。60～70 年代，受到"文化大革命"的影响，农村青年择偶更重视对方的家庭出身、政治身份等条件，贫下中农、"几代红"之类的出身是一个颇有分量的条件，它起码可提供一个较为可靠的政治背景，以保证在飘忽不定的政治风云中不会使家庭出现大的动荡。当时，由于政治与体制上的限制，农村社会分化很小，每个家庭的贫富差别不大，因而对于经济条件的要求并不高，择偶标准被浓厚的政治色彩左右。到了 80 年代以后，受改革开放的影响，村民的择偶观发生了重要的变化，由重政治道德转变为更加经济务实。女青年的择偶标准一般是才干、文化程度、职业、收入、相貌、自信、热爱生活与身高。而男青年的择偶要求一般为相貌、贤惠、职业、忠实、理家能力等。这些标准的重要程度在择偶过程中因人而异。青年男女将对方自身条件作为择偶的现实标准，经济收入、工作条件、家庭生活以及个人的能力已成为择偶时考虑的重点。

2. 择偶范围的扩大

择偶范围是指在一定地域内，以男女嫁娶距离的长短为半径所划定的范围，亦称通婚圈。随着社会的发展，通婚圈将呈逐渐扩大的趋势。而通婚圈的扩大有利于人口素质的提高，也有利于文化的交流和发展。落儿岭村男女青年的通婚范围从传统的近距离与社区内部作为建构通婚圈的主要范围扩大到以广泛的社会化方式建构现代化社会的通婚圈标志着村庄在婚姻家庭领域的现代化发育。

在 20 世纪六七十年代，由于信息封闭，社会活动流动性少，一般适龄青年男女通婚范围不大，局限于本村之内或邻村。此外，由于严格的户籍制度，刚性的职业结构，城乡交流的限制仍然是情感择偶的结构性障碍。它使得城里人与农村人，大城市与小城镇，高学历与低文化，跨地区的择偶变得不切实际，造成了农民只能找农民，城市人只能与城市人结婚，地位与所受教育相当的人才有更大的可能彼此结成姻缘。从 20 世纪 80 年代开始，随着社会发展，人们的交往活动频繁，青年男女的通婚范围开始扩大，嫁娶外地已逐渐增多；到 90 年代以后，随着农村青年外出务工的增加，青年男女的通婚已不受地域的限制，纷纷有异地男女嫁娶本村。青年男女通婚的范围更广泛。

二　婚姻关系的确立和婚前交往

男女双方选择了合适的配偶之后到结婚之前，有一个为结婚作准备的时期。在落儿岭村，婚姻关系的确立和婚姻前的交往程序也随着现代社会的发展逐步简化。

按照旧俗，该村婚姻关系的确立要履行六道程序："即以昏礼纳采、问名、纳吉、纳徵、请期，皆主人筵几於庙，而拜迎於门外。"[①] 随后演变成"求婚"、"过帖"、"相亲"等几道程序。具体可分为第一步议婚，又称"议亲"，是商议男女婚姻之事的最初阶段。俗话说"无媒不成婚"，议婚初始，一般是由男方家长委托媒人或托靠亲友、邻里前往女方家中求婚，又叫"提亲"。如果女方家长答允考虑结亲，男方便再次托人或由媒人到女家询问女方名字和出生日期，以便"开八字"，请阴阳先生"合婚"，审看男女双方的命相是否相合。男女双方"八字"相合后，两家即择吉日传换庚帖，至此，亲事算初步定下。20 世纪 60 ~ 70 年代直到准备订婚之前，在这一过程中，往往是由男女双方父母根据对方的门第、家境及品貌等条件决定婚事成否，男女当事人是没有多大发言权的。在具备订婚条件的情况下，男女两家还要"相亲"，又叫"相门户"、"看屋里"，即男女两家约定时间见面，最

---

① 《礼论正义》卷六十一，《婚义》第四十四。

后议定婚事成否。第二步是下聘礼，（又称过礼、行聘），即男方向女方送上彩礼。这视当时家境状况而定礼物丰薄，一般讲究有鸡、鱼、糕、糖双数分量，礼担披上红布，衬以柏枝、红枣、桂圆、花生等吉祥物，贴鲜红"双喜"字送上。下聘后，男方每年还必须在端午、中秋、春节给女家奉送"节礼"走动。80年代初此俗农村仍旧流行。第三步是相亲，"相亲"的意义已不在于认亲家，而是通过面对面的接触，进一步加深相互了解。男女双方初次见面时，一般由媒人或介绍人引见，两人对面而坐，互相窥视对方的形貌举止，并进行一些交谈，这就是我们常谓的"处对象"。80年代末到现在，青年男女自由恋爱比重所占比例越来越大，他们主要是通过在劳动交往中结识并互相了解，建立起感情，但仍按当地的风俗进行婚前交往。

三 婚礼形式、结婚费用及其变迁

结婚仪式是正式缔结婚姻关系的最后一道程序。婚礼形式以及结婚所需的费用随着时代的变迁，也在发生着变化。从20世纪50年代至今，随着该村村民经济生活条件的提高，结婚的费用在逐渐增加，结婚仪式经历了一个从简到繁再从繁到简的过程。

20世纪50年代主要是简易婚礼，婚礼就好像一碗清水般纯净透彻。新人只是找几个亲朋好友，简单吃个饭，由族中长者宣布一下，就算完成婚礼了。60年代开始有了照结婚照的方式，但和今天的结婚照片相比，当时的结婚照很简单，就是两个人的2寸黑白合影。那时的婚宴也特别简朴，一般老百姓结婚就是给亲朋好友发一些喜糖，稍微有些身份地位的人就在公社食堂里订几个菜，包顿饺子。接亲形式上，在50~60年代主要是靠步行到新房；嫁妆一般只有衣被、箱柜、盆桶，家里条件好的有部分金银首饰等；买几包糖和花生给大家吃就算过了。钱就那么点，大家都是贫下中农，有多少就都拿出来。到了70年代结婚时讲究"三转一响"，即男方要出自行车、缝纫机、手表和收音机就可以把女方接走，而女方的娘家大多配备几床被褥、脸盆和痰盂。婚礼中许多新娘是新郎骑着自行车驮到新房的。80年代流行新婚之日，主人借公共场所举办婚礼，婚礼请主婚人、证婚人、介绍人和来宾致贺词，喜主致答谢词；同时条件好些的开始用小四轮、农用卡车、小客车迎娶新娘；还有的人家要求陪"三大件"，即：冰箱、电视、洗衣机，还有柜子、桌子、椅子加在一起要多少条"腿"都是有"讲究"的。20 世纪 90 年代末至 21 世纪，生活渐渐富裕的农村青年，在房子、家具、电器、金银首饰齐全的基础上，还要大摆酒席，婚礼过程摄像，男女双方交换结婚戒指，租用豪华轿车接亲等也时有出现。但同时，也有一些青年受现代理念影响，流行旅行度蜜月活动，又称"旅行结婚"，由两人选定风景名胜线路，利用新婚假期出外旅游一次。这样做不仅节约费用，也增进了感情。

四 婚姻关系的质量和问题

婚姻质量是婚姻稳定性最重要、最直接的预测指标。随着我国的改革开放以及人民生活水平和女性地位的提高，夫妻对婚姻生活的质量要求越来越高。

从落儿岭村来看，大多数家庭的婚姻关系相对稳定，夫妻关系相对和谐。这主要表现在四个方面：一是婚姻缔结从包办婚姻转变为婚姻自主。该村在新中国成立前也和其他地方一样，婚姻由父母做主，即"父母之命，媒妁之言"，而女性则是"嫁鸡随鸡，嫁狗随狗，嫁个蟒蛇抱着走"。经过几十年的变迁，包办婚姻的现象已逐渐消除，代之而来的为自由恋爱。据统计，20 世纪 90 年代全村典型家庭婚姻自主的比例已占 80% 以上，而在 2000 年以后则上升为 98% 左右。二是婚姻满意程度较高。婚姻满意度是指夫妻双方对婚姻生活诸方面的满意程度。根据我们的访谈结果，认为自己婚姻美满而稳定的占到了 45.3%；有争吵但仍属满意的占到 38.7%；经常争吵不够满意的占 11.5%；而极不满意的只占 4.5%。三是夫妻交流程度比较高。夫妻交流程度是指夫妻之间相互交流思想、需求、意见等方面的顺畅程度。在调查中回答经常交流的占到 67%，有时交流的占 28%，很少交流的占 15%。四是夫妻之间比较关心体贴。这个调查不仅能够反映夫妻之间在精神层面的关心程度，还能够反映夫妻在行动方面的体贴程度。调查结果显示，夫妻间经常关心体贴的占到了 76.5%，有时互相关心体贴的占到了 21%，夫妻间互不关心的只占 2.5%。

落儿岭村婚姻关系的问题主要有一是婚礼操办浪费现象普遍存在。正如前文分析，婚礼所需费用逐年上升，婚宴规模大；二是婚外恋、非法同居、重婚等现象也存在。

表 10 −1　落儿岭村姻亲成员称谓表

称　　呼	俗　　　　称		自　　称
父　　亲	爸爸		男:儿子;女:丫头
祖　　父	爹爹		男:孙子
祖　　母	奶奶		女:孙女
曾 祖 父	太太		男:重重
曾 祖 母			女:重重
伯　　父	大大、父多兄的依次为大伯、二伯……依此类推		
叔　　父	大大、父多弟的依次为大大大、二大……依此类推		男:侄子
伯　　母	婶娘、大妈		女:侄女
叔　　母	小妈		
姑　　母	娘娘		
姑　　夫	姑爷		
堂哥或堂弟	哥哥、弟弟	年龄相差不大的,多直呼其名。	
堂姐或堂妹	姐姐、妹妹		
表哥或表弟	表哥、表弟		
表姐或表妹	表姐、表妹		
母　　亲	妈妈、娘、大大		男:儿子;女:丫头
外 祖 父	老爷		男:外孙
外 祖 母	老娘		女:外孙女
曾外祖父	太老爷	太太	男:重重
曾外祖母	太老娘		女:重重
舅　　父	舅舅		
舅　　母	舅姆、舅妈		男:外甥
姨	姨娘、姨妈		女:外甥女
姨　　夫	姨父		
丈　　夫	老头子		
妻　　子	老妈子		
公　　公	老公公		媳妇
婆　　婆	老婆婆		
岳　　父	丈人		女婿
岳　　母	丈母娘		
内　　兄	舅哥		
内　　弟	舅兄		
内 姐 妹	姐、妹		
妯　　娌	嫂子、兄弟媳妇		
连　　襟	现多以兄弟相称		

说明:同辈的不在"自称"栏内说明。

资料来源:村委会相关资料整理。

五 婚姻交往方式

男女双方缔结了婚姻关系以后，就结成了男女双方两大家族的关系网络。

在这一网络内部，血亲和姻亲关系交际都极为频繁。主要可分为两大类，一是喜庆交往，二是悲丧哀悼。

在喜庆交往中，结婚、贺生、乔迁、参军的饯行、升学、就业祝贺、节日拜访等都是重要的交往内容。婚礼时，村民大都要前往参与致贺。贺婚礼时，一般是带礼物或钱到婚礼者家中上礼的。上礼的轻重要视血亲和姻亲关系的亲疏而定。关系近，又是结婚者的长辈，所送礼金与礼物颇重。关系远，是结婚者的同辈与晚辈，所送婚礼的礼金、礼品则轻。朋友亦如此。在通常情况下，婚礼所送礼品多为衣料、被面、枕套、衣服、床罩及其他床上用品。也有送家具、生活用品的，各种各样的物品均有，不尽相同。除去送物，大多送礼金。送礼金时，往往都用红纸包裹起来，表示喜庆。而所送钱数，忌单数，一般都是偶数。贺礼有专人记人情账，以便日后还情，还情一般略多于来情数额。新婚第三天回娘家，叫回门，新郎同行，回门时，新郎要向媳妇娘家直系亲属行"拜礼"，届时收取拜钱，甚为隆重。

贺生时，长者的寿辰（做寿一般做六十、七十、八十大寿）是要隆重庆贺的。一般家庭做寿，近亲团聚者颇多。而大户人家、经济条件宽裕的人家做寿，则要排场一番，送礼致贺者颇多，多送寿幛、寿桃、寿酒、寿匾及其他寿礼。如今，多买生日蛋糕或送寿金——礼钱。贺生日中，小辈生日，也在此列。诸如满月、一周岁生日（抓周），十岁生日等，亲友也会来相贺。所赠礼品，多为婴儿服装、鞋帽、小被子、褥子、枕头及项圈、银锁、长命钱之类，也有送鸡蛋致贺的。如今，除带生日蛋糕或购童衣相赠，大都送礼金。这种生日，亲戚来，都要置宴席款待，以示庆祝。

在节日的交往上，春节期内的拜年，本村内，晚辈给长辈拜年，走街串户；血亲和姻亲中，给姑姑、姨姨、舅舅、外祖父母、岳父母拜年，是逢年必往，而且一直到老，直至自己的孩子长大取代自己前往拜年。元宵节前，至亲送礼品也是当地的习俗之一。端午节，血亲和姻亲间互送粽子、绿豆糕、烟酒之类的过节食品，以示亲近。

中秋节，姻亲间互赠月饼，晚辈给长辈送月饼、烟酒，这已成民间的惯例。

在悲丧哀悼的交往中，吊唁、奔丧，都是姻亲关系交往中的重要项目。吊唁者，多带挽联、挽幛、花圈、香烟、爆竹奔丧，亲戚关系越近，所送挽幛越贵重。儿女亲家、外祖父家，舅爷（三堂之亲）奔丧，都是带"锣鼓棚子"、扎"台子"（有猪头、鱼、鸡等"三牲"），以示隆重和交往的厚重程度。该村民间习俗，奔丧时，亲友中的晚辈进门，首先要在死者灵前行三叩拜礼。主家还要根据血亲和姻亲的亲疏关系，给来者佩带不同尺寸的白布，曰戴孝。送葬时，还有"路祭"风俗，即用香、烛等祭品在道旁设祭，等送葬队伍经过时在道旁叩拜。这种习俗，至今仍然有。

第二节　落儿岭村的家庭结构

家庭是人类社会的细胞，也是对人类社会产生重要影响的单位。家庭在社会的组成和发展中所起的作用和地位一直以来都受到社会学的关注。家庭是一个由家庭成员相互关系组成的网络，它是受文化背景影响中的一个小生态环境，从宏观的社会经济、文化条件到微观的社会成员的宗教信仰、社会地位、价值观、社区甚至邻里环境，都在影响着家庭的交互作用。同时，家庭结构、家庭关系的变迁也能反映并影响着社会的发展。

一　家庭规模的变迁

家庭规模主要是指家庭的人口总数。家庭人口规模的变化也会受社会宏观经济、文化环境的影响。调查显示，落儿岭村家庭规模总体呈不断缩小的趋势。该村家庭变化的总体趋势是户数不断增加、代数减少、结构类型趋于稳定简单、规模不断缩小。

20世纪50年代初中期，由于实行了土地改革，社会、生活环境渐趋稳定，生育没有控制，出生率上升，一对夫妇生育5~6个小孩很正常，多的达7~8个。同时，死亡率下降，另有不少家庭分居、立户，人口自然增长率和家庭规模较新中国成立前有大的增长，平均家庭规模为4~5人，典型家庭的规模一般 6 人左右，最多达 20 多人。如 1953 年，全村有 316 户，1450 人，户均 4.59 人。

50 年代末 60 年代初，"三年自然灾害"等导致经济困难、生活不稳定，人口出生率明显下降，死亡率大幅度上升。使得家庭户均人口规模下降到 4 人左右，人口最多的典型家庭也不超过 10 人，甚至出现个别家庭的消亡。据调查该村在 1958～1963 年的 6 年间，全村仅出生 18 人。

60 年代中期至 70 年代中期，因生育失控，该村又出现了第二次生育高潮。在生育高峰期中，家庭户均人口规模由 4 人上升到 5 人，最多的有 10 几人。据调查，1963～1969 年 7 年间，该村增加 500 多人。70 年代人口统计显示，当时该村大约有 390 多户，1890 人，户均 4.8 人。

80 年代以后，由于实行计划生育政策，人口自然增长率不断下降。同时，小家庭的比重逐渐上升，使得家庭户均人口规模日趋变小，现仅 3～4 人，人口多的典型家庭数量亦有减少。如 1992 年，全村有 538 户，2187 人，户均 4.06 人；到 1999 年，全村已有 610 户，2253 人，户均 3.69 人；而到 2006 年，全村有 826 户，3016 人，户均 3.65 人。据 21 世纪初统计，全村家庭户中，1 人户有 49 户 49 人，3～4 人户有 377 户 1314 人，7～9 人户有 7 户 54 人，分别占总农户数的 7%、56%、1%。其中有一个五世同堂的联合大家庭，人口仍超过 20 人，这是少见的。

二　家庭结构的变迁

家庭结构是指家庭成员的组合状况，它是家庭中的代际结构和人口结构的统一组合形式。按照课题组的调查问卷，我们把家庭分为 7 种结构：核心家庭，是指一对夫妇与未婚子女在一起组成的家庭；主干家庭，父母和一对已婚子女生活在一起的家庭模式。通常包括祖父母、父母和未婚子女等直系亲属 3 代人；联合家庭，是指同一代中有两对及两对以上夫妻与未婚子女组成的家庭；夫妇家庭第一类，是指从未生育子女，只有夫妇二人组成的家庭；夫妇家庭第二类，是指子女成年后，分家离开而只有夫妇二人组成的家庭；单身家庭，指家庭中只有 1 个人的家庭。落儿岭村家庭结构变迁特点主要包括以下几方面。

1. 核心家庭比例逐渐上升

该村核心家庭在 20 世纪 50～60 年代占全村农户的比例为 20%～30%，70 年代占 30%～40%。而在 80 年代至 21 世纪初，则占 50%～60%，上升了几十个百分点。核心家庭比例上升并处于领先地位的主要原因有两个。从客观上来说，大多数落儿岭村的村民经济条件比较好。年轻人成家后拥有自立小家庭的物质条件。从主观上讲，由于代际差异，两代人也愿意分家，减少矛盾。核心家庭的代际关系与人际关系相对比较简单，矛盾较少，家庭也比较稳定。现在落儿岭村只有一部分独生子女家庭中，儿子结婚后仍和父母同住，大部分家庭子女结婚后都另立家庭。

2. 主干家庭稳中有降

主干家庭是我国农业社会传统的家庭模式，现仍具有广泛的社会基础。据该村不同年份的抽样调查结果显示，该村主干家庭 1968 年占 16%，1978 年占 24%，1998 年占 18%，2006 年占 17%。主干家庭一般为三世同堂，落儿岭村地处山区与畈区结合部，其比例的变化，在一定程度上反映出两者的综合性特点。

3. 联合家庭迅速减少

由于社会条件和经济基础的变化，联合家庭已渐失其存在的基础，因此数量也迅速减少。该村联合家庭在新中国成立初比例较高，占 8% 左右，而在 1978 年下降为 4.5%，1986 年以后又进一步下降为 3%，2006 年则不到 3%。但在落儿岭村仍有四世五世同堂的联合大家庭存在。该村过去四世或五世同堂的联合家庭有 20 多户，2006 年有 10 户，其中有一户为五世同堂。五世同堂这户人家姓何，住在银盘村民组，全家有 20 多人，虽经济相对独立，但各代均未分家另住。辈分最高的为程培英（其夫已过世），89 岁。膝下有一子，名何云善，66 岁，其妻 65 岁。何云善夫妇生有四男一女，名何祥铨、何祥柱、何祥文、何祥武、何祥苹。这四男一女同外姓结婚后，生有 8 个孩子，其中一个孩子结婚后，生有一子。这五代人虽然平时大多不在一块（有的务农，有的打工，有的办厂），但逢年过节仍然聚在一起，享受天伦之乐。对外交往时，也多征求最长者程培英的意见。

4. 单身家庭数量较大、夫妇家庭数量较少

落儿岭村虽然经济发达，但由于历史原因，单身家庭的数量与比例仍较大。据 2000 年、2001 年统计，1 人户有近 50 户，2006 年还超出这个数字。这在村级家庭类型中，是比较特殊的。这些单身家庭大多是独身老年男子。

该村第一类夫妇家庭的数量比单身家庭少，这与当地的经济条件、医疗条件以及传统习俗的变化有关。在农村不生孩子的夫妇很少，受传统文化观念的影响，结婚以后家庭的最主要功能就是繁衍后代，选择"丁克族"生活的几乎没有。而第二类夫妇家庭的数量相对较多，尤其是在步入老龄化社会以后，空巢老人家庭增多。

随着老龄化社会的到来，该村老龄化家庭自 2000 年开始增多，老年人在联合家庭及第二类夫妇家庭和单身家庭中居多。老龄化家庭一般家庭成员平均年龄在 50 岁以上。

三　家庭功能的历史和现状

家庭的功能是指家庭在社会中所起的作用。它受家庭的性质和结构制约。家庭功能主要表现在生活、生育、教育、抚养、赡养、消费、感情交流、性生活、文化娱乐、政治、宗教等方面。

就落儿岭村家庭的情况看，家庭功能的变迁大致表现在以下几个方面。

1. 生产功能丰富化

在农村中，家庭的生产功能也是家庭的经济功能，是家庭起主导作用的核心功能。新中国成立以来，落儿岭村典型家庭的生产功能走过一条"加强—取消—恢复"的曲折道路。1950 ~ 1955 年，从土改、互助组到初级社，虽然生产方式没有什么大的变化，但由于农民各家或集体有了属于自己的生产资料，劳动积极性空前高涨，生产功能得到加强。1956 ~ 1978 年，由于办高级社和成立人民公社，实行"一大（大集体）二公（公有制）"，家庭自身的生产功能被取消，家庭基本上只保留为一个生活单位。1978 年以后，由于实行了农业生产责任制，家庭的生产功能又得到恢复，而且得到了更高的发展，即家庭不再是一个完全依靠土地生产的经济单位，家庭成员不再整日依附在土地上，家庭开始发展为一个能够逐步独立自主经营，不完全依靠种植作物，还可以发展商品经济生产的经济单位。家庭成员有可能部分离开自己的土地，兼营其他产业。农民的家庭收入不再仅仅依靠农业生产的收入，家庭成员不再只是务农，而是可以成为工人或其他工作人员，成为领取工资的成员。家庭的生产功能得到了丰富和完善。

2. 生育功能弱化

随着计划生育政策的实施，家庭的生育功能逐渐减弱，人口出生率下降，总人口呈现低速增长状态。调查发现，落儿岭村自 20 世纪 60 年代中期至 70 年代前期出现生育高峰后，家庭生育职能普遍减弱，尤其是 80 年代实行计划生育后，人口出生率下降。而 60～70 年代出生的高峰人群，在 90 年代前后纷纷结婚成家立户，导致家庭总数增加，家庭规模缩小。2006 年，该村有家庭 826 户，户均人口为 3.65 人，而 50～60 年代该村只有 277 户，户均 4.5 人。人口出生率下降，单身家庭明显增多，是造成家庭规模变小的主要原因。

落儿岭村农户中自 20 世纪 60 年代中后期至 70 年代前期的生育高峰期后，生育职能普遍减弱，尤其是人口特少、特富和较贫困的典型家庭，更是如此。2005 年，在全村 3000 多人口中，已婚育龄妇女 545 人，当年仅出生 11 人，这 11 人都是计划内生育，无超生情况，而典型家庭当年未见有人生育。

3. 生活功能品质化

随着家庭经济功能的增强，家庭的生活功能得到进一步强化。20 世纪 50 年代末至 70 年代中后期，该村也同全国其他地方一样，实行大集体，靠挣工分吃饭，农户生活条件普遍较差，家庭的生活职能无法高质量的体现。1978 年农业生产责任制后，先后进行了两轮土地承包，农民有了生产资料，剩余劳力还可外出打工或经商，生活水平不断提高。2006 年全村农民人均纯收入已达 3550 元。尤其是一些专业大户，经济更为富足，家庭年收入几万乃至十几万元。这些家庭分工更为科学合理，生活方式更加灵活多样，生活水平与质量也有很大提高，家庭生活功能得以品质化。

4. 消费功能强化

家庭消费功能的加强，主要表现在消费水平的不断提高。20 世纪 80 年代以前，由于实行集体经济，靠挣工分吃饭，农户生活条件普遍较差，只顾忙于养家糊口，家庭生活、消费职能不明显。80 年代后实行了家庭承包责任制，生活水平逐步提高。特别是 1987 年该村大力发展工业经济，村民在搞好农业生产的同时，进厂务工，快速带动了地方百姓发家致富，使村民的生活方式更加灵活多样，生活水平与质量大幅度提高，消费水平不断提高，家庭生活、消费职能得以充分显现。据调查，该村一般家庭生活消费支出在 1978 年为 120 元，1990 年为 540 元，2006 年已达到 600 多元。日用消费品在 60～70 年代，主要是自行车、缝纫机、手表及收音机（"三转一响"）。80 年代为黑白电视机、收录机。90 年代至今，摩托车、彩电、冰箱、洗衣机、手机等高档商品已得到普及。此外，文化消费品的购买量也逐年上升。通过走访发现，该村的消费水平在同时期远远高于周围村庄。

四 家庭关系的变化和发展

构建和谐社会的基础细胞是家庭（而不是个人），因此，在建设社会主义新农村中，构建和睦的家庭关系是一项极为重要的工作。只有使农民的经济收入和幸福指数同时增高，才能够加快新农村建设的进程。

家庭关系就是生活在一个家庭内成员之间的人际关系。家庭关系与其他社会关系相比，具有持久性和普遍性的特点，同时家庭关系也是社会性和自然性的统一，并具有多重社会因素联结，具有强烈的感情色彩。亲属关系是家庭关系的延伸。我国家庭的亲属关系大体分为父族亲属关系、母族亲属关系和妻族亲属关系三大类型。家庭关系依据主体为标准可以分为夫妻关系、亲子关系和其他家庭成员之间的关系。

1. 夫妻关系

夫妻关系是家庭成员关系中区别于血缘关系较为特殊的一种关系，夫妻关系承接上下，沟通左右，是整个家庭关系网络的轴心，是家庭机器正常运行的原动力，家庭的稳固主要取决于夫妻关系的和谐与融洽。良好的夫妻关系不仅给家庭的其他成员带来心理上的安全感和归宿感，而且还使家庭有心思和能力去照顾家庭的纵向关系，积极担负起养老扶幼的社会职能，而恶劣的夫妻关系则随时能够导致家庭的破裂。家庭关系的变化主要体现在夫妻关系的变化上。

从落儿岭村来看,该村新中国成立前也和其他地方一样,婚姻由父母做主包办,遵循"父母之命,媒妁之言",女性则只能是"嫁鸡随鸡,嫁狗随狗",没有选择余地,实质上是夫权主义,男尊女卑。新中国成立初到70年代,虽然国家提倡新型夫妻关系,男女平等,但当地的夫妻关系在一定程度上受封建思想的影响,妇女的地位虽有所提高,但真正意义上的男女平等还没有完全实现,婚姻中还存在养"童养媳"、"等郎媳"、换亲等封建陋习。在夫妻之间,一般重大的家庭事务都由丈夫说了算,妇女只能在家干干家务活,男主外,女主内。直到80年代后,随着改革开放的推进,人们思想观念的解放,社会法制的健全,夫妻平等的理念开始深入人心,夫妇间处于平等的地位。具体表现为夫妻对于共同生活中的共同事务如住所、生活方式等拥有平等的决策权,夫妻拥有平等的姓名权、人身自由权,共同承担计划生育的义务,夫妻对共同财产拥有平等的所有权、管理权、用益处分权,对子女拥有平等的监护权。

2. 亲子关系

亲子关系是指家庭中父母和子女之间的权利、义务关系。依据我国《婚姻法》的规定,父母子女关系可以分为婚生父母子女、非婚生父母子女、养父母养子女和继父母继子女四类。

从落儿岭村来看,在新中国成立初期,亲子关系虽不像封建时期的"父为子纲",但基本上还是受传统的礼仪习俗影响,子女对父母必须言听计从,传统式的等级观念和家长制占主导地位。父母对子女的抚养教育也是传统意义上的习俗礼仪、读书识字、结婚生育、成家立业。90年代以后,由于计划生育的实行,家里只有1~2个子女,父母对子女的看护比较细致,亲子关系变得轻松、随和、活泼。同时,由于社会的发展,父母对子女成才抱有很高的期望,在抚育子女方面投入的精力和财力不断加大。另有一个共性是子女一般都随父姓,父母的养老送终也都有儿子来承担,这也是我国农村自始以来都普遍存在的现象。养父母养子女和继父母继子女间的关系基本上和婚生子女没有太大的区别。

父母和子女关系中比较突出的一对关系是婆媳之间的关系。婆媳关系向来是中国人家庭关系中一个不可缺少的主题。俗话说："婆媳亲，全家和"、"多年的媳妇熬成婆"，这说明婆媳关系是中国家庭内部人际关系中最微妙、最难处的关系，更是家庭内部关系中传统难题，其融洽与否直接影响着整个家庭中其他人际关系，如夫妻关系、亲子关系、兄弟姐妹关系以及祖孙关系。在新中国成立前，婆媳关系是一种不平等的人际关系，媳妇必须俯首听命于婆母，没有独立、平等的人格尊严。"多年的媳妇熬成婆"，从侧面反映了一种妇女压迫妇女的恶性循环。新中国成立初到六七十年代，这种封建思想在一定程度上对当地的婆媳关系有影响。80 年代以后，现代家庭中媳妇有独立的社会政治经济地位，婆媳关系已基本成了一种平等的人际关系。但是也应看到，即使在今天，相处融洽的婆媳关系也并不十分普遍。这主要是由于婆媳关系在家庭人际关系中有其特殊性：它既不是婚姻关系，也无血缘联系，它是由母子关系和夫妻关系的延伸而形成的，一无母子关系所具有的稳定性，二无婚姻关系所具有的密切性。同时由于婆媳在家庭事务管理方面出现利益分歧及生活背景、生活习性不同，彼此不能接纳等诸多原因，导致婆媳关系紧张。但从访谈中得出，在婆媳关系中，儿子起着十分重要的调节作用。儿子的黏合作用如果发挥得好，可以加强婆媳之间的情感联系，反之，则容易成为矛盾的焦点，出现"两面受击"的困境。

3. 其他家庭成员关系

除了以上两对主要关系之外，兄弟姐妹关系和妯娌连襟关系是在农村家庭关系中另外两对重要关系。由于在血缘、生活环境、成长历程上的基本同一性，兄弟间情谊深厚，"上阵父子兵，打虎亲兄弟"，可以说兄弟关系是家庭关系中除夫妻关系、亲子关系外最为重要和紧密的家庭成员关系。妯娌关系即两兄弟的妻子之间的关系。连襟关系即两姐妹丈夫之间的关系。妯娌、连襟关系的好坏也直接影响着全家的家庭气氛。

从落儿岭村的调查来看，兄弟姐妹关系在各个时代基本上都能和睦相处。六七十年代，在一些兄弟姐妹多的家庭中，大小之间有的相差 20 多岁，父母死亡后，长兄则负担弟妹的抚养直至结婚成家，即"长兄为父、长嫂为母"。兄弟姐妹在结婚成家前，都共同居住在一起后；成家后，基本上分家另过。此外，在分家时，要对家产、供养父母及其他各种关系都要作出公平分配和处理，日常生活中，兄弟姐妹间互帮互助。即使偶尔因琐事发生矛盾，但在处理对外关系上或家庭整体利益受到侵害时，兄弟姐妹间还是利益一致，团结互助的。

在落儿岭村，妯娌关系相处的有好有坏。妯娌关系难相处的原因主要有以下两方面：一是互相猜疑，由于妯娌之间不像兄弟姐妹那样从小生活在一起，感情基础不深厚，互相之间的脾气、爱好、特长也不了解，容易抱有戒心，产生猜疑；二是在子女日常生活及赡养老人问题上产生矛盾。但随着各自家庭生活的独立、经济的发展、生产生活资料的丰富、生活节奏的加快，妯娌之间大都能和睦相处，友好相待。即使分家，也多是和和气气地分开，亲亲热热常来往，日常生活相互照顾，妯娌关系的融洽也使兄弟间的关系更加亲密，从而形成了和睦的家庭气氛。随着计划生育政策的推行，独生子女的增多，兄弟姐妹关系和妯娌连襟关系可能会阶段性退出历史舞台。

4. 家庭关系发展中的问题

随着农村青年初婚年龄的推迟，家庭结构的核心化，家庭关系的问题主要表现在亲子关系上。

一是父母养老问题。随着老龄化社会的来临，独生子女政策的继续推行，独生子女成年以后养老负担将进一步加重。一对年轻的独生子女夫妇要承担四位老人的养老任务。另外，随着社会流动的加速，中国农村传统的家庭养老开始面临挑战，家庭养老功能也开始不断弱化。

二是子女的教育问题。随着家长对子女教育期望的不断提高，农民家长开始重视对子女的家庭教育，但与谋求现实的家庭经济收入、提高家庭物质生活水平相比退居第二位。调查表明，各种教育费用正在成为家庭目前最重要的消费开支。在问到"重视子女教育与创造家庭收入相比哪个更为重要"时，许多村民认为还是创造财富更为重要，其理由是只有具备充足的经济收入才能保障子女受到良好的教育。绝大多数村民家长在认为家庭教育重要的同时，又在实际生活中对子女的家庭教育采取顺其自然的态度，家庭教育缺乏有效度。

五　招婿家庭与外来媳妇家庭的个案调查

改革开放以来，随着计划经济向市场经济的转型，人口流动开始加速，尤其是 20 世纪 80 年代后，政府采取了鼓励流动的政策，在流动的同时，迁移婚姻也迅速发展。在农村，省际的迁移婚姻已经成为农村婚姻模式中的重要形式之一。人口流动成为一种趋势，打工及在打工过程中形成的婚姻已经成为年轻人由经济落后地区流向经济发达地区的重要途径之一，因此，迁移婚姻的增多也是一种必然。

在落儿岭村迁移婚姻表现为招婿家庭和外来媳妇家庭。

从调查来看，2006 年，全村共有招婿家庭 24 户，从外地招来的女婿能够很快融入本村家庭的生活圈子，有的甚至成了家庭的顶梁柱。从个案 1 来看，家庭招婿的原因有三点：第一点是经济原因，落儿岭村的农民兼业多，在纸厂上班的村民同时经营田地和茶场，家庭经济条件比较好，有房产又有经济能力招婿。在招婿以后，女婿实际上就像儿子一样，彼此的关系更为紧密，可以放心把家产留给女儿女婿进行升值，并传递下去。第二点就是养老的原因。目前农村的养老模式仍然以家庭养老为主，从农村的传统来说，家庭养老又是以儿子赡养为主。招了女婿以后，就是在形式上确定了一个儿子的身份，使家庭中老人的赡养更有保障。第三点就是思想观念的原因。一方面，重男轻女的思想已经逐渐淡薄，不再有非要儿子不可的观念，而是认为"男孩女孩都一样"，周围的舆论环境也没有压力；另一方面，传统思想仍然有影响，仍然会选择"招婿"来确定把女婿当成儿子的这样一种形式，并经过这种程序以后才能觉得家产和养老有了保障。

个案 1　访谈对象：招婿户，独女户，二女结扎户

时间：2007 年 5 月 25 日上午

地点：落儿岭村三道河村民组村民家中

对象：姓名：李向齐　家属：肖本云（二女户）

　　　　大女儿姓名：李明芳　年龄 27 岁（招婿）

　　　　大女婿姓名：代光明　年龄 28 岁　落儿岭镇烂泥坳村人

2006 年 6 月 24 日出生一女孩，现已上环

小女儿 25 岁，在合肥任导游，未婚

问：家中共有几口人一同生活？

答：共有五口人生活，260 平方米的一栋楼房。

问：年收入多少？

答：本人在落儿岭村东风纸厂上班，1000 元/月，平时靠田地、木材、茶业等。

问：对招女婿如何考虑？

答：现在男孩女孩都一样，招个女婿一方面考虑养老，另一方面家产有人继承。

问：为什么没有实行奖扶？

答：第二孩生育时间隔不到两年，达不到奖扶条件。

问：家属何时结扎？

答：生了第二个孩子后自愿在家中结扎的。

问：当时思想能不能想得通？

答：那时是村里核算，本人想得通。

问：镇村两级有何奖励？

答：办理了二女结扎保险，有时村里有慰问礼品。

问：对招女婿村民有何看法？

答：生活很好，周围村民无歧视，本村像我这样的有好几户，大家习惯了，周围人对我家都很好。

问：对计生政策有何感受？

答：没什么意见，实行计划生育好啊，不然我们不会这么快过上幸福的生活。

问：你女儿可否想生二孩？

答：暂未打算，可能不想生了。

问：是否领了光荣证？

答：还没有，等正式决定了再领，我女儿、女婿他们思想很通的，我也是。

除了 24 户招婿家庭，落儿岭村共有外来媳妇家庭 7 户，其中 1 户因性格不和离婚。通过对个案 2 和个案 3 的分析，我们可以发现以下几点。

　　从婚姻的缔结方式来说，大多是通过自由恋爱结为夫妇。外来媳妇大都是与男方在同一个地方打工时相识、相恋、结婚，起初女方父母都不同意，后经过了解又都同意这门亲事。女方家长最初不同意的原因大多数是觉得山区农村经济条件不好，而深入了解了以后就会发现这个村村民大部分的经济条件都属于中等水平，娶来了外地媳妇的家庭经济条件都属于中等偏上。村庄又有良好的生态环境，具有其他地方无法媲美的优势。

　　从通婚范围上来说，女方家乡近的有江苏省，远的有广东省，大大扩大了落儿岭村的通婚半径。在影响通婚范围的诸多因素中，经济因素始终都是一个重要而活跃的变量。站在感情以外从理性的角度来分析，落儿岭村村民能吸引外地媳妇的一个重要原因就是当地居民经济生活条件的提高。另外，从个案 2 来看，优美的自然环境也是吸引外地媳妇定居落儿岭村的有利条件。在现代社会，创造一个美丽的生活家园，享受高品质的生活对社会成员来说是成立家庭首要目标。良好的自然环境正是优质生活的基础条件之一。

　　从婚姻、家庭关系来说，夫妻双方由于是自由恋爱结婚，感情基础都较好，夫妻关系也比较融洽。"迁移婚姻"型家庭关系的和谐除了夫妻关系这一核心外，该类家庭与当地社区的关系也是分析的重点。首先，当地政府要保护外来媳妇的正当权益，消除歧视。其次，社区有责任帮助迁移人员早日融入当地生活。在迁移婚姻中，对于迁入流入地的女性而言，她们有的结婚时没有户口，经济也不能独立，属于家庭中的弱势群体，在调和家庭关系时，社区应当侧重保护弱势群体的权利。帮助她们和流出地联系，解决户口问题，社区应当帮助这些家庭营造平等、温馨的家庭氛围。从落儿岭村当地来看，这些外来媳妇都能在这安家落户，融入当地群众生活当中，有的还带来了先进的观念，是该村全面现代化在家庭婚姻领域的重要体现。

个案 2　访谈对象：外来媳妇
姓名：车玲芝
年龄：23 岁

车玲芝是广东茂明人，与落儿岭镇落儿岭村陈明涛在广东打工的时候自由恋爱结婚。现有一个1岁多的小男孩子，和公婆同住，家有楼上楼下6间房，磨化石地板，中堂是毛主席肖像画，客厅两边是山水画，上有一个大吊灯，家庭装潢在农村来说算中等偏上水平，从家人的穿着以及家庭布置，都可以看出生活的较美满，小夫妻恩爱，婆媳关系和睦，邻里融洽。

　　东莞的农村生活不如霍山农村，这里山清水秀，人朴实厚道，气候适宜。当初与陈明涛恋爱时，车玲芝的家人不同意，原因一是离得远，二是小陈比小车大10岁，而且是离过婚的，与前妻有一个女儿，留给男方了。那年小车21岁，不顾家人的反对，自己先跑来了，结婚时，心情复杂，娘家没来一人，她也没要男家花钱，一切以勤俭为主，直到今年（2007年）4月才带孩子、老公一起回娘家过了半个月，娘家也认可了这个女婿，现在一个星期和家里通一次电话，也补贴娘家。生完小孩子后，因爱人原来有一个女儿了，需结扎，她一人没要爱人陪同，毅然跑到医院结扎了。原因是小车家有五口人，父母、妹妹、弟弟，当时因家穷，她只读到初中毕业就辍学了，考上中专了也没法去上，只能在外打工补贴家用，现在妹妹考上了重点大学，弟弟贪玩，不想学习。所以她对自己发誓，只生一个孩子，不能让自己的孩子走她的老路。小车思想活跃，敢说敢干，小陈有点优柔寡断，在家庭重大决策中，小车拿主意多点。家庭花钱也是两人共同商量，买衣服二人一起去。广东那边不吃辣，到这边后，炒菜时为照顾她，尽量少放辣。她长这么大也没见过雪，去年（2006年）终于见到了大雪，和我们交谈时，她感慨地说："好漂亮，好白的雪哟"，婆婆对这个儿媳赞不绝口。小车对我们说，山里人朴实、热情、厚道，准备介绍一部分人来这里落户。

　　访谈印象：媳妇车玲芝很外向，丈夫则略显内向。回答问题基本上都是由媳妇车玲芝叙述。

个案3　访谈对象：外来媳妇
姓名：施海红
年龄：1985年7月生

施海红初中文化程度，原籍江苏省生宿豫县洋北镇老庄村。丈夫朱章发，1982 年 5 月生，中学文化程度，2004 年在施海红家乡生宿豫县打工时相识相恋，并在同年年底结婚，于 2005 年 8 月生一女孩，现居住在落儿岭村大桥组，家中有五口人（公、婆、丈夫、本人、女儿），有四间砖混结构的住房。

施海红娘家姐妹三人，家庭情况一般，家庭收入较好，父母 50 多岁，均是农民，他们那里以旱地为主，主要是小麦。起初，她娘家人不同意他和朱章发的婚事，认为安徽贫穷。后来，她娘家人过来后，看到这里的条件比他们那里还好，又同意了这门亲事。施海红嫁过来后，其婆家人对她很好，家庭收入可观。

施海红一般是一年回家一次，平时主要是电话联系。每年补贴娘家 1000 元左右。

镇、村政府已经将施海红纳入了同当地人一样的管理体系，她也完全适应了这里的生活。

调查印象：夫妇两人长相、性格都较好。

第三节　落儿岭村的人口与生育

农村的现代化归根结底应该是人口的现代化。农村人口的构成是指在农村地区人口的总体中不同质的人口数量的比例关系，也即人口的组成情况，也可称为人口结构。人口是一个由许多不同性质特征个体组成的总体，这些性质特征不是互不相干，而是互相关联着，汇合成农村人口的总体综合特征。农村人口的特征包括农村人口的年龄构成、性别比构成。特定的人口构成在一定程度上反映了人口发展的趋势，也一个影响着未来的人口发展过程。因此了解农村人口构成对了解农村具有重要作用。

一　落儿岭村的人口特征

1. 性别比协调

性别比是人口构成的重要特征之一。性别比的失衡会影响社会稳定。长期以来，人口统计资料证明人类社会的男女性别比是接近平衡的。在大多数国家，出生婴儿的性别比约为每 100 个女性对 105 或 106 个男性。从中国农村整体来看，近年来由于医学水平的提高，男女性别比有越来越高的趋势。但就落儿岭村而言，截止到 2006 年 12 月 31 日，全村性别比为 97.4%，女性比重为 50.6%，这个男女性别比是比较协调的。2006 年，该村女性的初胎龄为 22.9 岁，近十年来无明显变化（见表 10 – 2）。

表 10 – 2   分年度出生性别比及初胎龄统计表

年代	出生人数（人）	初胎龄（岁）	计划生育率（%）	计划外生育数	出生率（‰）	已婚育龄妇女生育率（‰）	人口自然增长率（‰）	人口增长率（‰）
2006	20	22.9	100	0	9.06	37.17	0.45	13.59
2005	11	—	100	0	4.96	20.26	– 1.35	1.35
2004	18	22.7	100	0	8.01	34.68	0.89	5.34
2003	16	24.7	100	0	7.11	30.77	0.44	– 3.11
2002	19	23.4	95	1	8.40	36.75	0.00	1.77
2001	26	—	100	0	11.53	49.71	4.88	– 3.10
2000	18	23.9	94.4	1	7.97	33.71	– 0.89	18.59
1999	22	23	100	0	9.77	40.82	5.33	– 2.66
1998	25	24.1	100	0	10.90	45.13	2.62	– 7.41
1997	38	24.3	100	0	16.61	68.35	11.80	8.74
1996	34	23	100	0	14.97	62.39	8.37	– 10.13
1995	34	—	100	0	14.84	63.20	10.04	5.24
1994	29	—	96.6	1	12.79	55.98	4.41	9.70
1993	33	—	100	0	14.47	63.83	10.53	8.33
1992	38	—	92.1	3	16.51	74.95	11.73	10.86
1982								
1973								

资料来源：落儿岭村委会相关资料整理。

2. 人口自然增长率低

人口的自然增长是指把人的生育和死亡行为看成自然界生物活动的现象。人口的自然增长用人口自然增长率来表示。所谓人口自然增长率是指在一定时期（通常为一年）内人口自然增长数与人口总数的比率。人口自然增长率是表明人口自然增长趋势的程度指标。新中国成立前我国是一个人口高出生率、高死亡率、低自然增长率的国家。新中国成立后，由于社会经济的迅速发展，人民生活水平的提高，医疗卫生事业的发展，再加上未能清醒认识人口问题的严重性，忽略了采取全面的控制人口增长的有效措施，我国人口长期处于高出生率、低死亡率、高自然增长率的状态，人口基数过大，增长速度过快严重阻碍了社会经济的发展和人民生活水平的提高。从 20 世纪 70 年代实行了计划生育政策以后，农村的人口自然增长率才逐步控制下来。

　　从落儿岭村的调查情况来看，该村的人口自然增长率很低（见表 10 - 3），2006 年人口自然增长率仅为 0.45‰。人口总数呈缓慢下降，与 1992 年相比，到 2006 年底人口减少了 94 人，该村从 1992 年初至 2006 年末共出生人口 381 人，一孩 252 人，其中男孩 126 人，女孩 126 人，计划内 251 人；二孩 128 人，其中男孩 75 人，女孩 53 人，计划内 124 人，多胎 1 人，系男孩。从历年出生数字可以看出该村计划生育基础较为扎实，1992～2006 年底，共出生计划外 6 人，分别是计划外一孩 1 人，二孩 4 人，多孩 1 人，计划外生育率为 1.6%。

表 10 - 3　落儿岭村历年来人口构成

年度（年）	期末总人口（人）	性别比（%）	女性人口比重(%)	育龄妇女占总人口百分比	领取独生子女证人数(人)	独生子女领证率(%)
2006	2208	97.4	50.6	30.53	144	26.77
2005	2217			30.45	45	8.29
2004	2247			28.66	40	7.71
2003	2250			28.67	37	7.12
2002	2262			27.98	37	7.16
2001	2255			28.03	37	7.07
2000	2259			28.29	37	6.93
1999	2252			28.29	8	1.48
1998	2294			28.95	3	0.54
1997	2288			29.72	0	0.00
1996	2271			29.55	0	0.00
1995	2291			29.68	2	0.37
1994	2268			30.64	2	0.39
1993	2280			28.82	2	0.39
1992	2302			23.11	9	1.78
1982						
1973						

　　资料来源：落儿岭村委会相关资料整理。

二 落儿岭村的计划生育

生育是人口再生产的唯一途径。改革开放以来，我国农村人口再生产正在实现一个伟大的转变，即由人口盲目增长向控制增长，由素质偏低向素质提高的良性运行转变，农村计划生育工作已取得了显著成就。但这主要是运用行政和指令性的计划手段取得的，要继续完成这一转变还需要建立全方位的人口再生产良性运行的社会机制，即将劳动人口纳入生产力要素，并作为各种社会关系的承担者通盘规划，力求通过生产等各种社会因素反作用于人口再生产，逐步达到控制人口数量、提高人口素质的目的。人口和计划生育工作始终是中国特色的社会主义建设事业的重要支柱，30 多年的实践经验证明，推行计划生育，遏制了人口过快增长的势头，为经济发展卸掉了沉重的人口包袱，我国才得以顺利实现小康目标。全面建设小康社会，对人口数量、人口素质、人口结构提出了更高的要求，全面小康的 16 项指标中，有 9 项与人口有关。因此，人口和计划生育工作作为一项最基本的国策，在我国经济建设和社会发展中的重要作用，是无可替代的。落儿岭村已婚育龄妇女生育情况见表 10 - 4。

表 10 - 4　落儿岭村已婚育龄妇女生育情况统计表

年度（年）	已婚育龄妇女人数（人）	出生人数（人）	出生性别比	初胎龄（岁）	出生率（‰）	已婚育龄妇女生育率（%）
2006	538	20	81.8	22.9	9.06	37.17
2005	543	11	83.3		4.96	20.26
2004	519	18	125	22.7	8.01	34.68
2003	520	16	128.6	24.7	7.11	30.77
2002	517	19	137.5	23.4	8.40	36.75
2001	523	26	188.9		11.53	49.71
2000	534	18	125	23.9	7.97	33.71
1999	539	22	175	23	9.77	40.82
1998	554	25	108	24.1	10.90	45.13
1997	556	38	90	24.3	16.61	68.35
1996	545	34	70	23	14.97	62.39
1995	538	34	183.3		14.84	63.20
1994	518	29	163.6		12.79	55.98
1993	517	33	73.7		14.47	63.83
1992	507	38	90		16.51	74.95
1982						
1973						

资料来源：落儿岭村委会相关资料整理。

　　从落儿岭村的具体情况来看，自实行计划生育以来，该村人口与计划生育工作稳步发展。尤其是自 2005 年在安徽省试点奖励扶助工作以来，全村共有 5 户享受到国家的奖励扶助政策，发放资金达 3120 元/年，奖扶资金的发放受到了当地村民的欢迎，也对村级计划生育的实行起了积极的推动作用，计划生育的利益导向机制作用逐步显现。

图 10－1　落儿岭村计划生育工作稳步发展

　　首先，在组织规范上，村级成立了计生领导组，并配有一名专职计生专干。撤区并乡之后，每年与镇政府签订年度人口与计划生育目标责任书，开展半年、年终检查和平时工作稽查，认真落实计划生育"一票否决"权，奖优罚劣，兑现工作责任目标。在经常性工作中，注重把开展计生集中服务活动和平时工作相结合，有效落实了"四个轮子"一起转的工作机制，即镇驻点领导、计生干部、技术服务人员和村级队伍。

　　其次，落儿岭村的计划生育工作在实现了村民自治基础上还实现了合同管理。落儿岭村早在 2004 年全面推行了计划生育村民自治工作，成立了领导组，制定了村规民约（见材料 1），各个村民组均有一名育龄妇女小队长，负责计划生育信息的收集和上报。全村共签订计划生育自治合同 350 份，签订率 100%。

材料1：落儿岭村计划生育村规民约

为加强村委会对计划生育村民自治工作的领导，实现村民计划生育自我教育，自我管理，自我服务，自我监督，特制定本村计划生育村规民约。

一、全体村民要自觉遵守《计划生育村民自治章程》，履行《计划生育村民自治合同》。

二、严格执行《中华人民共和国人口与计划生育法》和《安徽省人口与计划生育条例》等法律、法规，提倡晚婚晚育，坚持持证生育，不得早婚、政策外生育和非法收抱养。

三、已婚育龄妇女生一孩后应在42天~3个月内落实上环措施，剖腹产生育一孩的应在半年内上环，二孩的应立即结扎。

四、已婚育龄妇女应积极主动配合月访视和一年一次查环，一年二次访视和两年一次的生殖健康服务，并向本组育龄妇女小组长如实申报每月的经情、孕情。

五、树立生男生女一样好，女儿也是传后人，男到女家落户的新观念，不做胎儿性别鉴定。杜绝歧视女婴和生女孩的育龄妇女，保护妇女的合法权益，倡导关心、爱护女孩工程。

六、18~49周岁的流动人口要办理《流动人口计划婚育证明》，已婚育龄妇女要定期寄回有效的孕（环）检信息，接受当地计生部门的生殖健康保健，流入到本组的人口要及时汇报。

七、对违反《自治章程》和《自治合同》的，村委会将取消一切优惠待遇，给予批评教育，并视情节轻重要求交纳一定数量的计生违约金。

八、村委会定期公开汇报计划生育村民自治工作情况。对举报人员要积极保护，严惩打击报复。对举报有功者，将给予一定的经济奖励。

第三，在制度建设上，突出乡村技术服务网络建设和业务工作规范管理（见材料2）。全村人口与计划生育事业迈入一个新的发展阶段，人口再生产类型实现了根本性转变，即由"高出生、低死亡、高增长"向"低出生、低死亡、低增长"转变，计划生育工作的任务已转向稳定低生育水平、提高出生人口素质。

材料2：落儿岭村计划生育孕情访视制度
——育龄妇女小队长工作职责

一、育龄妇女小组长要按章办事，规范操作，主动热情，服务周到。

二、对所管辖小组已婚育龄妇女建立健全完整的台账，分门别类地进行访视。

三、对新婚育妇，要做到婚期、经期、孕期保健指导服务，跟踪随访，送证上门。

四、对孕（环）检对象每月开展一次经情、孕情访视。

五、随时对二孩持证待育妇女做好孕情跟踪服务，并对结扎一年内育龄妇女要做到访视两次。

六、积极协助村委会对已上环的已婚育龄妇女开展每年一次查环，两次访视，并协助搞好已婚育龄妇女每两年一次的查病、治病生殖健康服务。

七、在访视过程发现计划外怀孕的要随时汇报，并积极配合做好补救工作。

八、对外出经商、务工的村民及时登记，督促其办理《流动人口婚育证明》，并送证上门。对应参加孕（环）检的已婚育龄妇女，督促落实"八个一"管理措施。

九、每月一日上报访视信息和有关报表。

第四，在宣传工作上，为了确保计划生育工作不滑坡，密切党群、干群关系，村党委开展了计划生育十上门活动，年发放宣传品近3000份，主要包括政策法规、奖励扶助、优生优育、生殖健康等相关知识，做育龄群众的贴心人、知心人，解决她们心中的难言之隐，使她们由上门做计划生育工作，变为自己主动要求采取措施。结合本村实际，开展计划生育"十上门"服务（见材料3）。

材料3：落儿岭村计划生育"十上门"服务

一、计划生育政策、奖扶政策宣传上门。

二、避孕节育、优生优育和妇女"五期"保健知识辅导上门。

三、避孕药具送上门。

四、节育手术后、孕期随访上门。

五、为节育手术并发症病人排忧解难上门。

六、独生子女奖励兑现上门。

七、致富信息、实用技术传授上门。

八、生产、生活困难照顾上门。

九、流动人口婚育证明送上门。

十、二孩生育证、生殖保健服务证送上门。

第五，计划生育协会产生了重要作用。落儿岭村计划生育协会成立于1985年，全村共有会员35人，占总人数1%，理事17人，协会领导组名单如下。

名誉会长：苏启贵

会　　长：陈庆权

副 会 长：储晓军

秘 书 长：储召霞

协会在村两委的领导下，独立开展工作，积极参与计划生育工作，为政府和群众搭起了连心桥，协会的成员都是计划生育积极分子，热心公益事业，在计生工作中起模范和表率作用。他们用自己的言行教育身边的人，通过自我教育、自我管理、自我服务，引导村民实行计划生育自治，使村级计划生育工作走上良性循环轨道。落儿岭村历年来育龄妇女落实避孕措施情况见表10－5。

表 10－5　落儿岭村历年来育龄妇女落实避孕措施汇总表

年份	育龄妇女人数（人）	已婚育龄妇女人数（人）	落实避孕措施人数（例）				已婚育妇综合节育率（％）	备注
			女性绝育	上环	皮埋	药具		
2006	674	538	213	281	2	6	93.3	
2005	675	543	226	276	2	5	93.7	
2004	644	519	234	241	3	10	94	
2003	645	520	239	229	3	2	91	
2002	633	517	250	226	4	2	93.2	

年代 （年）	育龄妇女 人数（人）	已婚育龄妇女 人数（人）	落实避孕措施人数（例）				已婚育妇综合 节育率（%）	备注
			女性绝育	上环	皮埋	药具		
2001	632	523	257	225	4	2	93.3	
2000	639	534	262	209	5	2	89.5	
1999	637	539	278	210	5	3	92	
1998	664	554	281	209	5	11	91.3	
1997	680	556	285	193	3	17	89.6	一例男扎
1996	671	545	276	176	4	15	86.4	一例男扎
1995	680	538	274	179	0	22	88.3	一例男扎
1994	695	518	271	171	4	21	90.2	一例男扎
1993	657	517	277	160	0	26	89.6	一例男扎
1992	532	507	278	148	0	14	86.8	
1982								
1973								

资料来源：落儿岭村委会相关资料整理。

第十一章 落儿岭村的养老保障[*]

当前，我国已经进入人口老龄化快速发展时期，2007 年底达到 1.53 亿人，占总人口的 11.6%。其中，65 岁以上的老年人已经超过 1 亿人。农村人口高龄化也在加速发展，据预测，到 2030 年，我国农村 65 岁以上老年人占农村人口的比例将达到 17.39%。随着农村人口老龄化、高龄化不断发展，农村青壮年劳动力向城镇的转移加快，计划生育政策的推行，家庭结构的变化，农村家庭规模的下降和家庭养老功能衰弱，农民养老问题将日益突出。

我国的《"十一五"规划建议》指出："要加快建立有利于逐步改变城乡二元结构的体制"，"建立健全与经济发展水平相适应的多种形式的农村社会保障制度。"从共享社会发展成果的角度来看，农民养老问题不仅是衡量社会发展质量的重要尺度，而且也是能否实现阶层和谐和社会结构合理化、现代化的重要条件。如何构建合理的农村养老模式，有效解决农民的养老问题，具有重要的理论和实践意义。本报告将以安徽省霍山县落儿岭镇落儿岭村为例，深入剖析农村养老保障面临的现状，存在的问题及解决的有效途径，以期为建立健全农村养老保障制度，解决好"三农"问题提供有益借鉴。

第一节 落儿岭村居民养老保障的主要措施

落儿岭村现有居民 3016 人，其中事业单位工作人员 9 人、村两委成员 3

---

[*] "落儿岭村养老保障"课题组长：辛朝惠；副组长：严方才；课题组成员：杨仕奎、夏波。

人、企业在职员工 330 人、村内自主创业者 100 人左右，务农及其他人员约 2570 余人。落儿岭村因其自身独特的经济条件、区位优势与人文环境，在居民养老保障方面取得了一定成绩，在该村范围内基本做到了"应保尽保"。下面是该村在解决居民养老保障工作方面的主要措施。

一 事业单位工作人员情况：在职人员参加基本医疗保险和失业保险，退休人员参加基本医疗保险

落儿岭村内有小学 2 所（落儿岭小学、乐道冲小学），村幼儿园 1 所，教职员工共计 54 人，其中有落儿岭村户口的 9 人（含 4 名退休人员）。由于 9 人均为全额财政拨款的事业单位工作人员，所以他们与其他事业单位工作人员一样，享受全县统一的政策待遇。具有落儿岭村户口的 5 名在职人员，全部参加了医疗和失业两项保险。基本医疗保险费按照职工个人工资总额 8% 的比例缴纳，其中，职工个人缴纳工资的 2%，单位缴纳职工工资的 6%。失业保险按照个人工资总额的 2% 缴纳，个人和单位各缴纳一半。对于 4 名退休人员，由于退休前原工作单位是全额财政拨款单位，其退休后的工资仍然由财政拨划，依据《国务院关于建立城镇职工基本医疗保险制度的决定》（国发 ［1998］44 号），他们的医疗保险费全部由原单位缴纳，不需个人缴纳。

二 村"两委"组成人员情况：统一参加了农村社会养老保险或享受养老补助

村两委是财政补贴单位，现有在职村干部 3 人。从 2005 年起，在职村干部全县统一参加了农村养老保险。具体缴费方式是采取个人缴纳与县财政补助相结合方式，缴纳标准是一年缴纳保险费 1200 元，个人每月缴纳 60 元，县财政每月补助 40 元。原村退职干部于在职时（1996 年前后）参加过原先由民政部门管理、现在由劳动保障部门（县农村社会养老保险管理中心）管理的养老保险，保险费由镇、村、个人各缴 1/3，按照个人年龄一次性缴费2000～5000 元不等。现在已经达到领取养老金年龄标准（男 60 周岁、女 55 周岁）的退职村干部，每月可以领取由县农村社会养老保险管理中心

发放的养老金 20 ~ 70 元不等。对于为创办东风造纸厂（现改名晨风纸业公司）作出突出贡献的两位老村干，由镇政府安排每人每月发放 200 元养老补助金。

三 村内企业务工人员情况:部分企业参加了农村社会养老保险或购买了若干商业保险险种

原东风造纸厂（2006 年之后改名为晨风纸业公司）有员工 330 人，具有村内户口的 300 人，外来人员 30 人。所有纸业公司职工，自 2005 年起全部参加了工伤保险。早在 1995 年 10 月，按照单位和个人相结合的方式，东风造纸厂根据逆向推算，即按照个人在到达退休年龄之后按月能够领取 200 元养老金的标准，为当时 380 名员工参加了由民政部门管理的农村养老保险，累计缴纳保险费 62 万余元。自 1997 年起，陆续有职工到达年龄标准（男 60 周岁、女 55 周岁）开始领取养老金，截至 2007 年底，共有 14 人已经开始领取养老金，现在领取的数额是每月 70 ~ 150 元不等。星宇印务有限公司有员工 30 人，全部是本村户口。公司为每位员工一次性缴纳 100 元保险费，全部参加了固定资产险与意外伤害险两项商业保险，在遇到意外事故发生并造成损失时，保险公司最高理赔金额达 6 万元。

四 务农与自主创业人员情况

在落儿岭村 3016 名居民中，务农和自主创业人员达 2670 余人；在全村 364 名 60 岁以上老人中，除 90 名退休人员（含企业）之外，从事农业生产 253 人，自主创业者 21 人。可见，这部分人的养老保障问题是该村养老工作的重点。

1. "五保户"供养情况

落儿岭镇全镇五保户 141 人，根据当地经济社会发展和各人实际情况，主要采取了集中与分散相结合的两种供养方式。落儿岭村五保户 14 人，全部采取分散方式供养。自 2007 年元月开始，五保户供养标准全部达到 1200 元以上，并通过涉农资金 "一卡式" 按季度直接发放到五保对象手中。在落实这些政策的时候，该村坚持了落儿岭镇提出的 "四个坚持" 原则：一是春荒、冬令款等救灾资金优先照顾农村五保供养对象；二是社会捐赠款物优先用于解决五保供养对象的生活需要；三是大病医疗救助对农村五保户不设起付线，实行重点救助；四是凡有农村集体经济收入的村组，每年均应安排一定资金，用于关照五保户的生活。

2. 低收入家庭养老情况

根据全县统一标准，落儿岭镇全镇扶贫在册人口955人（年均人纯收入低于625元的农村绝对贫困人口418人），其中落儿岭村贫困人口87人。

2006年根据霍山县民政局的部署与要求，落儿岭镇坚持严把"四关"，即"申请关"、"评议关"、"审核关"、"公示关"，坚持公开、公平、公正原则，完成了农村最低生活保障的评定工作，将享受低保的人群划分为A、B、C三类，其中A类为孤寡老人，B类为重病重残疾人员，C类为一般困难户。在落儿岭村全村享受农村低保的有32户、93人，A类人员每人每年享受生活补助777元，B类补助537元，C类补助357元。在管理上实行动态管理，确保应保尽保，所有低保金全部通过涉农资金专户"一卡式"发放到位。

3. 计生奖扶户养老情况

一是计生两女户或一女户：自2002年开始，计划生育两女户或一女户，由县、镇财政按每户补助300元、个人缴纳100元，计每户400元标准参加农村养老保险。至2007年底，落儿岭村计生保险户参加保险20人。二是计生奖励扶助：自2005年起，安徽省在全省所有县（市）和有农业人口的城市区，针对本人及配偶均为农业户口或界定为农村居民户口，且户口在本乡（镇）；1973～2001年期间没有违反计划生育法规、规章或政策规定生育；现存一个子女或两个女孩或子女死亡现无子女、年满60周岁的夫妇，推行农村部分计划生育家庭奖励扶助制度，每人每年奖励600元，对于其中只生育过一个独生女或独生女死亡现无子女的，在每人每年600元的基础上，另按每人每年120元的标准增发奖励扶助金。落儿岭村迄今有7人成为这项奖励扶助制度的受益者。

4. "空巢老人"养老情况

目前落儿岭村"空巢老人"约有140人，主要原因是子女外出打工或经商。他们有一部分在家看管小孩或进行农业生产经营，主要经济来源依靠子女外出务工收入，遇到困难时依靠亲戚朋友或左邻右舍帮忙照应解决。

第二节　落儿岭村居民养老保障的现实需求

目前，落儿岭村养老保障工作发展形势比较好，但仍然面临着各种新的需求。

一　需求一：现有居家养老的保障模式需要进一步完善和补充

落儿岭村老年人的养老保障在总体上算是发展得比较好的，基本做到了较低水平的"老有所养"。但就目前的形势来看，仍然存在不少的问题，具体包括以下几个方面。第一，赡养方式单一、规范性差。落儿岭村农民养老主导方式是家庭式居家养老，这种养老及赡养方式的规范性差。该村缺乏对赡养老人和处理赡养纠纷的标准和尺度，仍然是根据当地习惯、经济状况和公序良俗、村规民约，未在制度层面上确定下来。第二，赡养观念落后、稳定性差。落儿岭村这种完全居家式养老，使老年人生活质量的好坏在很大程度上取决于子女的经济水平和个人素质。第三，赡养纠纷频发、协调难。该村普遍认为"子女赡养老人是义务，老人帮助子女家干活也是义务"，一旦老人没有帮助子女做家务或者没有公平地帮几个子女做家务就容易引起赡养纠纷。村委对不赡养老人的现象也只能是事后解决，同时，村委无法监督到每家每户是否都按规定赡养老人。有时是一些赡养纠纷比较复杂，甚至老人自己都不希望村委介入，协调起来极其麻烦，而这种纠纷能否迅速及时解决，往往关系到老年人的生活状况。

二　需求二："空巢老人"物质需求得到基本满足，而精神需求需要更多关注

落儿岭村现有"空巢老人"约占全村 60 岁以上老人（364 名）的 38.5%。造成该村"空巢老人"的主要原因是：子女外出打工受空间限制、常年经商而受时间限制，没有办法照顾老人，他们中间还有相当一部分老人

除了要进行农业生产经营之外，还得承担看管小孩的职责。这样使得一部分老人要独自承担农业生产和繁重农活的压力，因此造成他们经济困难，生活水平不高；还有一些老人的经济收入主要靠子女外出务工寄回的收入，这样使得老人的生活质量随子女收入多少而变得起伏不定，加之孙辈教育成本的增大，也使得老人较好的生活质量也难以维持。当前全国都在全面建设小康社会，而全面建设小康社会是一个综合体系，这个体系不但需要全国平均水平上的小康，还需要全面提升非小康人群的生活水平，尤其是农村老人生活也要实现小康。在现实中，"重视养小的，忽视养老的"，"女儿出嫁不养老、分家过后不养老"等旧习依然存在，也不乏一些子女将赡养老人当成完全的经济义务，而非精神、经济上的双重照料，忽视了与老年人的情感交流。在人口老龄化的长期过程中，老年人出现身心衰老现象和在日渐脱离社会的情况下，老年人需要愈来愈多的精神关怀，以满足他们的精神文化需求。就该村老人而言，其关系纬度主要集中于婆媳、父子等家庭环境和邻里等村落环境，如何帮助老人处理好与之相关的人际关系，对于促进老人身心健康，减少心理压力，保持老年人的幸福感非常重要。

三　需求三：企业保险意识比较薄弱，职工参保面需要进一步扩大

按照国家有关政策规定，企业职工应当参加养老保险、医疗保险、工伤保险和生育保险四项保险，但是落儿岭村不仅存在尚未为职工办理保险的企业，在已经为员工参加保险的企业中也存在参保面不全的问题，职工参保总体发展不够平衡。具有一定规模的部分企业（如晨风纸业、星宇印务等）为员工参加了保险，但是参保种类不全，尤其是在企业打工的外来员工参保的极少，离参保率100%差距极大。如晨风纸业只为职工办理了工伤保险和农村养老保险，星宇印务只为员工办理了固定资产与意外伤害两项商业保险。一些企业经营者保险意识较为淡薄，把依法为职工参加社会保险看作是一个额外负担，给职工参保当作是一种"恩赐"，往往去选择那些对自己近期有利的险种，且多数都是慑于行政的指令，很少积极主动参加保险。部分企业职工的保险意识不强，特别是外地职工由于保险关系异地迁移上的障碍和思想认识上的短期化，参保的积极性也不高。

四 需求四：社会化养老意识不强，个人参加社会保险比例过小

在落儿岭村完全以居家养老的模式下，社会型养老方式势必相当缺乏且发展缓慢。这当然有宏观层面的原因，由于我国劳动保障体系建立的比较迟，从新中国成立后到 1986 年都没有实行养老、失业、医疗等保险制度，也没有建立起完善的退休制度，直到 1987 年才正式开展了养老和医疗两项保险。2003 年农村社会养老保归口劳动保障部门之后，农村社会养老保险业务重新开展起来。

但是由于各种主客观原因的影响，村民对社会保险的认识也比较模糊，许多人不知道为什么要参加保险，对保险的种类分不清，不知道自己适合参加那些保险，而且很多人将农村社会养老保险与那些商业保险视为等同，不了解社会养老保险与商业保险的区别，致使他们参保投保意识淡薄且思想顾虑较重，怕政策不稳，这些都严重影响了他们的参保积极性与主动性。例如：纸厂在 1995 年为职工办理了农村养老保险，原先预期参保人在退休之后能够每月领取养老金 200 元，但由于保值增值政策的落实不够，加上银行利率的变动，现在符合条件职工每月只能领取 70～150 元不等的养老金。也就是说，由于农村社会养老保险政策的调整，导致参保人员实际领取的养老金与当初承诺条件相差太远，严重挫伤了农民继续参加社会养老的积极性。

由于各种原因，除 20 世纪 90 年代结婚登记时必须参保（约有 300 人参加了金额为 200 元的农村社会养老保险，后来民政部门停办了这项业务）、东风纸厂员工 1995 年集体参保、退职村干 1996 年集体参保、2002 年开始对计划生育两女或一女户参保（2007 年底 20 人）、2005 年全县统一为在职村两委成员参保之外，迄今为止，落儿岭村村民个人参加农村社会养老保险人员只有 3 人。在商业保险方面，以村内自主创业为主的个人参加商业养老保险 110 人左右，参加健康医疗险种约 1200 人，参加意外伤害等险种约 1000 余人（包括中小学生）。可见，无论是农民个人参加农村社会养老保险现状，还是农民个人购买商业保险现状，都远远不能满足该村村民养老的现实及未来需要。

五　需求五：集中供养场所建设滞后，无法满足老人不同养老需求

随着计划生育政策的实施，独生子女增多，依靠子女养老的传统模式越来越不适应现实生活和农村养老的需要。村里老人们大多数生活在基本温饱水平，日常生活中还面临诸多问题：自己独立生活的人，体力和经济压力很大；靠子女供养的易受子女经济状况、道德品质的影响，缺乏稳定性；选择独居或子女外出的"空巢老人"，大多精神需求得不到满足。符合集中供养条件的老人有集中供养的需求，但是落儿岭村所在落儿岭镇有敬老院一所，但是该敬老院现状与该镇经济社会发展状况、与老人的多种物质文化需求不相适应，主要表现为院内面积不大、设施不完备、卫生状况不好、管理服务人员不足、接纳能力过小等。此外，该村还没有福利中心、老年公寓性质的机构，无法满足那些不符合"五保"标准、但希望集中生活的老人的养老需求。所以，随着社会经济的发展，家庭养老模式弊端也逐步显现，加强集中供养场所的建设，满足不同层次的社会养老需求，是今后养老工作必须注意的一个重点。值得一提的是，这项工作的滞后，其中一个重要原因在于社会养老工作缺乏相应的法律制度支撑，所以，加强对社会养老方面的制度设计和法规建设，对于推动农村社会养老工作，也显得尤为关键。

第三节　落儿岭村养老保障的多元化体系建设

一　弘扬尊老、敬老传统美德，强化家庭养老功能

我国是一个具有几千年优良传统的文明古国，尊老爱幼的传统在华夏数千年历史中孕育、诞生、并传承下来。历史上，我国的老年赡养是以孝为核心在家庭内部进行的。当前，家庭养老也是中国农村最普遍的养老方式，是绝大多数老年人对养老方式的理想选择，也是中华民族传统美德的具体体现。无论现在还是将来，家庭始终是老年人生活的主要场所，家庭在养老中发挥着最主要的基础性作用。因此强化家庭养老功能，使广大老年人能在家庭中有所养、有所医、有所为、有所乐是解决养老问题的关键所在。

一是要在全社会大力弘扬尊老敬老的传统美德。深入开展农村敬老模范村、敬老模范户、"五好家庭"和"好媳妇"先进典型评选活动，使尊老敬老的传统美德进乡村、进家庭、进学校、进课堂，把优良传统一代一代传下去。要使社会成员都懂得：老人的今天，就是我们的明天。在全社会形成强大的敬老爱老舆论氛围，真正使农村老人在晚年享受到天伦之乐，亲情之乐，孝心之乐。

二是要在农村提倡签订"家庭赡养协议书"，把赡养老人的有关问题写入村规民约，将关心、帮助、赡养、照料贫困老年人作为全社会的共同责任落到实处。

三是发挥农村老年协会、计生协会、共青团、妇联等基层组织对家庭养老和尊老敬老传统美德的宣传引导，采取多种形式，从多方面有效保障老年人的基本生活和合法权益，促进代际和谐、社会和谐。

二　政府保障，财政扶持，积极推进新型农村养老保障制度

党的"十七大"报告提出，"更加注重社会建设，着力保障和改善民生"，"努力使全体人民学有所教、劳有所得、病有所医、老有所养、住有所居。""老有所养"正成为社会关注的焦点，尤其是在农村，由于农村老年人口的比重大，使得农村既面临原有老人的养老问题，又面临新增老人的养老问题。再加上青壮年人口从农村外迁，使农村老龄化程度高于城市，农村养老问题显得尤为突出。十届全国人大常委会第三十一次会议决定"国家逐步建立和完善城镇居民基本医疗保险、农村养老保险和新型农村合作医疗制度"。建立农村社会基本养老保险制度既是统筹城乡发展，建设社会主义新农村，改善民生的社会建设工作，也是关系广大农民切身利益，维护社会和谐和国家长治久安的重要举措。

一是强化政府保障作用，明确公共财政责任。温家宝总理在 2008 年的政府工作报告中明确提出，"鼓励各地开展农村养老保险试点"，新农保运行模式的一个鲜明特点，是政府对农民的参保予以补贴，在缴费机制方面实行个人交费，集体补助和财政补贴相结合的筹资方式，明确了公共财政的责任。安徽省马鞍山市在实施新农保过程中，村、乡镇、县均按照参保人缴费额给予一定的补贴，补贴金额全部进入参保农民的个人账户，有效地调动了

农民参保的积极性。我们认为，落儿岭村在实施农村居民养老保险和企业职工退休人员养老保险制度中，应抓住当前有利时机，按照新农保实施方案，对农民参加养老保险加大财政投入力度，对农民参加养给予政策扶持，允许从乡村公益金、乡镇企业利润或集体积累中出一部分资金给予补助，具体标准由政府确定，以调动农民和企业职工参加保险的积极性。

二是加大宣传，增强农民社会保障意识。充分利用各种媒体、采取形式多样的方式，宣传农村社保的政策，提高农民的养老保险意识，使农民真正意识到社会保险是养老的可靠保障。

三是要加大财政扶持力度。"低水平，广覆盖"的新型农保需要政府对农民参保予以补贴，加大财政投入力度。调整财政支农资金的支出结构，将部分扶贫和补贴资金直接用于农保制度建设，引导、扶持和激励农民参保，逐步建立农民参保补贴制度。

四是要分类指导，积极探索建立多形式、多层次的农村养老保险制度。对原参加农村养老保险的企业职工要按照新农保有关政策适应调整，做好养老保险的续保工作；对农村计划生育家庭，特别是独生子女户和双女户，要创新养老模式，逐步解除农民实行计划生育的养老之忧；探索建立失地农民的养老保障制度，使他们的生活水平不因征地而降低，养老不因失地而失去依托，长远生计有保障。

三　建立健全农村养老救助体系

当前我国以城乡低保制度为基础，以农村五保供养制度、灾害紧急救助制度、医疗救助、流浪乞讨人员救助为主要内容，以住房救助、教育救助、司法援助相配套，以临时救助制度为补充，与慈善事业相衔接的城乡社会救助体系已基本建立。建立健全农村社会养老救助制度对于解决农村养老问题具有重要意义。根据落儿岭村和我们调研的实际情况，当前，在建立社会救助体系上，应着力解决好几个问题。

一是要适应变化，建立五保供养救助标准动态调整机制。要认真研究建立救助标准随经济社会发展水平的提高而相应提高的机制，让困难群众能共享改革发展的成果；要认真研究建立救助标准随物价变化而相应调的机制，保障困难群众的基本生活水平不因物价上涨而降低，以实现救助标准的科学化和制度化。

二是要逐步将低保边缘群体纳入救助范围。一些得不到任何救助的低保边缘家庭生活更为困难，要根据各地的不同情况予以解决：在经济条件比较好的地区，将低保之外的救助制度延伸或是覆盖到低保边缘家庭，使他们能够享受到医疗、住房、教育等专项救助，实现救助行为从低保家庭到边缘家庭的平缓过渡；在经济条件不太好的地区，高度重视建立健全临时救助制度，对低保边缘家庭遇到的突出困难给予一次性的临时救助，切实帮助他们渡过难关。

三是积极探索建立农村高龄老人、贫困老人的生活保障和社会救助制度。对经济负担较重的农村残疾、特困等特殊群体给予一定的财政补贴和优惠政策；对无法参保、无法养老的高龄老人由政府财政给予一定的养老补贴，积极改善老年人的生活，使他们的养老需求得到基本保证。落儿岭村经济发展条件较好，建议能比照有关市县做法，探索解决好高龄老人、特殊困难群体参加农村养老保险救助办法，使他们的基本生活有保障，享受到公共财政的阳光普照。

四　以村为基础，以乡镇敬老院为依托，建立村级老人服务站

按照中国的国情与习惯，一般把 80 岁及以上老年人称为"高龄"老年人。落儿岭村 60 岁以上的老人 364 人，其中 60～70 岁 214 人、70～80 岁 119 人、80～90 岁 30 人、90 岁以上 1 人。随着年龄的增加，老年人各种生理机能日益衰退，生活自理能力也越来越差。让老年人晚年养老有所保障，生活祥和愉快，精神上得到慰藉，提高生命质量，是建设社会主义新农村、构建和谐社会的一个重要任务。落儿岭村地理位置优越，有一定的经济基础，建议以村为基础，以镇敬老院为依托，建立村级老人服务站。村级老人服务站主要任务和服务内容是对孤寡老人、贫困老人、"空巢老人"提供一定的生活照料、护理、精神慰藉服务，让他们得到党和政府及社会的关心照顾，享受到符合其自身特点的扶助服务。其服务方式和做法，我们有如下设想。

一是利用当前镇敬老院扩建的好时机，尽量把分散供养的五保老人收养入院，提高集中供养率；对分散供养的五保老人，要做到有人照料，基本生

活有保障；对不愿与子女住在一起的贫困老人，应由子女分担入院生活的费用，使他们有饭吃、有衣穿、有病能及时治疗。确保贫困老人有个稳定的生活来源和舒适的生活环境，实现提高老年人生活质量和生命质量的目的。

二是对孤寡、贫困、"空巢老人"中自理能力差的，请钟点工和老人结对，服务内容主要是提供看护或是护理、家庭卫生清扫、洗衣做饭等；对孤寡老人、贫困、"空巢老人"中自理能力较好的采取志愿者低偿服务的方式，服务内容主要是帮助老人做家务及陪老人聊天等；对孤寡、贫困、"空巢老人"中有工作单位的（退休）主要采取志愿者低偿服务的方式，服务内容以丰富老人的精神生活为主，如果家庭确实困难，村委会可根据实际情况为其申请合适的扶助方式。

三是护理服务人员主要由村委会、老龄协会、妇联、共青团负责组织党员、青年、学生、妇女、志愿者为老人义务结对服务。

四是村委会、老年协会负责摸清村内贫困孤寡老人的具体情况，建立服务对象档案，掌握他们的收入、身体状况和服务需求，指导村服务站有针对性地开展为老人服务工作，不断提高为老人服务的水平。

第十二章　落儿岭村农村合作医疗制度的演变

诺斯说，"历史在起作用。"现在的及面向未来的选择决定于过去已经做出的选择。经济的和社会的变迁不是骤然发生的，而是许多因素长期累积的结果。要理解现在、展望未来，就要重新认识过去。[①] 农村合作医疗制度作为具体历史时期的产物，它的发展和演变深深印刻着时代的痕迹。从 2006 年 12 月开始，课题组历时近 3 个月，深入落儿岭村，通过走访 20 余名老村干、老村医和 50 多位村民，对落儿岭村新中国成立以来的合作医疗的演变情况进行了深入细致的调查。

第一节　从"自我保障"到"集体保障"（新中国成立初期～1978 年）：传统农村合作医疗制度的缘起与发展

"合作医疗"一词最初是指合作起来"办医"，在缺少医疗服务供给的情况下，人们自发筹集一些资金，把医疗（点）办起来，使居民在生病的时候有地方求医。学术界对"合作医疗"的理解是历史的，传统农村合作医疗制度是指 20 世纪 50 年代以来随人民公社化发展起来的一种解决农村居民基本医疗卫生保健服务的制度，这种制度以政府组织、集体经济扶持和参加者互助共济为基础，基本采取自愿、受益和适度的原则。[②] 它的起源最早可追

---

① 卢现祥：《新制度经济学》，武汉大学出版社，2004，第 30 页。
② 景琳：《农村合作医疗实用手册》，四川科技出版社，1998，第 5 页。

溯到 1938 年的抗日战争时期，在边区政府的组织下，靠农民"凑份"的方法兴办了诸如"保健药社"和"医药合作社"等医疗机构，为一定范围的人群提供相应的医疗服务，这被视为合作医疗的萌芽。①

新中国成立初期，由于推崇公有制，取消了市场，实行了计划经济，以党和国家的力量管理政治、经济和社会领域。实行了保证就业、福利与工作制度相结合，国家与集体提供各种设施和生活资料等手段，造成了一个史无前例的由国家、集体包揽人民需要的局面。虽然社会主义国家没有使用"福利国家"来形容这一时期的福利制度，但实际上，社会主义推出了比西方福利国家全民福利模式更为彻底的社会革命。这种社会主义国家实行的福利模式被称为"结构福利"，其特点是把福利制度融合在社会基本结构之中，由国家保障人民全部的需要，体现最大限度的公平，提供最高水平的服务，而在实践中要落实这种普遍性的制度福利却很不容易。② 在严峻的国内外政治经济形势下，国家不得不按照城乡有别的福利模式来配置有限资源，缺乏医疗保障的广大农民开始自发解决农村缺医少药的公共问题。

一　村内医疗设施

在新中国成立初期，落儿岭村没有村卫生室，落儿岭大队成立有"联合诊所"。因为处于原落儿岭公社中心地带，故"联合诊所"相当于现在的落儿岭镇卫生院，发挥着落儿岭镇卫生院的功能。当时的"联合诊所"医疗设施简陋，仅有房屋 4 间，除外科室单设外（其实也就开展一些简单的清创伤、缝合等简单手术），其他为全科医疗、中西医并诊。医疗设备简单，仅有体温表、血压计、注射器、煮沸消毒用锅、中药橱、简易西药柜、拈槽、中药切药刀等。

20 世纪 70 年代以后，由王建材牵头组建了真正意义上的属于落儿岭村的村（大队）卫生室。有土墙瓦房 6 间，主要的医疗设备也只是体温表、血

---

① 王洪漫：《大国卫生之难：中国农村医疗卫生现状与制度改革探讨》，北京大学出版社，2004，第 3 页。

② 黄梨若莲：《"福利国"、"福利多元主义"和"福利市场化"探索和反思》，《社会保障制度》（中国人民大学报刊复印中心特稿）2001 年第 1 期，第 18～22 页。

压计、注射器、煮沸消毒用锅、中药橱、简易西药柜、拈槽、中药切药刀等。虽较过去并无多大改善，但为本村自行筹建，为村（大队）合作医疗打下了较为坚实的基础。

二 医务人员概况

在新中国成立初期，落儿岭村有医务人员 10 名，他们基本上都是中医学徒出身，在"联合诊所"的医务工作中也有明确的分工，分别从事药物收购、外科、中医和财务管理等工作。在 20 世纪 70 年代末，落儿岭村已先后有医务人员 11 名，他们的学历和职务见表 12 – 1 所示。

表 12 – 1 20 世纪 70 年代落儿岭村医务人员概况

姓 名	性别	学 历	职称	职 务	其 他
王建材	男	中医学徒		合作医疗负责人	
陈明翠	女	"五·七干校"一年制卫生班毕业		负责中药房	
项兴国	男	中医学徒出身		从事外科工作	现有乡村医生证书
义玉先	男	中医学徒出身	中药师	从事药房工作	
余立功	男	中医学徒出身，安徽医学院进修 1 年		从事外科工作	后任落儿岭镇卫生院院长
陈继勋	男	中医学徒	中药师		
储长松	男	中医学徒		卫生员兼财务	
张友堂	男	中医学徒		1983 年后担任合作医疗负责人	
汪祥玉	女			卫生员兼财务	
陈晓林	男	中医学徒		卫生员期间，被推荐到安徽医学院进修	现计生服务妇幼保健总站临床医生
储诚武	男	中医学徒出身，后于 1960 年 9 月毕业于巢湖卫校中医专业		曾任落儿岭镇卫生院副院长	1985 年曾获村委颁发"在合作医疗战线上，全心全意为人民服务，工作成绩显著，深受群众信任"的奖状，1986 年被卫生局授予"先进工作者"。1989 及 1995 年、1996 年，先后三次被落儿岭镇党委评为优秀共产党员

三 管理形式与实施办法

在"集体保障"之时，落儿岭村成立了以王建材、张友堂、余克俭等同志为主要领导和成员的合作医疗办公室，负责合作医疗的筹资、报销、管理等工作。村管理办公室以村为单位实施合作医疗，参照当时国家有关政策及外地经验，并结合当地实际，制定了具体实施办法。筹资标准按每人每年交纳1元，不足部分由集体经济补贴；确定了相当于现在的医保范围内的免费病种及药物。在此范围内的病种及药物，在村卫生室就诊，无论是门诊还是住院治疗，费用全免。其经费来源主要是免费范围外疾病的诊断与治疗收费，同时用于大病救助。凡是医保范围内的大病，在外住院的医疗费用均报销70%。

当时的合作医疗对解决农民"看病难"的问题上发挥了巨大作用，初步缓解了农民缺医少药的状况。如在1973年，当时41岁的村民吴子英在安徽医学院附属医院进行子宫全切术，治疗总费用为1143元，回来后凭发票在村合作医疗办公室报销了800元。此类救助在当时的落儿岭村已是比较规范。

第二节 从"集体保障"到"市场化保障"
（1978～1990年）：传统农村合作
医疗制度的解体

十一届三中全会后，中国的改革首先在农村启动，随着农村家庭联产承包责任制的实施，以及政社合一的人民公社和生产大队的解体，农村经济结构和组织结构发生了一系列重大变化，除了保持土地的集中所有权以外，其他权能都以承包的形式转给了农民，农村集体经济组织逐步解体。这一时期，落儿岭村的绝大多数集体经济处于"空壳"状态，已经不具备给农民提供生产、生活服务的能力。原来轰轰烈烈的农村合作医疗制度，因为失去了赖以生存的经济基础，受到严重的冲击，出现了急剧滑坡衰退的局面。

国家对农村生产与分配领域行政干预的减弱使合作医疗失去了政治上的强制威力，落儿岭村的合作医疗也由之前的强制性集体保障转为自愿性市场化保障。自费医疗再次成为落儿岭村主导地位的医疗制度，广大农民重新陷入了"因病致贫、因病返贫"的恶性循环困境。

现实使我们开始反思，究竟是什么力量主宰着农村合作医疗制度的兴衰沉浮？为什么繁荣于经济徘徊不前、生产热情压抑的"文化大革命"时期的合作医疗，却在农村生产力大大解放、经济实力大大增强、农民收入显著提高的改革开放时期迅速解体？纵观落儿岭村合作医疗的历史变迁，我们认为，任何制度的产生与发展都有着深厚的历史根源，都与当时的社会特征相适应的，而一旦这一制度环境和既往的社会特征不复存在，制度本身也就不可避免地遭遇生存危机。

首先，从外部环境来看，集体经济的解体和家庭承包经营制的推行使合作医疗成了"无源之水"。一方面，资金来源有限；而另一方面，支出却无法控制。形成于计划经济时期的合作医疗弘扬的是免费和低收费的医疗服务，在集体财政补贴减少甚至没有、国家也不补助的情况下，合作医疗也是"巧妇难为无米之炊"，财务渐渐收不抵支，最终难以维持下去。同时，改革开放时期是一个特殊的时期，许多新思想、新理念还有待人们进一步去探索和再选择，这一时期，无论是中央还是地方，都在经济、政治、思想和文化等各个方面经历着一系列变革，人们容易肯定一切和否定一切，如同其他事物一样，合作医疗没有得到正确的认识，没能给予实事求是的评价，被认为是"文化大革命"的产物，在"文化大革命"结束后，自然也就没有存在的必要了。

其次，制度本身存在内在缺陷性。如果说合作医疗的覆灭源于其经济支撑的集体经济组织力量的弱化，那么，我们很容易想到强化集体经济力量以重振合作医疗的雄风。显然，这一观点是不正确的。形成于政治高度统一之下的合作医疗制度本身存在很多不足，在新中国成立之际，合作医疗制度作为一个新事物，在设计和实施上无经验可循，后来的发展历程说明，这一制度至少在三个方面存在不合理因素：①筹资主体缺位。失去集体经济组织的扶持之后，一致认为合作医疗的经费主要来源于农民，国家在财力上对合作医疗却没有投入，但向农民集资不如从集体公益金中提留容易，使得合作医疗的筹资能力下降。②补偿重点错位。由于农村经济发展和收入差距的拉大，农民的医疗需求开始向多层次发展，当农民的医疗保障问题不再是"缺医少药"的状况，"保小不保大"的传统合作医疗也就越来越缺乏吸引力了。大多数农民认为，小病即使不参加合作医疗也能看得起，真正给他们带来经济负担和需要补偿的是大病医疗的高额费用。③统筹层次不高。无论是"村办村管"、"乡办村管"还是"乡办乡管"，合作医疗一般都是以村为单位集资，这种低层次的医疗保障基金规模小，互助共济能力差，从而影响了农民参合的积极性，加大了筹资难度。

正是在制度环境的急剧变迁和制度本身的内在缺陷双重因素下，传统的合作医疗制度最终走向消亡。

第三节　从"市场化保障"到"制度化保障"（1990年至今）：农村合作医疗制度的恢复与重建以及新型农村合作医疗制度的确定

不可否认，传统的农村合作医疗制度对于落儿岭村农民改善农村卫生状况、提高农民健康水平以及由此引申对维持社会安定、实现农村可持续发展具有重要意义，由于它的历史价值，加上它对政府财政没有依赖性，从民间到政府部门，都对传统的农村合作医疗制度充满赞誉之情和浓厚的"依恋情结"。尽管由于制度环境的影响以及传统农村合作医疗本身的制度缺陷及其对环境的适应性，它最终走向瓦解，但"合作医疗不成功并不代表农村不需要卫生保障制度，我们面临的问题是具体制度的选择问题"。① 20 世纪 90 年代初，落儿岭村已有 90% 的农民自费医疗，"小病拖，大病扛"已经成为广大农民应对疾病风险的无奈选择，农民因病致贫现象十分严重。如何建立新时期的农村医疗保障制度的问题无法回避地摆在了当地政府的面前。在没有更好的制度出现之前，人们自然会想到已实施几十年的合作医疗制度，恢复

---

① 王洪漫：《大国卫生之难：中国农村医疗卫生现状与制度改革探讨》，北京大学出版社，2004，第 346 页。

和重建农村合作医疗制度又一次成为政府化解农民疾病风险、满足农民对医疗保障需求的制度选择。

　　而从 20 世纪 90 年代开始，中央政府也不断对恢复和重建合作医疗做出指示。1991 年 1 月 17 日，国务院批转卫生部等部门"关于改革和加强农村医疗卫生工作的请示"，明确指出，要"稳定推行合作医疗保健制度，为实现'人人享有卫生保健'提供社会保障"。1993 年，中共中央在《关于建立社会主义市场经济体制若干问题的决定》中提出，要"发展和完善农村合作医疗制度"。1994 年，国务院研究室、卫生部、农业部与世界卫生组织合作，在全国 7 个省 14 个县（市）开展"中国农村合作医疗制度改革试点及跟踪研究工作"。1996 年 12 月，中共中央、国务院召开新中国成立以来第一次全国卫生工作会议，会上再次强调合作医疗对于提高农民健康、发展农村经济的重要性。1997 年 1 月，中共中央、国务院在《关于卫生改革和发展的决定》中提出"积极稳妥地发展和完善合作医疗制度"，"举办合作医疗，要在政府的支持领导下，坚持民办公助和自愿参加的原则。筹资以个人投入为主，集体扶持，政府适当支持"，"力争到 2000 年在农村多数地区建立起各种形式的合作医疗制度，并逐步提高社会化程度，有条件的地方可以逐步向社会医疗保险过渡。"

　　至此，重建农村合作医疗制度的努力达到高潮。1999 年 4 月 ~ 2001 年 4 月，在霍山县中荷扶贫项目办的支持和上海医科大学顾杏元教授及安徽医科大学胡志教授等专家的指导下，中荷扶贫项目办在落儿岭镇进行合作医疗试点，以镇为单位实施合作医疗。当时推行的是合医合药风险福利型模式，以户入保，人均筹资 23 元，中荷扶贫项目办人均资助 9 元（五保户、特困户人均资助 32 元），县、镇财政各支持 1 万元。从 1999 年 4 月开始实施，其基金使用比例为医疗基金 80%、防保基金 10%、风险基金 5%、储备基金 3%、办公费 2%。补偿方案为：村卫生室门诊补偿 20%；镇卫生院门诊补偿 20%、住院补偿 40%；经同意转县级及县级以上医院治疗的住院病人补偿 35%（门诊病人不补偿）。

　　此次的合作医疗试点得到落儿岭村农户的积极响应，农民参合率达 90% 以上，合作医疗取得了较好成效，具体表现在以下两个方面。

一　农民看病难和看病贵的问题得到初步缓解

实施合作医疗后，农户的患病就诊率明显提高，达到87.9%，明显高于基线调查的75.68%；未就诊率降低，只有12.1%，低于基线调查的24.32%。尤其是农村妇女的患病未就诊率只有17.5%，明显低于基线调查的25.19%，农村妇女的健康得到保障；参加合作医疗经济状况较差的农户患病就诊率提高，达到79.6%，明显高于经济水平较差的未参加合作医疗农户的就诊率；参加合作医疗的农户患病住院率为6.6%，高于未参加合作医疗农户3.5%的患病住院率，略高于基线调查农户的6.26%的患病住院率，也高于全国农村3.1%的平均水平。农户的基本医疗保障状况得到了有效改善，基本达到合作医疗的预期目标。

二　农民对合作医疗有了初步的认识，为后来实施新型农村合作医疗打下了基础

从当年的调查资料中我们可以看到，当时的农户对落儿岭村合作医疗满意的占77%，认为补偿及时的占96%，认为每人23元的筹资标准太高的有310户，占53%，认为筹资额不超过每人20元较为合适的占95%，对医生的服务态度满意度为88%，表示合作医疗对家庭有帮助的占64%，表示愿意参加下一年合作医疗的农户占84%，不愿意参加的农户主要原因是经济困难，占28%。

但由于种种原因，此次合作医疗试点工作到2001年被迫停止。农民的看病问题再次成为制约他们经济发展和安定生活的重要障碍，如村民张盼盼（化名）家，本来一家5口人（父母、妻子、女儿）生活，有山、有田、有地，有桑、有茶、有果，一家人辛勤耕耘，2004年全家毛收入为17000元。不说是小康，生活也算得上宽裕。但自2005年初，张盼盼患上肾病，开始在镇卫生院诊治，10多天时间花了近4000元医药费。因镇卫生院技术力量和设备有限，后转诊县医院。20多天过去，又花了近15000元，因肾功能衰竭需做透析而转诊安徽医科大学附院。两年下来，家里的积蓄不但用尽，还在外筑起了近10万元的债台。这在农村可不是个小数目，尤其是张盼盼还要继续治疗下去。治愈已不大可能，上高中的女儿将面临辍学。这对张盼盼

一家来说，无疑是灾难性的、甚至是毁灭性的打击。而像张盼盼家的现象在当时的落儿岭村群众中也绝非是个案。

农村合作医疗制度的恢复重建工作陷入艰难困境，要解决广大农民的求医看病问题，必须寻找新的办法，简单地重复过去，是没有出路的。

自 2007 年元月起，霍山县全面实施新型农村合作医疗。以户为单位参加，个人每年缴纳 10 元，国家、省、县每年给每位参合农民配套 40 元，落儿岭村有近 95% 的农户参加。落儿岭镇还成立了新型农村合作医疗工作领导组，从乡镇财政所、卫生院抽调 2 名人员，成立了乡镇新型农村合作医疗管理办公室，挂靠财政所，由乡镇分管领导任合管办主任，负责该镇的合作医疗日常工作。具体的住院医药费用报销比例见表 12－2。

表 12－2　住院医药费用报销比例

单位：%

医院类别	起付线	报 销 比 例			
		起付线~2000 元	2000~5000 元	5000~10000 元	10000 元以上
乡镇医院	150 元	60	70	70	70
县级医院	400 元	40	50	60	60
县外医院	500 元	30	40	50	60

新型农村合作医疗共设九种可报销慢性病：①高血压（Ⅱ级以上）；②心脏病伴心功能不全（Ⅱ级以上）；③糖尿病（饮食控制无效）；④肝硬化（失代偿期）；⑤脑出血、脑梗塞恢复期；⑥慢性支气管炎伴肺气肿（失代偿期）；⑦恶性肿瘤门诊放化疗；⑧慢性肾炎伴肾功能不全（失代偿期）；⑨艾滋病、结核病、职业病（除其他途径报销以外的个人承担部分）。慢性病门诊医药费用不设起付线，对参合年度内发生的慢性病门诊费在 500 元（包括 500 元）以下的，一律定额补助 150 元；超过 500 元的部分，按照 40% 报销比例计算，全年最高不超过 2000 元的报销补助。慢性病患者住院医药费用和门诊医药费用分别计算，慢性病门诊报销和住院报销补助累计不能超过 18000 元的报销补助。

育龄妇女到定点医疗机构（或定点分娩点）分娩，凭生育证、出生证按平产定补每人 200 元、剖宫产定补每人 400 元。

家庭账户资金，用于支付在合作医疗定点医疗机构发生的自付医药费用，按人均 5 元记入家庭账户资金，以户为单位使用，超支不补，余额可结转使用，不得提取现金，不冲抵下年度新型农村合作医疗应交纳的资金。

第四节　农民参加新型农村合作医疗的需求分析

对于现实的存在的人来说，"他自己的实现表现为内在的必然性，表现为需要。"[①] 无论是出于本人意愿还是受外界因素影响，农民最终选择参合，一定是出于某种需求。在新型农村合作医疗制度中，农民有哪些需求？这些需求如何实现？这是我们所关心的。

一　现金补偿需求

不难看出，落儿岭村的新型农村合作医疗工作在上级的正确领导下，工作稳步推进，管理日趋规范，给参合农民带来了经济上的不同程度受益。但是，由于处于探索和试点阶段，新型农村合作医疗在实践中不可避免的问题还寄希望于能够进一步解决。在落儿岭村，大致有"大病统筹＋家庭账户"和"大病统筹＋门诊慢性病"等补偿模式。同时，还规定参合农民享有分娩定额补偿，以及一年内未获得任何补偿的农户可以选出家庭中一名成员参加免费健康体检等，越来越多的参合农民获得了实惠。但是"大病统筹"不同于传统的合作医疗，前者是参保者多而受益的人少，后者是参保者多而受益的人也多，这必然意味着缴费农民中绝大多数得不到任何实惠，而参加新农合的农民既希望生大病时能够多报销，也希望生小病时得到相应的报销，以满足不同程度的现金补偿需求。但是在基金总量不变的前提下，受益面和受益水平是此消彼长的，在实地的访谈中，我们也听到有些被访者认为新农合补偿比不高，有的认为报销比低，有的则认为起付线高，其实，无论是低报销比、高起付线，还是高封顶线，都说明参合农民的现金补偿有限，而对于

---

① 马克思、恩格斯：《马克思恩格斯全集》（第 42 卷），人民出版社，1979，第 129 页。

一些贫困户来说，尽管得到一部分的现金补偿，剩余的自付费用也是难以承受的，因此，这还需要民政部门的医疗救助加以扶持。

能否在提供较高受益面的同时提供较高的受益水平，首先取决于是否具有一个相对稳定并且不断丰厚的资金来源，否则有关现金补偿的设计都是空话。而实际上，中央财政正在按比例的加大对新型农村合作医疗的投入，在参合基金总量不断增加的前提下，我们愿意相信农民的现金补偿需求能够得到更好的满足。

二 卫生服务需求

参加新型农村合作医疗，农民可以享受医疗服务，实现健康或病情减轻，满足卫生服务需求。

当前落儿岭村的医疗服务能力还不能有效满足参合农民的医疗需求，医疗设备、技术和人才还不够充裕，服务能力和服务质量也不高。不仅在落儿岭村，在霍山县 16 所乡镇（中心）卫生院和 27 个卫生所中均存在医疗用房紧张问题。在现有业务用房中，42% 以上为 20 世纪 70 年代以前所建，房屋破旧、地处偏僻。在全县乡级 23601 平方米的业务用房中，危房占 26.7%，危房面积达 6300 平方米，医疗用房亟待改建。全县 9 所中心卫生院，按省农村卫生院建设配备标准，设备拥有率占 50% 的仅有 2 个中心卫生院，在 7 所乡镇卫生院和 27 个卫生所中，多数卫生院，特别是卫生所几乎没有医疗设备，服务手段非常落后，即使有少量设备也存在陈旧、老化，与现代医疗卫生事业发展极不相称；大部分乡村卫生所，目前仍以听诊器、血压计、体温表等"老三件"施诊，远远不能满足农村群众的基本医疗需求。农村居民就近、就地解决看病问题没有得到很好解决，看病难的问题依然存在。据落儿岭村住院人次分布情况显示，绝大多数的住院病人在县级及县级以上医院住院。

"重治轻防"的模式在一定程度上可以满足农民因生大病而产生的医疗需求，但却无法满足农民的预防保健需求，而实际上，很多农民的大病也是由小病拖成的，由不良的生活和卫生习惯养成的，从这一方面来讲，预防保健需求更应该被首要满足。但是鉴于长期以来农村医疗卫生服务的缺位已给农村居民带来了严重后果，在新农合试点初期，首先解决农民因病致贫的问题是迫于现实中的一种正确路径选择，今后随着试点的逐步深入，应适当提高新农合的预防保健功能。

三 尊重需求

长期以来，在中国的政治经济活动中，农民是处于弱势地位的，随着农民经济收入的相对提高、教育的普及以及民主意识的觉醒，这一状况已经得到很大改观，农民的经济权益和政治权力正在取得进步。参加新型农村合作医疗，农民的尊重需求期望能够得到满足。

不难看出，这项制度的设计和实施从根本上是"以农为本"的，是切实考虑到农民的现实需要的。实施新型农村合作医疗的落儿岭村已建立起由农民代表参加的新农合监督委员会，委员会充分尊重群众代表的意见，认真研究农民提出的问题并予以解决，对合作医疗的基金的运行情况进行全程监督，建立村级公示制度，负责向农民提供咨询服务，及时处理投诉和举报事件。

通过农民代表的参加，新型农村合作医疗制度真正体现了农民在合作医疗中的地位，反映了广大农民的心声，尊重了农民的选择。

结语 发展乡村工业 建设美丽家园

束学龙

落儿岭村从原来的一个偏僻贫困山区小村，逐渐发展成为远近闻名的"亿元村"、先进村，所走过的路历尽艰辛，但关键的一点就是落儿岭村两委班子能够认真结合村情实际，大胆调整发展思路，确定并始终坚持把工业及民营经济作为发展农村经济、建设社会主义新农村的突破口，以村办工业的大发展带动全村经济社会的大跨越、基础设施的大改观、农村社会的大和谐和新农村建设的大提速，走出了一条山区小村建设社会主义新农村的新路子。可以说，落儿岭村新农村建设之路，是一条不断探索、不断创新之路，更是一条迎难而上、持之以恒之路。

一 突出工业主导，加速经济发展

20 世纪 80 年代初，村两委一班人大胆决策，转变思路，决定把村级工作的重心由传统农业转到大力兴办村办企业上来，并创办了第一家集体企业东风造纸厂，拉开了村办工业的序幕。20 多年来，村两委始终坚持发展工业不动摇，通过一届又一届的接力发展，村办工业从无到有，从小到大、从弱到强，工业生产也从手工到机械化、自动化，工业总产值、利税逐年递增，成为全市乃至全省发展村办工业的典型。党中央、国务院作出建设社会主义新农村的重大决策后，村两委决定以村办工业的大发展，加快新农村建设步伐。在村办工业有较好基础的前提下，仍然把发展工业作为工作的重中之重，紧抓不放，全村现有村办集体和民营企业 18 家，2007

年工业总产值 1.08 亿元，销售收入 1.18 亿元，初步形成了以造纸为龙头，集彩印、包装于一体的纸制品生产、加工、包装的主导产业链和产业集群。村办工业的快速发展，使本村许多劳动力从农业生产中解放出来，到企业工作，闲置土地通过合理流转逐渐向大户集中，更加便于机械化生产，大大降低了农业生产成本，提高了农业生产效益。同时，带动了人流、物流、信息流、资金流的快速集聚，有力地促进了交通运输、商贸流通、餐饮住宿等第三产业的发展和农村城镇化进程。工业经济的迅猛发展，也大大增加了村级集体收入，大幅增加了农民收入，真正实现了生产发展、生活宽裕。

二 切实加大投入，改善基础条件

随着村办工业的不断发展和村级集体收入的不断增加，使得改善村级基础设施的必备条件成为可能。一方面，村办工业在自身发展过程中，都投入一定的资金，加大水、电、路等基础性工程建设。另一方面，村两委每年都从村级集体收入中拿出部分资金用于基础建设，现有的 6 条村组主干路都实现了路基硬化，其中两条主干路已建成水泥路面。村级饮用水工程投入使用，全村 70% 的农户用上了清洁卫生的自来水。村级生活污水处理站投入运行，有效地解决了群众生活污水问题。农贸市场正在改建，省级新农村示范村建设项目——落儿岭村农民活动中心也已动工，广大村民的购物、休闲、娱乐、健身等活动将会更加便捷。同时，大部分村民通过在村办企业上班，增加了家庭收入，纷纷按照村庄建设规划翻盖新房，现在全村 70% 以上的农户住上了楼房。同时，围绕实现"四化"即硬化、净化、绿化、美化，"四改"即改路、改水、改厨、改厕和"三清"即清垃圾、清污泥、清路障的目标，进一步加大村容村貌综合整治力度，彻底治理"散、脏、乱、差"现象，全面改善村民生活条件和居住条件。尤其值得一提的是，村两委还一直十分注重生态文明建设，村内所有企业都做到节能减排，清洁生产，其中晨风纸业公司，不仅转变生产方式，变原材料造纸为进口木浆和回收废纸造纸，而且投入 1400 多万元，建成大型污水处理厂，其排放废水全部达到国家规定标准以上水平。另外，全村上下还积极推广建沼气池，用太阳能，建生态家园，实现了村容整洁。

三 坚持统筹兼顾，促进农村和谐

村两委在抓经济发展的同时，始终坚持统筹兼顾，全面发展各项事业，着力构建社会主义和谐新农村。村两委出资为在职和离职的村两委干部购买了养老保险，对五保户由村集体出资分散供养，村办企业都为职工参加了养老、意外伤害等保险，40%村民自己购买了养老保险，已有 32 户 93 人享受农村低保，27 人享受计生保险和奖励扶助，全村社会保障体系逐步健全。全村现有农业户口人员全部参加新型农村合作医疗，享受农村大病统筹政策，切实解决了看病难、看病贵的问题。积极改善办学条件，对本村子女考入大学的均给予一定的奖励，大力开展农民职业教育和技能培训，培育新型农民。建立村级有线电视网，实现村级广播全覆盖。建立村级文化活动室，不断加强农民思想道德教育和群众性精神文明创建活动，重大节日都组织开展群众性文化活动。深入开展十星户、文明户评选活动，成立村级红白喜事理事会，引导广大村民移风易俗、新事新办。加强村级治保和调解组织建设，深入开展矛盾纠纷排查和社会治安综合治理，做到了所有矛盾纠纷不出村，全村上下民风纯正、邻里和睦，多年来未发生一例治安、刑事案件，广大村民的安全感明显上升。一系列务实有效的举措，使落儿岭村的各项社会事业得到了全面进步，全村上下和谐安宁，广大村民安居乐业，实现了乡风文明。

四 加强群众监督，实现管理民主

村办工业发展了、村级集体收入增加了，如何约束村两委班子成员自身权力和行为呢？怎样才能使村两委的决策和部署，特别是村民最为关心的村级财务问题，置于广大村民的监督之下呢？面对这些问题，在镇党委、政府的指导下，村两委决定把村级所有的决策和工作全面置于广大村民的监督之下，实行阳光操作。村两委完善了村民自治章程、村规民约、财务管理、

"一事一议"等制度，强化村务、财务管理的监督约束机制，坚持用制度规范村干部行为，发动和依靠广大村民共同管理村内事务，维护村内秩序，增强广大村民的自我管理、自我服务、自我教育的能力和水平，引导村民依法正确行使民主权利。由村民自推自选成立村级公益事业建设管理委员会，具体负责村级所有公益事业的项目选择、资金运作、项目管理、质量把关和管护机制落实等工作，使村内公益事业建设更加贴近村民。村两委和村干部定期向广大党员和村民代表述职，通报工作，接受监督，听取意见。多年来，村两委所有工作都公开透明，没有一个村干部因村民不满下台，广大村民真正成为村里的主人，干部真正成为村民的公仆，干群关系水乳交融，实现了管理民主。

建设社会主义新农村，是中央统揽全局、着眼长远、与时俱进作出的重大决策，更是新时期"三农"工作的重中之重。透过霍山县落儿岭村立足实际，因地制宜，走以村办工业为突破口的建设社会主义新农村之路，我们可以看出，无论自身条件如何，只要思路正确，真抓实干，就一定能把社会主义新农村建设好、发展好。从中我们可以得出许多值得参考借鉴的工作思路和方式方法。

1. 坚持因地制宜，建设美丽家园

全国各地农村的村情实际千差万别，建设新农村不可能有统一的模式。发展方向、发展项目和发展突破口选择的是否准确，事关新农村建设的前景和后劲，更关系到新农村建设的成败。因此，坚持立足实际，因地制宜，根据当地经济发展的现状和特点，充分运用自身优势，选准适合自己的发展思路，并坚持一以贯之抓好落实，是建设社会主义新农村的前提。新农村建设的重点是发展农村经济，因此一定要大力推进全民创业行动，扩大农民创业空间，优化农民创业环境，搭建农民创业平台，激发农民创业热情，吸引更多的外出务工人员回乡创业或二次创业，大力发展农村非农产业，引导农村生产要素向农村第二、第三产业集聚，农民向非农产业转移，这是一条大多数村都可以走的新农村建设之路。

2. 坚持不断创新，完善新农村建设体制机制

在新形势下建设社会主义新农村，就必须充分发挥市场的导向作用，运

用市场手段引导生产要素的合理流动和有效配置，不断完善各项体制机制。要产业联动，完善村级经济发展机制。坚持以市场为导向，调整农村经济结构，从单纯经营传统农业转向农工商综合经营，以村办工业为依托，以高效农业为基础，以商贸服务业为纽带，形成第一、第二、第三产业协调发展的农村经济新格局。要城乡互动，完善城乡一体发展机制。围绕统筹城乡发展，加快建立改变城乡二元结构的发展机制，进一步消除制约城乡发展的体制性障碍，打破城乡壁垒，促进城乡资源要素的合理流动和优化配置，努力改变城乡发展差距过大的状况，推进城乡经济良性互动和一体化进程。要加大投入，建立资金稳定增长机制，坚持"多予少取放活"的方针，大力调整国民收入分配格局，扩大公共财政覆盖农村的范围，完善各项惠农政策，建立有利于农业农村发展的财政投入机制，为新农村建设提供更多的资金。

3. 坚持村民自治，使农民真正当家做主

建设社会主义新农村关键在人，必须着力抓好村级基层组织建设。要全面推进民主选举，建立健全村民委员会直接选举制度，将决定村干部去留的权力真正交到广大村民手中，真正把思想好、作风好、有本领、群众信得过、能带领群众致富的人选为新农村建设的带头人，同时要不断提高村干部的政治素质和驾驭市场经济的能力，使村两委成为带领群众致富、建设社会新农村的坚强堡垒。要紧紧围绕服务群众这个中心，切实发挥农村基层党组织服务群众、凝聚人心和农村基层自治组织协调利益、化解矛盾、排忧解难的作用。坚持村务政务公开等公开办事制度，保证基层群众依法行使选举权、知情权、参与权、监督权等民主权利，真正让农民当家做主。

4. 坚持多方支持，营造新农村建设的强大合力

建设社会主义新农村是一项庞大的系统工程，涉及方方面面，必须整合各方面资源，调动全社会积极性，发挥各行各业的创造性，整体联动，合力推进。要充分发挥各级各部门的主导作用。各级各相关职能部门是建设社会主义新农村的领导者、组织者和指挥者。注意工作方法，把握工作力度，把工作重心向农村倾斜，把服务领域向农村延伸，依托组织优势和政策导向，

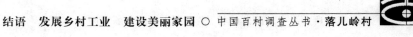

为建设新农村创造条件、搞好服务，形成部门之间密切配合、通力协作、共同支持新农村建设的强大合力。要充分发挥广大农民群众的主体作用。农民是建设社会主义新农村的直接受益者和主要力量。要采取行之有效的方式，深入宣传发动，让广大农民充分认识新农村建设的目的、意义，了解新农村建设的政策措施，明白新农村建设与自身利益的关系，进一步启发自觉性、调动积极性、增强主动性、发挥创造性，使新农村建设成为广大农民的自觉行动。要充分发挥社会各界的促进作用。动员社会各界和方方面面以多种方式参与支持新农村建设，努力营造全社会关心、支持、参与新农村建设的浓厚氛围，迅速掀起建设社会主义新农村的高潮。

附录 1　农村居民家庭访谈问卷分析

第一节　基本信息：家庭与人口

2006 年 11 月至 2007 年 2 月，本课题组对落儿岭村 826 户家庭，3016 名人口进行了结构式抽样调查。获得有效问卷样本 230 份，并对其进行了多方位的统计分析。分析这些问卷的目的是为了获得所反映的信息，从量上更加精确地认识落儿岭村的社会经济结构，发现落儿岭村人在当今社会变革中的观念意识和行为模式特征。同时，由于调查问卷是直接沿用总课题组即由中国社会科学院统一设计的原问卷，该问卷涵盖内容全面，通过对问卷信息的分析能够在质上更加深入的把握落儿岭村的社会经济结构现状。

当然，在试调查中我们就发现，由于问卷内容很多、分量很重，被调查者很难自始至终集中精力于问卷上的问题。因此，丰富的问卷内容客观上增加了调查的难度，影响了调查信息的可信度。为了尽量规避调查误差，我们没有在全村作普遍调查，而是在全村 826 户家庭中选取了 230 户家庭。为了尽可能提高样本群体对总体的反映程度，课题组成员与村支书按照不同家庭规模、不同收入等维度进行了慎重的分类选取。为了增强样本的效度，230份问卷分别来自 230 个不同的家庭，即回答问卷的个人来自不同家庭。为了避免方言造成沟通不便，我们从霍山师专挑选了 30 名当地学生，进行了为期一周的调查员培训后，作为我们本次调查的主要入户调查员。

本次问卷采用的是户访形式，问卷涉及 230 个家庭，占到这个村总家庭数（591 户）的 38.9%。在我们的分析中，把这 230 个家庭看为一个整体，根据从中获得的信息，来概括这些家庭的基本情况，包括家庭结构和人口特征。并将通过这一样本群体推断全村总体特征。

一　家庭结构

本次户访问卷所涉及关于家庭结构特征的信息是较为完整的。通过问卷，我们可以分别从家庭类型分布、家庭人口规模、家庭夫妻对数分布和家庭代数分布四个维度描述该村的家庭结构。

首先，问卷结果表明，在户访问卷所涉及的 230 户中，核心家庭的比例最高，占到了 46.1%；排在第二位、第三位的是联合家庭和主干家庭，分别有 58 户、26 户，占 25.2% 和 11.3%；在夫妇家庭中，有子女但不住一起的占了 2.6%；而排在最后的是单身家庭，只有 3 户人家。从结果中我们不难推断，核心家庭、联合家庭、主干家庭是该村最主要的家庭类型（见附表 1-1）。值得提出的是，随着社会变迁的加速，农村家庭"小型化"的呼声渐高，但是，从该村来看，较为传统的家庭类型分布变化不大，该村的农民参与现代工业化中，大多通过"离土不离乡"的形式。这也是该村村办集体企业发展早，本地农民的合作化经济水平高带来的影响之一。

附表 1-1　问卷中家庭类型分组分布

单位：户，%

家庭类型	核心家庭	主干家庭	单亲家庭	联合家庭	夫妇家庭 1	夫妇家庭 2	单身家庭	其他
户　数	106	26	8	58	6	11	3	12
百分比	46.1	11.3	3.5	25.2	2.6	4.8	1.3	5.2

资料来源：本次调查，下同。

其次，从家庭人口规模来看，在调查的 230 户中，人口最多的户有 9 人，人口最少的为 1 人，户均规模为 4.27 人，标准差为 1.349 人，这表明实际的家庭规模差别不是很大。附表 1-2 是家庭人口规模的分布特征，从中可以发现，大多数的家庭人口规模在 2~6 人之间，尤以 4 口、5 口人居多，分别占到被调查户数的 29.6% 和 27.8%。

附表 1 - 2　问卷中家庭人口规模分布

人口数	1	2	3	4	5	6	7	8	9	合计
频数（户）	2	20	42	68	64	24	5	4	1	230
百分比（%）	0.9	8.7	18.3	29.6	27.8	10.4	2.2	1.7	0.4	100

　　第三，从家庭代数分布来说，比例最大的是 3 代人组成的家庭，占到了 55.2%。其次是两代人组成的家庭共有 74 户，占到 32.2%。值得深思的是有 4 代人、5 代人组成的家庭的比例加起来有 5.2%。由此可以初步推断出该村人口老龄化趋势已经凸显。据调查，该村在 20 世纪 60 年代、70 年代四世、五世同堂的联合家庭有 20 户以上，几世同堂的家庭模式代表了乡土社会的典型特征，但现代社会的不断发展，逐渐在一定程度上冲散了曾经的"四世同堂"。到我们调查的 2006 年"四世同堂"只剩下 11 户，五世同堂的仅剩 1 户（见附表 1 - 3）。

附表 1 - 3　问卷中家庭代数分布

代　数	1	2	3	4	5	合计
频数（户）	17	74	127	11	1	230
百分比（%）	7.4	32.2	55.2	4.8	0.4	100

　　最后，联系上述种种特征来看，存在于同一个家庭中的夫妻对数应该以一对到两对为主，事实上也是如此，我们从附表 1 - 4 中可以看到，在 230 户调查家庭中，60% 以上的家庭有一对夫妻，33.5% 的家庭有两对夫妻。

附表 1 - 4　夫妻对数

夫妻对数	0	1	2	3	4	6	合计
频数（户）	5	140	77	6	1	1	230
百分比（%）	2.2	60.9	33.5	2.6	0.4	0.4	100

二　人口特征

　　首先，从性别结构来看，问卷中回答者的性别结构为：男性 125 人，占

54.3%；女性有 105 人，占回答者的 45.7%。在此需要说明的是，从村委会的统计材料我们可以得到该村的实际人口性别比为 97.4%。

其次，从年龄结构来看，问卷回答者的年龄均在 18 岁以上，人数集中于 30~60 岁，这也是为了使问卷信息更加有效而作的年龄控制。同时，参加问卷访谈的 60 岁以上的老年人也不少，占到了 18.7%（见附表 1-5）。这是因为该村老人参与问卷回答的热情大部分也比较高，更愿意回忆往事并对现实和过去都状况都有切身的体会。

附表 1-5　问卷中回答者的年龄结构

年龄（岁）	18~20	21~30	31~40	41~50	51~60	60 以上	合计
人数（人）	3	11	58	62	56	43	230
百分比（%）	1.3	3.9	25.2	26.9	24.3	18.7	100

最后，从回答问卷的人口的文化结构来看，落儿岭村历来重视教育，文化教育年限与普通农村相比偏高。根据上文的分析我们知道，问卷回答者的年龄偏高，尤其是 60 岁以上的老人比例很高。而在受教育年限中，未受教育者只有 33 人，即文盲的比例占调查人数的 14.3%。而受教育年限在 7~9 年（即初中文化程度）所占比例最高，达 32.2%；进一步计算可得，初中以上文化程度的共占 45%（见附表 1-6）。

附表 1-6　问卷回答者受教育年限分组分布

年限（年）	0	1	2~3	4	5~6	7~9	10~12	13~16	合计
人数（人）	33	4	21	5	63	74	27	3	230
百分比（%）	14.3	1.7	9.1	2.2	27.4	32.2	11.7	1.3	99.9

为了更为精确地了解问卷中人口的受教育程度的基本特征，我们对性别和受教育年限进行了交叉统计。统计显示，总体来说，男性的受教育程度高于女性。在未受教育人口的数量上女性 26 人远远大于男性 7 人。而在受 5 年教育以上的人口中，男性则占大多数，比如，受了 7~9 年教育的男性有 47 人，女性只有 27 人；但在超过 10 年受教育年限的人数中男女差距又开始

缩小，比如，受 10～16 年教育的人口中，男性 16 人，女性 14 人（见附表 1−7）。我们可以推断，受教育年限短的大都属于年龄较大人群，而在这一人群里，女性的受教育程度低是一个可以理解的现实。

附表 1−7 "性别 ＊ 受教育年限" 相关分析

性别 ＼ 年限	0	1	2～3	4	5～6	7～9	10～12	13～16	合计
男	7	4	10	3	38	47	14	2	125
女	26	0	11	2	25	27	13	1	105
总计	33	4	21	5	63	74	27	3	230

第二节 兼业农民：劳动与就业

劳动就业是个人一生中最主要的行为选择，而一个社会的职业结构是否合理也是一个社会和谐的重要标志之一。我们的户访问卷设计了主业、主业从业方式、主要职务以及第一兼业等几个指标，以便深入了解落儿岭村民的劳动与就业状况。我们将在本节根据这几个指标对被调查人口的劳动与就业状况进行统计分析。不过，在此首先要说明的是，230 份问卷并未能提供每户每个人的劳动就业的完全信息。因此，我们的统计分析是结合对村干部的访谈材料和村委会提供的有效数据进行的。

第一，从家庭从业人口入手分析。在问卷调查时，我们了解到劳动力的多少是影响一个家庭经济收入的重要因素。劳力最多的家庭有 7 人从业。当然有这么多劳动力家庭的比例是很小的，在调查的 230 户中也只有 1 户（见附表 1−8）。在调查的有效数据中，可以发现，调查一半以上（65.6%）家庭的从业人口都是 2～3 人，有 5 个劳动力的家庭有 4 户。没有劳动力的家庭一般是孤独老人家庭。

附表 1−8 调查问卷家庭从业人口分布

从业人数（人）	0	1	2	3	4	5	7	合计
户数（户）	7	52	116	35	15	4	1	230
百分比（%）	3.0	22.6	50.4	15.2	6.5	1.7	0.4	99.8

说明：百分比合计中的 99.8% 是由于计算中四舍五入误差造成，可忽略 0.2% 的计算误差，下同。

第二，从家庭主业来看，问卷提供的有效数据共有 734 个，即共统计到 734 个人的劳动就业信息。统计分析表明，落儿岭村人的劳动结构呈现多样化的特征。从附表 1 - 9 中，可以看出，在 734 个劳力中，从事工业的人口最多，有 237 人，占到了调查总数的 32.28%。这个数据充分验证了这个村的集体工业比较发达，访谈村支书得知，该村确实有近一半的劳力都在东风纸业等集体股份制工厂或私营企业里工作。在调查数据中，有 91 人种粮，占调查人数的 12.4%。对这一数据需要作出说明的是，在家种粮的多为一个家庭中的老人或妇女。并且，种粮也只是为了保证家人的口粮。以家庭为单位来研究的话，主业为种粮的家庭已经很少了。

附表 1 - 9 问卷调查家庭人口的主业分布

主 业	人数（人）	百分比（%）	主 业	人数（人）	百分比（%）
种 粮	91	12.39	教育文化	18	2.45
经济作物种植	4	0.54	科技卫生	2	0.27
渔 业	3	0.41	家 务	89	12.13
林 业	1	0.13	赋 闲	34	4.63
牧 业	7	0.95	服务业	39	5.31
工 业	237	32.28	乡村管理	5	0.68
建筑业	12	1.63	上 学	61	8.31
运输业	21	2.86	其 他	50	6.81
商 业	60	8.17	合 计	734	99.95

第三，分析家庭主业的经营方式我们可以发现，落儿岭村的家庭主业的经营性质是多种多样的。其中以"集体单位"为主业的有 59 户，占据了重要位置，达到 25.7% 的比例；个体经营的户数也达到了 56 户，占总调查数的 24.4%，这与该村为镇政府所在地，并且在一般村民组之外还包括一个街道社区是分不开的；选择"其他"的比例也不低，达到了 17.4%，我们分析认为，该村仍有一部分劳动力外出打工，而填写问卷的均为留村人员，在无法确定的情况下，很多问卷的答题者就会选择"其他"这一选项；责任田承包有 35 户，而家庭规模承包的仅有 5 户，由此可以印证，该村种粮户中

绝大部分都是为了维持家庭的日常口粮，大多家庭都有兼业支撑。以"国有单位"工作为主业的有 10 户，仅占 4.3%（见附表 1-10）。

附表 1-10　调查中主业经营方式分布

经营方式	责任田承包	个体经营	合作经营	家庭规模承包	私营	国有单位	集体单位	其他	合计
户数（户）	35	56	6	5	19	10	59	40	230
百分比（%）	15.2	24.4	2.6	2.2	8.3	4.3	25.7	17.4	100.1

附表 1-11　问卷调查家庭人口的第一兼业分布

兼　　业	人数（人）	百分比（%）	兼　　业	人数（人）	百分比（%）
种　　粮	36	12.2	科技卫生	1	0.3
经济作物种植	12	4.1	家　　务	79	26.7
林　　业	20	6.8	服　务　业	13	4.4
牧　　业	1	0.3	乡村管理	2	0.7
工　　业	41	13.9	商　　业	9	3.0
建　筑　业	5	1.7	其　　他	68	23.0
运　输　业	9	3.0	合　　计	296	100.1

第四，就第一兼业的情况而言，我们可以得到 296 个人的有效信息。具体包括：种粮 36 人，占 12.2%；经济作物种植 12 人，占 4.1；林业 20 人，占 6.8%；牧业 1 人，占 0.3%；工业 41 人，占 13.9%；建筑业 5 人，占 1.7%；运输业 9 人，占 3.0%；科技卫生 1 人，占 0.3%；家务 79 人，占 26.7%；服务业 13 人，占 4.4%；乡村管理 2 人，占 0.7%；商业 9 人，占 3.0%；其他 68 人，占 23.0%。从这组数据，我们可以得出以下两个结论：一是该村兼业人数多。我们调查了 230 户家庭，得到 296 个人的兼业信息，平均每户有 1.72 个兼业；二是该村兼业种类多。从附表 1-11 中可以看到，这些兼业包括了农业、工业、商业在内的至少 13 个种类。

第三节　从业收入与家庭收入

自改革开放以来，落儿岭村居民收入和财富不仅有空前的增加，而且收入来源日益多样化。全村整体经济水平得到较大幅度的提高，中等收入者的比例大大增加，同时极端贫富差距也愈来愈大。在本节，我们将先以个人为单位考察黄湖劳动者从业收入状况，然后以家庭为单位考察家庭的支出分配格局。

一　以个人为单位分析从业收入结构

我们通过问卷调查中获得了落儿岭村的 482 个劳动者的个人从业收入信息。需要说明的是：在回答收入这一敏感问题的时候，回答者多呈保守姿态。据村委会相关人员估算，当年村里人均年收入能够达到 4000 余元。鉴于该村的实际情况，本书把年收入为村人均水平 50% 以下，即 2000 元以下的劳动者，定义为低收入者；把年收入达到村人均水平约 5 倍以上，即 20000 元以上定义为该村的高收入者；其他定义为中等收入者。从统计结果表明，被调查者的主业收入多处于中等水平，即年收入在 2000 元以上，20000 元以下的人数比较集中，共有 391 人，占到总调查者的 80% 强。值得注意的是，虽然中等收入者占到了绝大部分，调查者中的极端贫富差距仍旧较大，比如一些孤老残疾的村民一年只有 200 元收入，而高收入者最高年收入能够达到 250 万元。调查中，较低收入者（收入在 1000 ~ 1900 元之间）有 34人，占调查人数的 7.2%；极低收入者有 28 人，占调查人数的 5.9%；较高收入者（收入在 2 万 ~ 10 万元之间）有 19 人，占调查人数的 4.0%；极高收入者（收入在 10 万元以上）有 2 人，占调查总数的 0.4%（见附表1 – 12）。

附表 1 – 12　问卷调查中个人主业收入分组分布

年收入（百元）	0 ~ 9	10 ~ 19	20 ~ 49	50 ~ 90	91 ~ 110	111 ~ 190	191 ~ 200	201 ~ 300	301 ~ 999	1000 以上	合计
人数（人）	28	34	86	171	76	45	21	10	9	2	482
百分比（%）	5.8	7.0	17.8	35.5	15.7	9.3	4.3	2.0	1.9	0.8	100

二　以家庭为单位分析收入格局

以家庭为单位的收入、支出分配格局也是我们考察落儿岭村社会经济行为的重要维度之一。本文所指收入包括农村居民的工资性收入、家庭经营收入、财产性收入、转移性收入等家庭纯收入。这里所说的支出，包括生产性支出和生活消费支出。生产性支出包括生产经营性支出和配置生产性固定资产的支出。

1. 家庭年总收入数量分布

问卷提供了 230 个家庭在 2006 年的总收入信息（见附表 1 - 13），其中收入最高的一户收入超过了 130 万元，最低的一户只有 300 元。但是这是两个极端的例子。排除两户极端个案，总体而言，被调查大部分家庭收入都处于中间水平。

附表 1 - 13　问卷调查中家庭总收入分组分布

收入分组（百元）	户数（户）	百分比（%）	收入分组（百元）	户数（户）	百分比（%）
0 ~ 19	9	3.91	251 ~ 300	23	10
20 ~ 30	10	4.34	301 ~ 400	19	8.26
31 ~ 50	11	4.78	401 ~ 500	8	3.48
51 ~ 80	12	5.22	501 ~ 1000	4	1.74
81 ~ 100	16	6.96	1001 ~ 1500	2	0.87
101 ~ 125	26	11.30	1501 ~ 3000	1	0.43
126 ~ 150	25	10.87	3000 以上	1	0.43
151 ~ 200	39	16.96	合　计	230	100.0
201 ~ 250	24	10.43			

2. 家庭年总收入来源构成

被调查的 230 个家庭收入的来源是多样的，主要可以归纳为以下两个方面。

一是工资性收入。在乡村工业化的影响下，全村的工业企业发展很快。所以该村农民的工资性收入也增长很快，工资性收入成为该村居民收入的一个重要来源。230 户家庭的工资性收入总计为 283.39 万元，户均 12321 元。相对来说，工资性收入的户际差异比较少。其分布线上的中位数为 10530元，是户均值的 85.5%。2006 年落儿岭村居民的工资性收入人均 9650 元，比上年增加 600 元，增长 6.21%；工资性收入的增加额占全年农村居民人均纯收入总增量的 60.2%，比上年提高 4.7%。

二是家庭经营收入。随着农业产业化的发展，服务业的繁荣，农村居民的家庭经营收入也不断增加。家庭经营收入可分为农业经营收入、工业经营收入、商业经营收入、交通运输业经营收入、其他经营收入等多样化的收入来源。统计结果显示，230 户家庭年经营收入总计为 373.49 万元，户均收入为 16238 元。据 230 份问卷提供的 230 户家庭的有关家庭经营收入来看，家庭经营收入在户际间的差距特别大。家庭经营收入最低的为零，即没有家庭经营收入；而家庭经营收入最高的家庭年收入可高达 130 万元以上。实际上，就 230 户家庭经营收入的中位值而言，只有 6200 元，仅占户均值的38.1%。

附录2 余本仁、苏启贵、文家庭、
陈庆泉、储晓军访谈录

一 余本仁书记访谈录

访问对象： 余本仁书记访谈录（落儿岭村第一任书记）

访问时间： 2007 年 1 月 6 日下午 13：00～17：00

访谈地点： 余本仁书记家中

访问员： 宋蓓 孙峻山 王莉

镇长介绍： 老书记为落儿岭村的发展作出了很大贡献。老人家年龄大了，听力不好。老书记 88 岁了，身体很好。四代同堂。

问： 我们想了解在您工作时，落儿岭村的一些情况。

答： 我不识字，没念过书。

问： 没关系，我们想问问当时您当书记时，做过哪些事情？

答： 在新中国成立时，我们这里只有 500 多人，14 个个大队，1950 年就成立了农会，我当过农会组长；组成民兵时我当了分组长。1954 年，粮食统购统销。1956 年，办健康社。1968 年，我们到大寨参观。回来后，1959～1960 年，大队改造。农业水利方面，1965 年搞了水库。1966 年，又修了一个大塘。我们工作队当时有一个国民党的团长，修不好一个大塘，找我回去，才把水搞通。

我是从 1962 年当书记，1970 年 12 月份调到上面纸厂。公社把我从下面纸厂调到上面纸厂。调令被村里瞒着。当时纸厂造的是冥纸，税收很重，纸卖不动。当时叫落儿岭大队，落儿岭公社。1962 年，我在街上干了一年。1963 年，落儿岭街道与三岛湖并到一起。

1961 年成立大队，是陈清湟当了一年书记，我是大队长。1962 年，我当书记，大队长姓张。

1964 年苏启贵当大队长。1970 年，我到上面纸厂后，就是苏当书记。

问：那时候讲家庭成分？

答：我家是贫民。1961 年土改时，决定成分。

问：当时你们村有多少地主？贫农多少？

答：乐道冲有地主 2 家，胡道冲有 2 家，汪 3 个，营盘有 2 家，街上有 3 家，共 13 户。富农 7~8 户。余，涂，储，街上还有几家工商业。

问：田里种什么？

答：一季稻，麦田，两季一稻一麦。我们家以前讨饭，土改后分到田了。粮食还不够吃，要买。我们家后面有竹园，万不得已才砍。平时做苦力。

新中国成立后，分了土地，不够吃，差的少。落儿岭，1962 年 4 个队，没并的时候，300~400 人，并到一起是 1500 人，十几个队。700~800 个劳动力。

落儿岭 1962 年有了电，有了一个加工厂。纸厂是一个历史老的手工作坊流传下来的。叫纸棚。原来我们落儿岭纸厂。开始在大坝，利用河水自然落差，冲纸浆。1962 年，落儿岭村的纸厂原来就在乌龟峡，1966 年，从大队拿 2000 元投进去办厂，"文化大革命"，张一定要在那搞，结果还欠了 2000 元，1968 年，又请我去，我投（资）6000 元，1969 年，发大水，又移了地方，移到现在的地方。当时现盖房子。东风机械厂来了改河道，搞地方盖厂房。

经济基础好。在别的大队还吃不上饭的时候，落儿岭大队就已经有加工厂和纸厂。经济工业发展起步很早，经济头脑好。杨振宁来才有电。电只到街上，山上都没电。1963 年电又停了。公社想把电下放到落儿岭，我去说，公社不干电，我来接受。我讲花了这么多钱，电不能不点了。要有一个制度。当时都不敢接受。

茶场几十间房子都被烧了。我们茶场焙坏掉了。我们那时候念私塾，文化人也有很多。

问： 您现在的家庭情况，是否有人打工？子女，住房怎么样？人口，经济收入如何？

答： 我家当时很困难。1949~1954年我们在外面工作，我们一个多月都没放假。我这辈子文盲吃了不少亏。填资料填的是文盲，不能当干部。那时的农业都是老品种，产量低。1966年，500亩产，300~400都有，现在新品种，最低产量都翻三番。反五风，那时候不够吃，现在困难户子比以前地主老财生活的好。以前给地主做工，60~70人，一天就一斤油。

我开始时200元买的草房，1966年把它糊成瓦房。前面要搞个院墙，78年纸厂失火。电工问题。比较倒霉。县公安局局长失火第三天来的。公社汇报损失，他们来的。我一边汇报，他的秘书一边记，你这个损失，我看出入比较大。我看不到一万块钱。我的秘书留在这里，再看看。你现在住的楼房，上面3间。失火后，我老婆脑溢血死去，怕我想不开，怕我坐公安局。1986年，我又盖一次房子。往后移了4米。这是第三次了。

现在我孙子在帮人开车。念书的时候，还好。初中毕业的时候不愿意考高中，我让他复读一年，他不愿念书，想学开车。我主要跟儿子媳妇，孙子媳妇，六个人。我还有2个孙女。都出嫁了。孙媳妇在东风纸厂上班。儿女都孝顺。

我们从1961年，不拿工分，拿18元一个月，不够用。公社核算以后，落儿岭的工资算是高的。

问： 村里当时怎么想起来办厂？

答： 那时候，落儿岭村纸棚过去就有，健康社的时候，办厂都归健康社，铁丝社，木事社。

问： 什么时候有落儿岭村？有什么传说历史？

答： 一种是朱元璋在这里降生，另一种，淮南王降生，黑石渡，洗儿池，半河红半河青，传说落儿岭村是太子降生的地方，有一半河水铁锈较多，所以是红色。一个神奇美妙的传说，投资创业的热土。

问： 那时候有多少学校？

落儿岭村学校原来除了乐道冲有一个能念到一年级，落儿岭镇街上有一个小学。没有初中。小学后还有乡小。在黑石渡，两年半，然后念初中。初中要到霍山，先上乡小，2 年。考初中。学校有 2 个教室，原来有 2 个先生。1~2 年级一个先生，3~4 年级一个先生。学校有校长，校产。祠堂庙宇收起来给学校。田租给农民，学校收些田。

修佛子岭水库，电接来了，磨子潭水库对这里还有好处，1953 年佛子岭水库竣工，我去慰问民工，我哥哥在佛子岭水库赶工。看到傅作义（原水利部长）。

二 2007 年 1 月 16 日下午

访问对象：苏启贵（落儿岭村第二任书记）
访问时间：13：00~17：00
访问地点：苏启贵书记家中
访问员：王开玉 宋蓓 孙峻山 宋文娟

问：书记您好，我们想请您谈谈您当书记时，你们村的大概情况。有多少人，多少村民组？

答：我是落儿岭村从合作化算起的第二任书记，今年已经 72 岁了。我从 1960~1984 年的书记。1958 年我是点长（村民组长），1959 年时，我是大队长，当书记是从 1960 年开始的，一直干到 1984 年。我们村从 60 年代起就有 16 个村民组，到现在一直还是 16 个。我刚接任时人口才 1460 人，退下来时是 2580 人，差不多翻了一番。要不是计划生育，三番都有了。

问：1960 年自然灾害可严重？

答：我们村当时吃食堂，饿死过 8 个人。情况不太好，比严重的地方要好一点，饿死的是小孩和老人。在外劳动的劳力有劳动力食堂，供应量多一点。

问：当时收成怎么样？

答：那时不能跟现在比，最高 700 斤，低的水田 803 亩，旱田是 247

亩。那时候茶是现摘的二角八分钱，竹子是块把钱一斤。人均收入 400 多，60 年代的时候。

问：那时村里可有企业？

答：一个纸厂，8 个工人，一年赚 800 多块钱。那时猪肉八角三分一斤。

问：1960 年时候，生孩子多不多？

答：1960～1961 年生了 42 人。1961～1962 年责任制开始，生了 80 人。责任制一直搞到 1969 年，分到户以后产量没提高，但农民自留地多了，粮食翻了一番。收入也涨了，一个劳力一元三角钱。

1959 年，我当大队长。1958 年我是村民组组长，是五风阶段，搞民兵部队，大炼钢铁。那时候，老古树，两三百年的老树，都砍掉了。山上的树都砍掉了，有栗树、枫树，连果树和护庄树都砍了。别的村有些村民护庄树舍不得砍，把护庄树四周钉上钉子才保护了一些下来，现在陈家岗还可见到一些。砍下来的树都做成风箱和烧炭炼钢铁。因为那时电话里说完不成炼钢任务就要"拿人头来见"。村里无人敢反对。

1958 年开始设劳力食堂，1959～1960 年全部社员一个生产队都吃食堂了。1960 年两三个队并作一个食堂，落儿岭村和三道河、大桥村并作一个食堂，胡家冲的上、下组并作一个食堂。我们一个食堂 200 多人；胡家冲食堂 180～190 人。家里不开火，只能搞点土菜烧烧。因为没有粮食。当时村里情况不太好，也有饿死人的现象，但相比其他地方还算好的。饿死的都是小孩和老人。男劳力吃劳力食堂，供应量比一般食堂大，在家吃八大两，在劳力食堂能吃到一斤或一斤半。当时生产力低下，老品种收成很低，一亩地最高才产 700 斤，低的才 400～600 斤，不能跟现在比。村里有水田 803 亩，旱地 247 亩，茶地 146 亩，这些都是老基耕地。经济作物主要是茶叶和竹子，分别是 110 亩和 300 多亩。茶叶也销往外地，但价格很低，才二毛八分钱一斤。竹子平均才摊到一块钱一根。人均年收入不到 400 元。那时猪肉卖 0.83 元一斤，鸡蛋六分。村里没有什么企业，只有一个手工造纸厂，共有 8 个工人。厂年收入 800～900 元，主要用于村里开支。家禽、家畜饲养得少，每户养一头猪，平均每户养鸡 4～5 只。人口出生率不高：1960 年、1961 年，两年全村共出生 42 人；1961～1962 年开始实行责任制，两年共出生 180 人。

那时的责任制就是到户管理，因为是上面的政策，没有受到什么阻力，但是没有搞多久，只搞 1969 年。分到户以后因为是老品种，粮食（亩均）产量仍然没有提高，但是农民生产积极性高多了，家庭自留地也耕得多了，粮食产量翻了一番。收入也高了，劳动力达到人均 1.3 元。

问： 那时大队组织干部是怎么工作的？

答： 那时的生产主要是大队核算，大队主要有两个：落儿岭村和农须坳村。和农须坳相比，我们落儿岭不如他们。农须坳农业底子厚，林业和田铺也比我们多。他们每个劳动力能达到 1.1 元，我们才达 0.95 元。我们当时 1800 多人，他们才 800 多人。尽管这样，我们还是六安地区的样板，是学大寨的典型。我们搞了 11 年学大寨：植树、打茶、修大塘；改湖造田建工厂。14 个字，两句话。造林我们全村 1100 多亩，种沙树，改梯田种茶 400 多亩，大塘 4 口，乐道冲，胡家冲，东门大塘 2 个；原来叫水库，实际上就是塘，蓄水量只有 800 ~ 900 立方米，养鱼开始有，后来就没有了。改湖造田增加田地 300 多亩。办工厂，原来有 8 个厂，

我从合作化、大队核算到改革开放以后，一直干到 1984 年退下来，干了 42 年工作。改革开放变化大了。1961 ~ 1962 年包干到户一次，1982 年包干到户一次。1982 年以前的到户是生产队核算，生产力调动不起来。大队长负责制，其余社员只管干活不管事。一天十分工，群众没有积极性。一天只能挖一个早上的地。那时也无自留地，割资本主义尾巴，不给个人种植。老百姓有苦难言，有抵触情绪，但是吵闹都不管用。

我们在队里干了几十年，经历了各个时期，感到各有各的长处，也各有各的短处。毛泽东时期打老好、"反右派"，这一项损失最大，"文化大革命"造成了特殊的损失，但那时群众水平低，感觉不到这一点。"文化大革命"时，我们这里有两派：当权派和实权派两个把子；群众相信我，两派都听我的。组织是革命委员会。造反大队长是姜典举（现在已经死了），他是村里的痞子，有点儿文化，初小毕业，但他不行正果。姜典举的造反队和东风厂对立。这里原来有个东风机械厂，建于 1965 年初，1967 年生产，500多工人，连家属在内 2000 多人。建厂时征地 1000 多亩，青苗补偿 5 年，竹木一赔三、粮食一赔五。因为厂里工人工资和农民收入差别大，他就邀一帮

人斗厂里的当权派。东风厂生产 640 炮弹，厂里也造反，但被我们落儿岭村给压下去了，因为我没有被打倒，他们都听我的，没有发生打砸抢，厂长木先云到我家躲反。1969 年村里成立革委会，革委会主任是杨玉华（现在跟着丈夫去了合肥东风机械厂），六安有来串联的（827 和批派），但找不到人，也就没有发展起来。他们斗厂里的工人，是科长级的，囚到诸佛庵，我们红卫兵造反大队长保护他，去了四五十人，给救了下来。总之，"文化大革命"时，我们这里没什么损失，我们党费照收，党组织也未瘫痪。党就是党，是行动组织。我当时是书记，说话算话。造反大队长写大字报要买纸，45 元纸钱还是我批的。他买不到白纸，就买来大裱纸，一张纸上只写一个字，我就批评他说："纸这么贵，还买不到，一张纸上可以多写几个字。"他就说我抵制"文化大革命"，整我的材料搞了一大堆，要批斗我。但是毛主席批了个"节约闹革命"的指示，证明我说的是对的，所以我没有受到批斗。革委会一直搞到 70 年。

1970 年筹办，1971 年正式实行大队核算，一直干到 1983 年。1970 年我去参加了在淮北郭庄的党代表会，见到了郭红杰。回来后就开始农业学大寨、赶郭庄了。学大寨我用两句话、14 个字概括为：植树、打茶、修大塘；改河、造田、办工厂。具体就是：荒山植树造林，全村 1100 多亩；茶园 400 多亩，改梯田种茶；修大塘 4 口，分别是乐道冲大塘、胡家冲大塘和两口东门大塘—原来也叫水库，蓄水 8～9 千立方米；改一道大河，造田 300 多亩；办了 8 个工厂—造纸厂、窑厂、加工厂（米厂）、茶叶粗制厂，林场和纸箱厂等等。造纸厂的原料是收来的茅草杆子、树和草等，因为污染大没办多久就停了，当时年产值 800 多元，7 个工人。1971～1982 年，我们共计"学大寨"11 年。

1982 年我们独立核算，是胡开明来主持的。当时有个村民叫项家院的，他写了封人民来信到中央。说："全国东风刮全国，就是没刮到落儿岭。"中央直接下文到省里，省长胡开明就一个人来了，只带了个司机。他在参观纸厂时，要过一道用两棵树搭的水冲，他穿的皮鞋打滑差一点掉进几十米深的水沟，水沟里就是高速运转的水车，要是掉进去就被绞掉了，但是他动作快，跳了过去。这件事我后来想了几个晚上，还觉得害怕。他白天在这里主持工作，晚上回到县里住宿，共呆了两三天。他说包干到户是中央的政治任务，并且制定了六条。

1. 土地大包干到户；

2. 村里的企业不下放；

3. 林山、茶叶下放，林场不下放；

4. 耕牛、钱等按原来带进的数字退回；

5. 村界该是哪村还是哪村，土改不算；

6. 固定资产先分到队、再由队分到户，土地算平衡账：三线厂占去200多亩，我们开荒300亩，剩下的平分。

县委谢书记在村里驻点，一直到分完。

温家宝1996年来到我们村，我们都不知道。他也不打招呼，直接进到农户家了解情况，只呆了几个小时就离开了，是从湖北那边过来的。1998年卢荣景、傅锡寿来到我们村。方兆祥书记是2004年来的，当时有县长、县委书记陪同，来看看我，看看老百姓家的情况，关心我们的温饱问题，还问我们虽改革开放的新形势有什么看法，还带来了礼物和200元钱。

我1992年去吴仁堡学习。回来后就学习吴仁堡办企业的经验，扩建造纸厂、纸箱厂、纸盒厂；新建生产精品纸的车间，投资100多万元，年生产从那时的800万元，逐渐到后来的1000万元、2000万元……一直到现在的一个多亿，就是现在的东风造纸厂。一开始我们是只有48个麻剪子的手工造纸厂，造的是焚纸，1969年给大水冲了。

我们干事情有思想，干什么就要干出成果来。原来的八个厂现在都扩大了，1985年还贷款建了电站。村里无投资，都是集资和贷款来的。但是项目有国家投资，例如现在的污水治理项目，国家投资300多万元。现在我们人均毛收入4000~5000元/年，人均纯收入约2000多元/年。村里总劳力1000多人，700多人在村企业工作，农业100多人，外出打工的不多，约100多人。组织原来是支部，1991年时是两个支部：农业支部和企业支部；现在是党委，共五个支部，分别是：农业支部、企业支部、民营支部、街道社区支部（社区指的是城镇人口，包括乡镇国家干部）和个体工商协会支部（主要是开店经商的个体户）。怎么成了"皖西第一村"呢？我们村2005年7月份成立党委,在六安是第一家。退下来的老村干部每月补助200元,补助款都是企业筹的。我们村有两人享受此项待遇,原大队主任和我(苏启贵)。过年、过节再慰问、补偿几百元钱。我们村现任干部基本上是固定工资,约1000元/月。手机、电话费都不报,实际上每月也就800元左右。

我们的村干部班子很稳定,现任的陈书记跟我干了十几年。1949年解放,1950~1951年土改,我们村共180多户,其中13户地主和富农;中农占20%;贫农占70%以上。1953年我是互助组长,那时叫健康设。以后分成"点",搞的是军队组织:营、团和高级社。我负责点。我们村有五个点,我是乐道冲点长,管4个互助组,互助组是单干的,搞换工。1950~1952年是高级社,1958年以后是人们公社,和诸佛庵是一个区、一个社。人民公社时,我是大队长,我们村是点,往上算是营,只搞了一年。以后就是高级社、康乐社,社下分点。

我们这儿一直叫落儿岭。落儿岭的传说:相传XX娘娘跑反时怀着汉武帝,经过这里时,生下汉武帝,因此叫"落儿岭"。在现在的迎驾厂附近迎接娘娘,叫"迎驾"。没有船过河就用一块大黑石头当船,渡过河,躲过了追兵,因此叫"黑石渡"。到落儿岭生下汉武帝。给汉武帝洗澡的塘叫"洗儿塘",该塘里的水始终半红半青,其实那红水是锈水。烂泥坳那边有个地方叫"回头岭",说的是被追兵追得跑不及了,所以倒着走,追兵追到此地就回去了。还有个地方叫"马啃石",是因为马饿了没有东西吃,只好吃石头。

有关红军的故事:我们村有个老红军叫姜世春,因为受了伤没有过两万五千里长征,退下来了,奖章得了一大摞。村里还有一个陈昌付,有8个奖章。

我们经历了毛、邓、江、胡四个阶段的发展,我们村里也经历了四代领导。我们四代各有不同的发展。在毛泽东领导下,我们农业学大寨;在邓小平领导下搞改革开放,调动生产力;江泽民时期是稳定、继续发展的;现在在胡锦涛领带下科学发展。胡锦涛总书记的两步棋走得厉害,是在两千年的历史上都没有的:一是减轻农业税,不收农业税;二是保护打工者的报酬。每个阶段的经济、政治、社会、文化、教育情况都不同。原来我们期盼的

"楼上楼下、电灯电话"，已经全部实现了。"连贫困户的生活都比过去的地主老财的生活好。"（宋院长补充）但是，当前贫富差别大，两极分化厉害，几户富的家产几百万，他们承包经营纸箱厂、彩印厂等。苏家合贫富分化最厉害，胡桂和的三个儿子原来穷得不得了，现在都富得不得了，都是百万富翁。也有真正的困难户，他们贫困多因生病、社会灾害、缺少文化等。我们村还属于温饱阶段，还谈不上小康。

村里计划生育工作开展得很好，现在即使是一女户也领取计划生育光荣证。外来媳妇不多但也有广东、四川等地来的。也有年轻人单身不愿结婚的，他们多是有高中文化程度的。我的儿子媳妇都去张家港打工了，孙子跟着我们在家读书，在诸佛庵念高中。我家盖房子用了 12 万（元），不包括装潢费用。家里有摩托车，儿子回家来骑。我家的情况在村里只能算个中等，上等的生活要留给群众。村里的富户财产能达到 200 万（元），我们连 20 万（元）都不到。村里补贴我每月 200 元，我还在村里帮忙照应污水治理，每月收入 400 元。另外我去年还种了十亩田水稻，亩产达千把斤。稻子有保护价，72 元/百斤。

三　2007 年 1 月 18 日下午

访问对象：文家庭（落儿岭村第三任书记）
访问时间：13：00 ～ 17：00
访谈地点：霍山县南岳山庄
访问员：王开玉　方金友　王方霞　宋文娟

问：情况正是如你所知。我们中国社科院搞了一个中国百村调查，我们已经找了三任书记谈了一下，你主政的时候是村子发展最快的时候，他们几任书记主要谈了在任时期的发展情况。第一任书记是我们院长一起谈的，第二任书记是我和朱老师去了解的。现在希望跟您详细谈谈。因为跟你们一谈，整个落儿岭村的概眉目就出来了。您先谈谈，我们有什么问题再提出来向您请教。与前几位书记谈了以后我们对村子的感觉是走出了一条乡村工业化的路子，就像束书记说的山口经济。

答：那我先说说。很荣幸省里的领导来到我们霍山县落儿岭村搞社会调研，这是我们霍山县也是我本人的荣幸，非常感谢。我先自我介绍一下，我1972年入伍，1977年3月服从南京退伍回乡，7月份党的生日村委会换届的时候，我很荣幸地受到广大党员和村领导的信任，被选入村班子。从1979年先后在东风纸业兼生产副厂长，在村里当党支部委员到1985年，后来村里成立党总支，我任党总支委员兼东风造纸厂的书记。

问：当时纸厂规模多大？

答：当时纸厂已有一定的规模，还不是很大，年产值才几十万元还不到100万元。1985年时，我们村创办了彩印厂，就没再兼任东风造纸厂的书记了，是党总支委员兼霍山县彩印厂厂长，一直干到1990年。

1990年元月份，春节前，当时叫党的基本路线教育时，组织上安排老书记退下来，叫我来担任村党委书记。当时我很有想法，因为我一直在村企业里，干了十年企业厂长、经理，对经济工作我很热爱，就没有同意组织上的安排，就说我还是到企业干吧。结果当时霍山县委书记后任省农委主任的王书记和落儿岭镇的党委书记陈书记在3月份就找我谈话，我亮了我的观点，王书记说："人是组织培养的，离开组织寸步难行，你去也得去不去也得去。"书记的话虽然很硬，但我感到很亲切，因为我是党员。当时我们村里的经济很不发达，我当一个厂长一个月才拿60元的工资，到村里也不一定能拿到60元，也不知道将来村里会发展成什么样。但县委、镇党委和广大的党员这么信任我，我认为我没有任何理由来拒绝组织对我的安排和信任。所以从1990年3月份开始，我就在村里任党支部书记。当时村里的工农业总产值大概在400万左右，但在全县是很可以的，当时的骨干企业就是东风纸厂、彩印厂、粮食加工厂和茶厂，产值虽说不高但当时在全县来说已经算是很好的了。经济发展也算有个很好的基础。担任了这个职务以后，我感到肩上的担子很重。我们这么一个山区村，如何引导农民致富？农民怎么能富裕？这个问题一直在我脑海里。

问：当时班子是多少人？

答：当时村里班子5个人全是新任的（老一班子人全退了），我是村总支书记，陈庆泉是村委会主任，一个民兵营长，一个文书和一个妇女干事。

当时我的想法就是，人口多，村里有 2000 多人口，只有耕地 900 多亩，人均只有几分地，山场人均也只有 4~5 亩。我就想，在这么一个条件下，要想从地里挖出一个金娃娃，想农民致富那是不可能的。一定要走出一条以村级集体经济、以工业富村富民的路子。我在村班子会上提出四句话八个字："重工、兴农、稳林、活商。"为什么要重工呢？我也是根据村情来说的。因为我们是东风纸业的老厂址，当时有三线厂，面临即将搬迁，有厂房优势。我们落儿岭村有村办经济、加上三线厂在这儿发展经济，无论是村领导班子还是农民的思想观念都比较开放，有一种经济头脑和商品意识，这是我们最大的优势。所以我就提出我们村里要想致富，必须发展工业，重点抓好工业。我记得非常清楚，1990 年年终工作总结大会上，我说："我今年干了一年，我三年内必须使村总产值突破 1000 万，农民人均收入必须达 300 元，当时人均收入还不到 200 元。"当时我话音一落，我们的老书记就哈哈大笑起来，他觉得我的话说得太大了。在当时的历史条件下，这是个不得了的承诺。结果通过一班子人和企业的努力，1991 年年终总结时，工农业总产值已经达到 1200 万，农民人均收入达 340 元。我们通过发展工业，从东风纸业和入手，我们又办了加油站、水力发电站、纸箱厂、轻工机械制造厂、金刚石厂、饮品厂、竹制品加工厂等等。我离任时，村里有村办企业 18 家，人均收入 4200 元，在企业的就业人员劳力达 1150 人。总共就是 2300 人，基本上达到了就业的一半。记得当时有 500 人家，基本上每家有两人在企业工作，给经济的发展创造了条件。农民经济的发展关键在于好班子，通过实践，是我深深认识到，农村经济发展关键是要有一个好班子。我当 12 年书记的时候，总的经济收入超过一个亿，人均收入达到四千多元。我要讲的是这不是我一个人的功劳，第一个是前几任班子打得好基础。我们遇到了一个好的富民政策，第一个我认为是要有一个好班子，第二个我认为是要有一个好路子，好思路。最重要的是一个村经济的发展要有一个好制度，要有一个制度来保障，要规范。第四，我认为还要有一个好的机制，那就是要加强党的领导，发挥广大人民群众的作用，现在讲要民主，就是老百姓在想什么，当干部的就要干什么，按现在的话来说，权为民所用、利为民所谋、心为民所想，我们村书记，是没品没位，但是一个村 2000 多人都在看着你，我们要有责任心有义务感，所以我们要感到光荣。当时我们在创业期间，在这艰难的过程当中也不是一帆风顺的。当时计划经济的时候，村里办加油站是绝对不允许的，但是我在企业经常出去，我看江浙那边都有，回来我就写了一个报告，要求建一个加油站，当时是商业局管，公安部门要管、消防部门也要管，就是批不了。后来我就找到在霍山挂职企业办主任，跟他汇报了办加油站的事情，后来他批示了。"落儿岭要求办加油站，我看此项目可行，在江浙一带办得很红火。"为什么直接找他呢，因为找商业局他不批，怕影响他的收入，就要直接跟他竞争，最后我就找到了他，我拿到他的"尚方宝剑"之后，请他们到我们那去看现场，按照标准，是否符合安全标准，是否科学，要得到他们的同意。头天我找他们都说好了，当时村里没有车子，我特地去借了一辆车子去接他了，他不去了，当时我很尴尬。后来我就直接找六安地区商业局局长，当时地区商业局局长还兼地区石油公司的总经理。市里的领导就是不一样，当时他也就看到了改革开放的大势已经形成了，我直接找市里的领导，他们已经同意了，字都批掉了。人只要有精神，什么事情都能干的成。这是第一个例子。

第二个例子呢，是我们当时创事业的时候，我一年跑了 23 个地方，我最多的是 32 天没回过家乡。因为我们 1984 年、1985 年跟淮南联营。淮南矿务局，投资 80 万，建立现代化企业化很难，在一个小山沟里面能搞一个现代化生产线是非常不得了的。当时没钱，所以就通过我的关系，当时我跟燃料公司，石油公司关系都不错，我们当时燃料公司的一个副经理认识了淮南矿务局水泥厂的一个厂长，因为是我们是造纸的，他们淮南正好有一个水泥包装厂要搞水泥包装，那我说正好，通过这个东风造纸厂引资 80 万（元），他要水泥包装袋，跟企业合作，如果当时没有这个合作的话，那么 80 万（元）就没有了。所以当时 7 月份的时候我儿子的手被开水烫伤了，当地的医院不行，只能到诸佛庵镇上像皖西医院那样的大医院去，可在当时又没手机这样的通讯设备，打一个电话都很难，所以觉得很困难，在当时我们办企业的时候也很正常。当时从合肥到成都，一个礼拜只有两班车子，不像现在，根本就买不到坐票，到成都是两天两夜，而且速度又慢。当时我带了我们家的一个采购员，晚上就用报纸铺在三人座的座位底下那睡，不然到第二天肯定支撑不住，他一夜不睡，怕我被人踩到了，怕开水把我烫到了。第二天他就支撑不住了，他说我们下车吧，我说那怎么行呢，我们签了合同的，我们跟别人合作要有诚信。他说我已经支撑不住了，我跟他说你今天在地上睡一晚上，明天就有精神了。因为我们经常出差，所以有经验。我们回来的时候是年三十晚上，也就是年初一的早上3点，过年在车上。那时候不像现在的半小时一班车，那时候一天只有两班公交车到霍山，要是现在我们就到旅馆去睡一个晚上，可是当时只有三块钱，我们都没舍得，两个人就在椅子上睡下了。到了六点钟又从火车站去汽车站，我们的事办成了我们认为还是很高兴的，但是也有少数的人是不理解我们的。譬如说，我在村里当书记的时候，搞项目包括造纸厂的时候，不搞企业就不能争取到补助资金，因为当时我们是贫困县，我通过省农行到国家农行，给造纸厂争取资金，项目资金都是省农行直接的发放下来，不存在这一块下来大家分的，这是戴帽子的专门给这一个项目的，100万元或是200万元。我们在争取项目的过程中，吃尽千辛万苦，跑银行一天都要跑好几趟。当时村里的经济状况本就拮据，我们更没有条件大吃大喝。国家农业银行的同志工作很认真，详细地了解了项目的情况，并对我们进行了支持。可以说，创业时期争取项目时，我们宁愿多吃苦，也要少花钱，所以我们的花费很少。但是当我们满怀喜悦回到家里，报销的时候，还有些人不理解，说我们花钱多了。我们任劳任怨。但是从这件事情我认识到光靠我们几个人干事业还不行，我看到了解放思想的重要性，还必须在把创业理念树立起来。最后，我们商量把落儿岭村所有的党员到开放地区去参观，先去了南京，解放他们的思想，大概是在1993年，通过这个，当时我就悟出一个道理，解放思想，一个地方不怕经济的落后，就怕思想观念的落后。人的思想观念的落后制约了地方经济的发展，所以到现在我到任何一个单位，解放思想是第一位，所以现在我们落儿岭村在整个霍山县来说还不错，但是拿到六安市来比就不行了，拿到整个安徽省来比，你落儿岭算什么，人家一个企业就几个亿。我们不能有小富即安的思想。所以现在每年我就安排每个企业的厂长，党员，村民组长到北京到外地参观、旅游、学习，这表面上看起来是游山玩水，但是在玩的过程当中就学到了，就解放了思想，有了商品意识，有了经济头脑，回来之后的效益远远超过了你所想的。当时我们村的干部去北京，花了一两万，回来他们的思想解放了，干事业了，这种战斗力，凝聚力，向心力都得到了提高，所以我就在想，按照中央说的，要有一个好帮子，要有一个好路子，要有一个好对子，要有好出路好机制，关键要有一个好的领头人，下面的人都看你的，你的思想解放不解放，你的事业心责任心强不强，用现在的话来说就是你为民意识强不强，现在建设新农村也好，小康社会也好，和谐社会也好，你不发展，一切都是空的。我们总结出来了，社会主义新农村五句话二十个字，我认为呢，千秋功过只有后人知道，农村有句话叫"路遥知马力，日久见人心"，在你任职时不要讲你的功过，一是看你的经济发展了没有，你的面貌改变了没有，农民增收了没有，老百姓富裕了没有，我认为这是衡量一个领导的能力。但是，我认为我们做得很不够，也有很多的缺陷，有可能是在这个方面比较主观，我也可以这样说，在我任职的 12 年，我是把青春献给了落儿岭村，我虽然感觉我工作没做好，但是我还是问心无愧的，在这 12 年有可能是发展最好的 12 年，也有可能是最辉煌的 12 年，但是现在的领导水平都比我高，做得比我更好，但是我们做了点工作，组织上给了我们很高的荣誉，从 1998 年开始，我当了两届政协委员，各方面组织上都给我很大的关照，感到很荣幸。因为和我一起上来的那些同志还在基层，我是在县里面。我虽然做了点工作，没有落儿岭村人民的厚爱，我也没有今天，因为落儿岭村跟省里，跟全国比起来算不了什么。但是在九届政协的时候，我是唯一的一个农民基层代表，在十届的时候有两个，一个是我，一个是河南唐山的一个基层代表，他两次获得全国劳动模范。

问：那你当了局长以后，是怎么关心落儿岭的呢？

答：我当了局长之后，认为落儿岭是我的故乡。我也不能站在林业局的角度讲，我是农民的儿子，今年五十二三岁了，从出生到现在在落儿岭待了50 多年了，对落儿岭很有感情的，不管人家怎么看我，老百姓怎么看我，或者是跟我观念不同的人在怎么看我，但是我还是落儿岭的人，落儿岭家乡的建设，家乡的发展，我应该一如既往的关心和支持，能尽我的微薄之力这是我的荣幸也是我的义务。但是在林业局的岗位上，我的担子也很重。我是分管工业林、生态林，落儿岭的生态还是比较好的。

问：落儿岭的生态现在怎么样？

答：我当时来林业局就想，我能为霍山的林农干些什么。农民能干点什么，首先我想霍山是个老区，山区，贫穷的地区，要想霍山的农民跟上全国的水平，还需要很大很大的努力。从 2003 年中央提出的关于工业林进乡，每亩工业林也就是生态林，符合长江、黄河、淮河流域的划为国家级工业林，也可以划为省级工业林，国家或省里财政给予一定的补贴，你把生态搞好了，国家给你农户一定的补贴，我来的时候，也就是 2004 年，霍山只有50.1 万亩国家级的生态林，我一看这是一个富民利民的国家生态保护建设，同时也是霍山县的一个重大举措，一个重大目标，通过我个人的争取，做了一定的工作，我们霍山县也是全省林业大县，是全省的十大林业县之一。去年我们争取了 33 万亩国家级的生态林，2006 年我们又申请了 56 万亩的省级工业林，这些工业林国家每亩补助五块钱。争取以后，我们净增了 77.9 万亩。省级工业林今年实施，国家级工业林 29.69 万亩，加上原来的 50 多万亩，是 126.79 万亩。这样我们霍山县按照每年每亩 4.5 元的补助，我们每年可以得到 567 万元的国家的补助，这些补贴都是用在老百姓的身上，增加了他们的收入，目前来讲，在安徽的工业林金寨是第一，我们是第二，金寨山多，他们要比我们多两倍多。目前霍山的林地是 224 万亩，我们的工业林建设就达到了 55% 了，从这个区位和发展环境来讲，生态建设上来说非常好的，除了国家的经济林防护林之外，基本上是比较好的。

刚才您提到了污染的问题，因为我们既要发展经济，又要注重生态，我认为这个（两者）是不可分割的，如果你离开了经济的发展你谈生态，谈环保都是不现实的，光谈经济，不谈环保，不顾人民群众的利益，这更谈不上经济的发展，良性循环，怎样才能良性循环呢，所以我在 2006 年政协的经济会议上，我就提了一个提案，提到要加大生态的补偿机制，因为你上游要搞经济，又有污染，上游的老百姓要付出代价，我们发展工业了，凡有污染的工业我们不上了，制约了他的发展，保证下游的工业，下游人们的生活用水，减少了自然灾害，对国家带来了效益，但是你牺牲了上游人们的利益，上游人民作了牺牲，你国家的财政好了，那你要反哺生态啊，早在 1997 年，我们东风纸厂就得到了省环保达标排放，为什么？因为你污染不能影响社会，你经济发展再好，你对社会没有贡献，对人类没有贡献，那你就不是一个良性循环，所以在 1997 年之前，杆子、马尾松这些树都是造纸的原料，成本低，但是污染很大，我们为了国家、社会、人民的利益，我们坚决用再生原料。购买国内的木浆、美国的木浆，通过外贸，这样子就减少了污染。这样一来，既发展了又环保，国家生态得到了保障。可以说不管什么时候东风的治污力度是很大的。今年就投了有 300 多万元，既有企业投的，也有国家投的。有好政策，好领导落儿岭的发展我认为是有希望的，包括在生态建设方面，在招商引资方面，能为家乡服务的，能为落儿岭办点事的我认为是我的荣幸。

问：落儿岭主要是以林业面积多少，还是丘陵为主？

答：落儿岭以林业为主，森林覆盖率达 75% 以上，我在任期间，1995 年落儿岭获得全国模范村委会光荣称号、1998 年获得了全国造林绿化千家村，也是六安市唯一一个得的（村）。正如我开头讲的重工稳林发展，要稳住了，不能都砍掉了，不然山洪要爆发。我离开之后留下了这么多的资产，落儿岭村山上的资产就有至少几百万，落儿岭村现在有三大林场，一个是长远寨林场、一个是六安寨林场，还有一个是街道的林场，哪棵树 20 多年都没有砍伐过，这些山场那都是上千万的资产，我刚才说过不是我的贡献，这个将来有社会评价，我们干一点工作，这是党培养我的，我应该做的，人民赋予我的一个职责，我就要干好，干不好的话我就愧对落儿岭的人民。"山口经济"也是最近几年提出来的，以前是集体经济，改革开放以后，就市场化了，包括东风造纸厂股份制，也是在那时提出来的，1997 年。当时别人就不理解，为什么一个集体要搞股份制？在当时，我先讲人的思想观念在不断地变化，社会在进步，企业厂长开始时抽带嘴的佛子岭香烟就很满足了，后来呢，开始抽阿诗玛的，再后来抽红塔山的，现在呢，就要抽大中华的了，所以说人的观念是不断变化，社会在进步，变化也是正常的。但是你的企业还要吃大锅饭，国家的国有都要提出来，因为要全球经济一体化，你这个企业要适应社会，这样才有竞争力啊，你还认为这个东风造纸厂是两千落儿岭人民的，我当厂长时，让他们该花的花该吃的吃该玩的玩，我买进口轿车，

（只要）我自己不谋利益，都行。当时我提出的这个想法有很多人反对，现在反过来看还是要改革，我在 2002 年的时候就提出来了，我说要私有化，集体经济发展现在为什么要搞私有化呢？这个时候思想又要解放，为什么这个时候思想又要解放呢？不解放不行，当时搞股份制的时候把一个大锅饭变成一个小锅饭，现在这个社会在不断的发展，你不改怎么行啊，所以我们老百姓就要说，我们以前发展企业，现在企业要开始卖了，又不行了，但是观念为什么要解放，这个企业是你私有的不错，但企业是搬不走还是你落儿岭村的，你的就业还是你落儿岭人民的，占多数，这个是社会效应，财政收入还在霍山县，这不是一样的道理嘛，这个股份制有什么区别呢，即体制时候的管理人员就讲了你是股东我也是股东，我们都一样的，我浪费一点，有你的也有我的。但，私有制就不行了，你不按我的规章制度来办事，你就浪费了，我就按规章制度来处罚你，你不来干你就走人，效率更高企业更有生命力，不能因为有你的利益，我们的就任企业垮掉了，现在里面正在完善。五千块钱一股。最大的股东是原来的厂长，大概也就有几万块钱的股。现任的厂长原来也是我的下属，所以我一再支持他要改革，不改革没有出路，这是世界经济，我们国家的经济发展到一定时期一定程度上要求的，经济融入全球化以后，你必须这么做。

问：林业的效益怎么样？

答：林业有两个效益，林业也不是让它在各个山上长着，到一定的时期它有一个间伐和抚育的过程，就像落儿岭的几大林场，必须有个抚育的过程，也叫间伐，这样呢一个增加了收入，另一个有规划有计划地进行限制开发，对生态建设，保护水土流失有很大的帮助，对长江、淮河流域都有很大的帮助，我认为我们县在抓生态立县也好，抓生态建设也好，作为林业部门来讲不仅有一个贯彻和实施的过程，加强资源管理，更有一个就是维护生态平衡，维护它的发展。按照中央的要求，生态与社会、生态与自然、政治经济社会自然要融为一体，这才叫一个和谐的社会，建设社会主义新农村，还是建设和谐社会也好，它不是一个抽象的单调的，它是一个社会工程、系统工程，所谓的社会工程涉及的方方面面，政治、经济、文化事业、旅游事业、生态建设、生态保护，它就是一个生态的，人与自然相互平衡的，衡量的标准就是为人民服务。

问：纸厂的产值大概多少，你交手的时候？

答：当时我交给他们的产值有 8000 多万元，现在也还在 8000 多万元，这两年没有什么大的发展，加上整个工业有一个亿。这几年没有什么大的项目。

问：厂里的技术员也是你选的？

答：这些工程师来自各地，有河南、山东各地的，当时一个月给他七八百块钱，也就是来一次给他多少钱，有时候来了就住半个月，我们给他几百块钱，这是感情交流，一年也就花万把块钱，河南的窦工程师（窦君）我们一起的，他对我们很好，因为被我们的精神感动，现在去金寨了，原来是河南新乡市科委的，是负责国家轻工业部造纸的工程师。

问：怎么认识（那些技术员）呢？

答：我们跑北京，轻工业部找到他，别人介绍他，刚开始他是不愿意来的，后来我们一次两次三次，他是被我们的精神感动的。

问：出口多少？

答：我们造的纸后来就出口了，主要是出口加拿大、澳大利亚、新加坡，一年大概 2000 万元人民币左右（占总产值 1/5），在国际竞争上我们要追上去，所以就要改革，不然不能与世界接轨，原来我们是通过外贸出口，现在我们要搞私营出口，不然老是被人家剥削，私营出口有一个过程。当然这个申报有一个过程，他必须通过省，通过海关，要有人去抓这个事情，要有人去负责这个事情。

问：家庭结构怎么样是大家庭多还是小家庭多？

答：家庭一般都是四口之家，占总的 70%，这是主流。

问：打工的多不多？

答：落儿岭村在外面打工的很少，因为落儿岭镇是个工业重镇，除了城关镇，它是一个工业重镇。

问：落儿岭在全市范围内从工业化道路上占多少位？

答：落儿岭在全市经济贡献力上来说它是属第一的，人均收入属第二。六安市有一个三里岗村，裕安区的一个村，个体经济发展比较好，但从集体经济来说，他们不能跟我们比。

问：皖西第一村是什么时候？

答：1990 年的时候，（其他村）从税收、经济贡献率都不能跟我们比。

问：自然条件怎么样？

答：从自然经济条件来说，落儿岭在全市也不算是最好的，主要是由一个好班子，有一个好路子。让人民得到实惠。不管怎样喊什么口号，老百姓富了才是最根本的。

问：落儿岭的婚姻情况怎么样？

答：落儿岭的小伙子都好找媳妇，女孩子嫁出去的少，嫁进来的多，因为经济比较富裕，现在来说，落儿岭村的经济收入跟城关镇的差不多，像其他乡镇都没办法跟落儿岭的比，落儿岭的毛竹、茶叶、蚕桑都有，家里再养点猪、鸡，在 1995～1998 年的时候，人均收入都在 1000 元，一家要是有两个人在村里面企业里，一年就有两万收入，从住房或是穿着上来说都是非常好的。

问：业余文化生活怎么样？

答：业余文化生活也非常丰富，我当时在的时候，年年春节我们都搞山区特色的文化活动，舞龙、舞狮子、花鼓灯，这些道具我们都从武汉买来，有些是我们自家做的，我们的龙狮队到六安参加文艺表演获过二等奖，而且六安大型的企业开业都请我们的龙狮队去庆祝。还有一个是我在的时候，把企业的所有员工组织起来每年都搞文艺活动，像篮球比赛、跑步比赛、拔河比赛，这些小项目我们都来安排文艺生活。

问：作为农村家庭来说，生活没有问题了，重要的是教育，教育情况如何？

答：从教育方面来说，我们也是很关注的，从我当书记时开始，那个小学是老式的从前的小学，我当书记的第二年，给它全部推掉，重盖了教学楼，这个教学楼在现在看来很普通，当时在 1990 年看来，是霍山县独树一帜的。那是我从村里拿了 27 万盖了一个教学楼，而且每年六一儿童节的时候我都给学校慰问，而且我当时出台了一个政策，凡是考上一个大学的给 300 元钱奖金，考上一个大专的给 200 元，考上一个中专的给 100 元，重点大学的 500 元，现在可能增加了。这都是为了教育事业，包括我到全国政协的时候，我对全国的教育也非常关心，最有影响力的是 2004 年 3 月 8 号，在人民大会堂有个发言，这个世界都很关注的。谁来关注我们托起明天的太阳，人民大会堂 12 个政协都发言，我是其中一个，而且是掌声最多最热烈的一个，这个媒体大概炒作了一年，当时安徽广播电台做了深度的报道，而且去年（2007 年），在政协委员的帮助下，跟中国人民解放军信息工程学院要了几台电脑，送到我们这林业系统的扶贫村，给他们的学校，尽我们的微薄之力。

问：在县里对外交流怎么样？

答：在对外交流上，我们也做了很多，像昨天晚上，我们把全国政协委员，一个安徽黄梅戏的黄新德，一个是唱歌的陈蕾，这些人请来都是很难的，但为了两会观众我们都给他们请来了，要价都是很高的。我说我们是革命老区啊，都是多年的老朋友了，为了和谐社会，他们不一定就在乎钱，但是很累，他们不愿意到下面来演出，音响和各方面的配置搞得不好影响他们的形象。

问：税费改革怎么做的？

答：在税费改革方面，我们在安徽省做得很好，在六安市可能就我们一家，从我干的 1990 年开始一直到现在，所有的税费都是我们村里报，农民还不拿一分钱，还为农民搞服务，种子每年都是我从合肥种子公司进来，我要是买来 2.5 元一公斤，我就原班原马卖给老百姓 2.5 元，车费和其他的钱都算我的，我记得还有种子公司人举报我，还有一个农业执法队到我那去，要我罚款，我跟他说如果这个我是为了赢利，那是我老文做错了，我是为农民搞服务，贴本搞服务，为农民减轻负担，结果他们告到县里面去了，说我不睬他，结果他也没搞赢。我们不仅在种子上搞服务，还在病虫害上面搞服务，我们专门成立了一个病虫害防治的人员，只要你老百姓的稻子生病了，你要去买药也好，用我们的药也好，一分钱都不加，我们都给你帮助，这个人员工资都是我的。还有打稻的柴油机，都是我村里的，两个村民组和用一个，这都是为了农民，减轻农民的负担。包括农田水利，柏油路，当时柏油路全县都没有的，20 世纪 90 年代都是没有的，当时省里领导都把我当成一个亮点，包括村庄建设，那时候不叫新农村建设，叫现农村代化建设，农业现代化，农村工业化，农村城市化，我走之前，在 2001 年，我还修了一座水泥桥，包括所有的水泥、钢筋都是我们村里多方面争取资金，不要老百姓一分钱的。

问：村里的贫富差距可有变化？

答：我当时主要是集体经济，要富一起富，消除收入差距，收入差距比较小，当时我们的企业招工，第一为了企业的发展，我们要文化，通过考试，文凭要初中以上的，因为有些人的思想是我的小孩到你的企业去了，只要会赚钱就好了，所以我当时就要求要初中毕业以上的，另外我要拎出来 2～3 工人名额，因为要照顾到贫困户，家里条件确实比较困难的，家里确实没有钱读书的，这就要讲到共同富裕了。在当时市场经济的情况下，我们还要考虑到弱势群体，你只有帮他发展生产，劳动就业，所以现在扶贫就要搞开发式扶贫，生产性扶贫，不能搞救济式扶贫，比如给你一件棉袄你穿了就没有了，给你一袋大米你吃了就没有了，但是我帮你扶持一个项目，让你发展生产，形成的效益是源源不断的。所以我在 2002～2004 年，我在落儿岭镇党委书记当人大常委会主任的时候，我就提出一个以工业的名义发展农业，当时我扶持的一个小庵里村一个姓方的，传说李世民妹妹李世云在此削发为尼。他搞养殖，主要是养牛和养羊，当时发展的时候就有困难，我就通过扶贫办，我说这个人很能干活，给他搞了一笔扶持基金，然后他就买了几头牛和公山羊，但是他们夫妻两个就忙不过来，所以他就请人，我就跟他说你这个请人不能光请，要让他干活，看他能不能干，搞得好又快，你才能请他。比如说，你请一个人可以先给他一头牛，几只羊（饲养），养一段时间以后，然后过一头牛，过一头羊值多少钱，评估出来多少钱，在给他多少钱。看这个人能否把牛和羊养得好。再决定要不要帮他留下来，他用了我这个方法结果搞的挺好的，以后发展 30 多头牛，100 多只羊。所以关键不管是搞工业还是农业都要用脑子。发展一个项目，比救济要好得多。

我讲一句实在的话，虽然现在落儿岭虽然做了不少工作。发展的还不错，但从经济大户来说，落儿岭还不多，与其他乡镇比还有一定的距离，为什么呢？就是因为集体经济这一块他有一个小富即安的思想，他缺少一个钻劲，他们认为在这个企业里一个月有那点钱也就够了，出去打工又累，办个项目又有风险。叫小富即安。也有比较好了，就是以前给我们东风造纸厂提供原料的，1997 年以后，出去收废纸的都成了上百万富人了，有的出去了也干的很好，这个也不能说没有。但相对来说，稳定的工作环境，出去的少得很。落儿岭的贫富差距很小，我认为落儿岭村的 10 万户的人家都是很正常了，占 70%，10 万指存款，不包括房子。农村盖房子全都是 3 万 ~ 5 万元，就能盖一幢楼了。这里的特色就是共同富裕，工业富村，共同富裕。我相信改制以后，在今后落儿岭村会突破的，这是个必然的趋势，也符合企业现在的面貌，落儿岭村的先有经济体制要改革，不改革就不能进步，关键是看你是否发展了，进步了，老百姓是否富裕了，用什么来衡量，衡量就是要发展。

问：村里的计划生育工作顺利吗？

答：现在农村计划生育也没有问题了。我上任的第二天，就遇到一个计划生育的难缠户，她生了两胎，没有儿子，当时陈庆详是农业支部书记。那个人就跟你胡搅蛮缠，上午我没有理她，下午她还来，我就跟她说，计划生育这个是国家的政策，你生三个也好，四个也好，对我没影响啊，又不要我抚养，但这是社会的政策啊，你说你困难，你有两个孩子再添一个不是更困难吗，男孩女孩不都一样，我不也是两个女孩子。她说你不一样啊，你是干部。我们最困难的时候，一家一怀孕我们就找不到他了，我们不能扒房子，有时候我们就用别的方法去解决，有时候是吓吓他们，不然问题得不到解决。

当时我在的时候有一个合作医疗，当时在全县来说都是比较好的，在我之前，一直就有医生。后来由于医疗垄断，乡镇卫生院还不如我们村里头的，乡镇卫生院老是吃不到饭了，老是去告状，不给我们搞，要不是那样，现在老百姓的医疗条件还是不错的，不像现在还在创办。

问：给我们留个联系方式吧，我们也好再联络您。

答：好的。

四

访问对象：陈庆泉（落儿岭村第四任书记、现任书记）

访问时间： 2007 年 1 月 25 日上午 9：00 ~ 11：00

访谈地点： 陈庆泉书记家中

访问员： 王开玉　宋蓓　孙峻山　吴丹

问： 请你谈一谈我们村发展的重要情况，重要阶段。

答： 我 1980 年进村班子，搞会计和文书工作；当时农业大部分已经承包了，工业户因无时间种田，田地也转包给了农民。1990 年我当村主任，兼任农业支部书记；企业支部书记是你们采访过的苏启贵书记；1991 年时的总支书记是文家庭（后任林业局局长，全国政协委员）；当时农业都被承包，转包了。

我当党总支书记是在 2003 年。1980 年前后村里经济还不行，起步是在 1986 年以后。真正加快速度干起来已是 1990 ~ 1995 年、1996 年的事了。当时国家对这一块的政策好，国家对农村企业贷款政策好，贷款容易。当时东风造纸厂（现在的东风纸业有限公司）从农行贷了 2600 万元，工行贷了将近 600 万元。那时的发展只能算是一线、二线的，后来才发展到了三线、四线、五线。产量原来还不到 1 万吨，现在已经有 5 万吨了（老厂年产 3 万吨，另有下设的方圆公司年产 2 万吨），两企业年上缴国家税额达四五百万元。纸厂 90% 属于村里所有。村里还有水电站，1991 年投入运行，当时投入的 80 万也是从农行贷的，进行水力发电；铸造厂铸造加工机械的模型、机器零部件、翻砂，一般的初步加工，年产值 100 万，产品销往合肥等地，销路还不错；竹业加工厂 4 ~ 5 个，属竹木深加工，生产竹席、竹椅、竹床、竹胶板、竹筷等，年产值 200 万（元）；拉丝厂生产的是纸箱厂装订纸箱用的钉子，属个体经营；村里 1994 年投入 22 万（元），办了个加油站，用的是中国石化的油，年上缴村里 2 万（元），主要是为了解决就业问题。总的算起来，工业年收入在 80 年代是 4000 万（元）左右，90 年代已达到上亿了，1996 年高峰时能达到 1.4 个亿；目前全村工农业年总产值 1.8 个亿〔工业 1.6 亿（元）、农业 2000 万（元）〕，工业占 85% 以上，农业占到 15% 。

现在，企业中纸厂最大，目前还是村里的，但是正在改革之中，准备朝私营方向发展，想采取改制的办法甩掉国家 3600 多万（元）的债务，以便轻装上阵。目前农行的 2600 多万（元）已经解决了。想采取私人承包的形式进行改革，但集体资产这一块还要保留。因为集体还有几百万的投资不能丢掉，上缴村里还要确保，村里的经费一年要一二十万（元）。彩印厂已经由个体承包了，目前，我们没有要求他上缴，主要考虑的是就业。

县委束学龙书记说我们搞的是"山口经济"，因为以我们这儿为界，经济搞得都很红火。往里就是大山区了。为什么要搞山口经济，因为我们人均只有四分田，不够养家糊口。农村必须要走工业的路子，不搞就是死路一条。还有就是我们用的是三线厂。三线厂建房面积有 180 多亩，留下 80 多亩。我们每年给镇里上千元使用费。这里农民觉悟高，三线厂保护的好，不像有的地方三线厂破坏的厉害，我们搞工业，水、电、厂房全都用上了。

纸厂污染是从 90 年代开始治理的，当时用的是土办法，就是把污水用池子蓄起来，让污水渐渐地自然变清，然后排放河里去。后来正规起来，建了污水处理工程，2005 年 4 月动工，年底竣工，利用国家国债总投资 380万。现在是不达标不给排放，处理过的水仍然排到河里，但不能饮用。国家、省里经常来人检查，他们有卫星定测仪，从省里就能检查到排污情况。造纸用的纸浆原来用的是收来的茅草杆子、松树等，后来用的是进口原料，但成本高。

80 年代起工业就占到大部分。全村田亩不到 800 亩，人均不到 3 分地，养不活人，所以必须要走工业发展的道路。现在是以工业为主，带动其他产业。这两年村里出现了个人办企业的现象，他们办的主要是预制厂、竹编厂、拉丝厂。村里农民范良文在霍山办纸箱厂、彩印厂（文达纸品厂）。

目前，我们的村办工业在全霍山是最好的，在全六安差不多也是最好的。温总理是 1995 年 9 月 18 日下午来的，那时他是分管农业的副总理。当时我在村里，不知道他来了。他来的时候有县里、乡里的领导陪同，直接进了村民储召家的家。他问问村里有多少人口；山上有多少茶园，山场；老百姓的生活情况；问了老百姓的饮水问题、小孩上学情况、农民生活问题；问他家几口人，是否在企业上班，生活怎么样；当时村里的温饱问题已经解决了，储家就夫妻两个带一个小孩，两口子都在企业上班，家庭条件不错，温总理问他们小孩上学怎么打算，他说只要能念得上，一定培养孩子上大学；

问到计划生育问题时他说就生这一个，不再要孩子了，温总理说这样的想法是对的；还问农村是不是一定要生个儿子，他回答说不一定。喝茶时，温总理说村里的水很好。他在这里就呆了一两个小时就离开了。当时的文书记向他汇报了村里的人口、组织等情况。温总理说抓工业的同时也要抓治污，还提到山区的林业、防洪、水土流失等问题，要求不能出现乱开荒。

目前我们办工业遇到的最大难题仍然是资金问题，现在银行贷不到款，原来办工业有政策保护，可以贷到款。现在只有个人能贷到款，村里的中层干部每家每户都用家产、房产作抵押贷款。以后想再办企业就难了，当时我们是抓住了机遇。

在抓工业的同时，我们还修建乡村道路，16 个村民组村村通公路，由老百姓出工和村里出资修的，村里投了 26 万。2000 年以后，我们还修了 3 座大桥，投资 35 万，资金来源主要是村里出大头，老百姓出小头。修路、建桥受到了老百姓的欢迎。

我们在教育方面也加大了投入，村里的两女户和困难户小孩上学都是免费的。另外，考上大学本科的孩子村里也有奖励，500 元/人，现在正在就读的大学生有 20 多人，已经毕业工作的十几人。全村共有 3016 人，大学升学率达 1% 以上。全村年轻人文化程度基本上达到高中毕业。

纸厂的技术人员基本上都是村里人，厂里对他们进行技术和专业培训，派他们去广东的大学、东北黑龙江佳木斯市的大型造纸厂、北京等地学习。厂长和技术人员都要去，一般学习两到三年。也有从山东潍坊请来的技术人员，从 80 年代就开始请了；基本上年年都请，要上新项目，技术要过硬，乡村人才毕竟是有限的。污水处理也都要请高级工程师来指导。企业里中层干部都有文凭，会计有上岗证。厂里有职工学校，主要进行安全生产、技术培训等教育。

企业人员的工资收入比农户要高出 30% 以上；农业现在主要是农田、竹、木、茶、药材（主要有杜仲、天麻、百合、茯苓等）、果木等。漫水河租我们村里约 20 亩的地种百合，百合主要销往上海，那里做红白喜事都要用百合做菜招待客人。

随着农村经济环境的发展，农民逐渐意识到自然环境和生活环境都要优美，现在农村的卫生间都修建得很好。全村共有七八百户人家，基本上达90%以上都通电话，联系很方便；电脑也已经开始进入农家，在家就可以上网，目前村里有一二十户。当然，目前这些人都是搞企业的，因为上网一年要一千多元钱，一般的农户还是承担不起的。

我们村出了两个老红军，一个全国政协委员；妇女儿童组织、文化教育、卫生医疗组织健全。现在农业户每人每年上交 10 元钱，中央财政和省财政各下拨 20 元/人，这样实际上每人每年有 50 元，得了大病最高可以报销 10000 元。落到实处，专款专用，医疗费用每季度都要公布。目前实行的是个人先垫付、后报销的办法，报销需要审批，这些都是党和国家造福老百姓的措施，初步解决了农村看病难。

我认为农村要发展，需要解决以下五个方面的问题。

第一，教育问题是农村的头等大问题，特别是孩子的娇生惯养的问题。现在的孩子没有自立、奋斗的精神，从小娇生惯养，容易被一些不三不四的人拉下水。现在的孩子有缺点还不让人说他。要加强对未成年人的教育。本村犯罪的不多，也有因无钱抽烟、上网而去盗窃的例子。一般来说，贫困家庭的孩子有奋斗精神，因为他要想改变环境就只有努力。我侄子家很穷，他就刻苦学习，考上合工大，在大学还得奖学金。

第二，必须做好农村水利工作，这是农民的切身问题。我们每年投入 6~8 万元搞水利建设。去年我们这里情况特殊，水毁严重，投了将近 16 万（元），光挖掘机就干了近一个月。村干部要老老实实、实事求是地为老百姓干事才有威信。老百姓很关心水利问题，自然灾害发生时，干部要随时出现在现场，不能出现死伤，我们村山洪到现在还没有死人。

第三，关于乡村道路修建要加大投入力度。我们已修加油站的水泥路，国家给一部分，老百姓本来每人出 300 元，但我让私人老板们赞助，一个给了 3 万（元），其他的也都赞助一些，减轻老百姓的负担，所以老百姓就不用出那么多钱。我们要使村村都通水泥路，山青水秀，路是通的，将来还要搞绿化，这些都是村里的规划，我们有规划图。落儿岭村是安徽省千村百镇示范村，关于新农村建设，村里还要进一步开会讨论。

第四，要围绕和谐社会做文章，从农村的遗风遗俗抓起。尽管物质生活好了，要好提倡节约；社会治安要从头抓，从小学生抓起。目前治安情况很好，社会安定，老百姓通情达理，方方面面的工作他们都很配合。要发展，没有稳定的环境是不行的。另外，我们每年春节都要对村里的特困户和老干部进行慰问，带点钱和物品，由村干部直接送下乡去，干部要和老百姓心连心，不能高高在上。村里真正的困难户只占5%。

第五，工业发展不能滑坡，要直线上升。纸厂虽然是村里的，但竞争是全国的，市场是世界的。生产的纸制品销往韩国、澳大利亚、新加坡等国。

村里暂时未建文化站，目前还没有书店，等将来有条件了打算办，已经在五年计划内了。将来村里要建文化站、体育场、停车场、菜市场，要跟上形势。农民目前想得最多的一是改变自身的生存环境；二是希望孩子成人，都有望子成龙之心，都希望孩子考上大学，两者相比，后者更为重要。

我儿子高中毕业后去当兵了，女儿在安庆师范学院读大四。我也打算从书记的位置上退下来了，接班人也培养得差不多了，就是现在的文书。

我们现在的农村工作方法也改变了，以前是四个工作组下乡，现在都是通知老百姓来村里办事。我们实行干部管理制度，一天8小时工作制。村里有三个干部：文书储晓军、妇女主任储朝霞和我本人（陈庆泉）；五个党委委员，除我们三个村干部外还有两个在企业，一个是东风纸厂的董事长肖峰，另一个是电站的法人代表姜典松，他们拿企业工资。村干部拿村委会工资，工资实行考核制度，分工明确、各干各事，工作干得好得满分才能发全工资。我评他俩，他俩评我。我负责考核，我本人以身作则。

五

访问对象： 储晓军（落儿岭村文书、2008年3月当选为村委会主任）

访问时间： 2007年10月11日下午　2:00~5:00

　　　　　　2008年4月29日上午　9:00~11:00

访谈地点： 村委会办公室

访问员： 吴丹　余勤琴

问： 你好，首先非常感谢对我们调研的积极配合。你是这个村村委会的文书，也是村支书培养的接班人，你能谈谈村委会的工作开展情况吗？

答： 好的，我们村位于霍山县城西 15 公里，全村面积 10.5 平方公里，辖 16 个自然村民组和 1 个街道社区，2006 年共有 826 户，3016 人。2005 年 7 月成立村党委，下设 5 个党支部，党员 102 名。近几年来，我村始终坚持把村务公开民主管理贯穿于村民自治全过程，创新实施了村级财务预算、村级重大事项实行村民代表议事制度和村干部决策责任追究制度等，切实维护了广大农民群众对村务管理的知情权、决策权、参与权和监督权，有力地推进了基层民主政治建设，使得我村的党员、群众、干部相互之间的关系更加密切，有力促进了经济发展和社会稳定。2005 年 6 月被中国社会工作协会乡镇工业委员会授予"全国小康建设明星示范村"、安徽省授予"社会主义新农村建设示范村"和"民主法治示范村"等光荣称号，在 2005 年度社会治安综合治理评比中获得一等奖。

从村委会自身发展来看，首先就是健全制度、规范公开。

自 1999 年以来，我村就已经实行村务公开民主管理制度，设立起了村务公开栏，制订了村务公开、财务公开制度，并成立了村务公开和民主理财小组，村中所有的财务和事务对群众进行公开。做到及时、完整，数字清楚并逐笔公示。2004 年我村在县委、县政府的换届选举工作布置下进行了村两委换届。在选举中我村召开群众大会，充分发扬民主，由群众自己组织提名，通过"两推一选"和村委直选群众选举出了满意的两委班子领导。做到了充分发扬民主、群众选举村干的良好氛围。新的班子成立之后及时组织班子成员广泛听取群众意见，及时召开党员、村民代表会议，充分健全村务公开制度。一是明确村务公开的内容，每季公开一次，在规定公开的内容外，根据村实际及时调整公开的内容。村中重大的事项以及农民非常关注的问题做到及时认真公开。二是规范公开的形式、时间和基本程序。在形式上除了在固定的公开栏上实行公开外，还根据本村的实际，利用村民会议或小组会议上等形式公开。在时间上，定期公开和不定期公开相结合。一般至少每个季度公开一次，涉及重大问题或群众关心的其他问题要及时公开。（如 2004 年的换届选举、2005 年的"9.2"洪灾中包括的上级单位拨款和集体资金支出、2006 年村村通工程和村干垫税、村办集体企业改制情况等。）在程序上，先由村会计整理会计原始发票登记后交民主理财小组审核签字盖章，对审核无意见的发票再经村主要负责人审批入账进行公示。三是健全村务公开监督小组，对村务公开工作进行监督。群众对公布的内容有疑问的，可以向监督小组或村委会工作人员进行质问。（在 2005 年"9.2"洪灾中，村公示的第 4 期村务公开中，党员朱井生同志对财务公开中的一笔上级拨款 4 万余元没弄清楚，经过村会计人员耐心的解释才得以明白，这个事例说明了群众对村务公开的认真态度和监督力度。）经过完善了一系列制度后，使村务公开工作增加了透明度，由少数人的监督变成了多数人的监督，做到村里的事由村民做主，从根本上解决了群众反响强烈的热点、疑点和难点问题，让村民从村务公开中理解村干部，支持村干部。

第二，就是产前预算，合理开支。

在村务公开工作中，村级财务公开无外乎是村务公开的热点和难点。为使村级财务真正向群众公开，全面向群众公开。我村拟订了《落儿岭村财务审批制度》，并对各下级工作委员会制定了具体的费用计划，并提交到每年年初村民代表大会上讨论，做到定项支出，减少集体资金的最小开支，并将年度预算公布在村务公开栏上。对公益事业项目先召开党员大会、村民代表大会、村两委联席会议进行讨论，在获得会议半数以上通过后编入预算，然后上报镇党委、政府审批，经村民代表会议通过后公布执行。（如胡家冲大桥及环城路大桥建设、村村通水泥路工程等）在编制年度预案时，要先将编制的预案公布在村务公开栏上。在年终决算中，由村民理财小组对全年的财务支出进行审核汇总后，提交村民代表会议审查通过。同时村"两委"对超支部分一一作出原因分析，并向村民代表会议报告，接受村民代表质询和审议。改正工作中存在的不足，自觉接受监督。（2003 年税改之前，村民代表提出"农民税收征缴"的议案，认为应减少村民的税收上缴。村两委根据村级经济能力通过会议讨论后认为这个议案是关系到全村人民的根本利益，群众有要求，村委就应该解决。于是每年拿出近 10 万元资金垫付一部分群众的五项统筹费用和奖励税收完成户。）我村自实行村级财务预决算管理三年以来，平均每年村财务开支节约近 5 万元，村招待费从原来的每年 2 万多元降至 1 万元以下，车旅费由原来的每年 1 万余元降到现在的 5 千元。各项支出均出现了良好的趋势，从而消除了群众对前几年村级账务的疑虑和误解，换届后的村干部也得到了村民的一致拥护。全村上下齐心协力谋发展，村集体经济收入得到了良好的发展。2004 年人均纯收入由 2004 年 3200 元上升到 2005 年 3500 元。农民生产生活条件进一步提高，60% 的农户住上砖混结构的楼房，20% 的农户实行社会主义新农村建设沼气池项目，对家庭的厕所，圈舍进行了改造，提高了生活的环境，80% 的农户用上了自来水，70% 的农户安装了闭路电视，90% 的农户安装了固定电话或移动电话，20% 的家庭安装了互联网。

第三，就是求实务真、不断创新。

我们将进一步完善民主管理、决策责任追究、监督机制，集思广益，更好地拓宽群众参政议政的渠道，使我村村务公开、民主监督由虚向实，由重形式向重内容转变。一是实行村民大会和村级代表议事制度。由村民代表对涉及村民自身利益密切相关的事项，向村民委员会提出建议，村委会对村民代表提出的议案进行答复。对合理的议案提交村"两委"联席会议讨论，形成可行性方案后提交村民代表大会讨论通过，不搞村党委、村委会说了算。（如在 2006 年村办集体企业改制中，村"两委"考虑到村办集体企业和职工利益不受损失，把改制中所涉及的有关事宜提交到村民代表大会讨论，经过村民代表两次大会反复讨论，形成了上报材料共同解决的方式，从而使企业改制不受影响，村级和职工利益受到保护、社会治安达到稳定的发展趋势。）由于事先征求群众意见，各个环节公开民主，群众较为满意。村民代表会议制度的实行，实现了权力下移，还权于民，由过去一个人或少数人说了算变成了群众参与，集体决策，保证了村民的权利，调动了民主管理积极性，村民对村的建设和管理提出了很多合理化建议，解决了一批群众反映强烈的热点问题。近几来年全村共投资近 120 万元铺设 4 条村级水泥路及柏油路和 2 座村民组主干大桥以及水利冬修建设项目，投资近 10 万元安装了村民用电线路改造，在 1992 年的洪灾中投入近 20 万元资金用于良田恢复、护坝整修和村组道路改建，投资源近 10 万元安装了大桥、营盘、西街村民组自来水工程和街道路灯建设，同时还投入近 2 万元加大了村微机室（电脑）、计划生育服务室（药具、广播）、办公的硬件投入。另外还加大"平安村"创建力度，加大社会治安综合整治力度，组建了村治安联防队和应急分队，起到了决定性的作用（如2006年11月8日安排村应急分队成员29人前往金寨县天堂寨救火；1992年的洪灾中应急分队成员组队护桥等。）有效地减少了偷、盗、抢现象，增加了群众的安全感，社会治安秩序明显好转，促进了村风民风的好转。二是进一步完善监督机制，强化群众监督。首先村民代表大会和村务公开监督小组，理财小组对村集体资产和财务管理实行监督，每年年初要将监督情况向群众公布、接受群众的监督。其次开展对村干部的民主评议，每年开展一次，评议结果与干部的奖惩挂钩。再次是建立激励机制、包组责任制，与工资相挂钩。对为村经济建设作出贡献的干部给予奖励。（如计生主任储召霞同志在近两年的工作实绩中表现突出，被选为县人大代表，年年被评为优秀村干部。）同时建立责任追究制度，对村干部的工作实行任期考核和离任审计。对不履行岗位职责、不做组织分配工作、班子内部不团结、生活作风不检点、失职造成决策失误致使集体利益受到重大损失或安全事故等情况的村干部要追究责任。

问：前几任书记详细地介绍了落儿岭村生产发展的情况，在我们课题组的多次探访中，我们也观察到你们村的居民住房都很现代化了，你能为我们介绍一下落儿岭村生产发展和民居沿革的情况吗？

答：好的。在60年代，我们村村民生产和居住非常稳定，人口没有流动，住房继承家庭（家族）老宅，新建房屋围绕老宅基为少量"成家"人口扩建房屋。组合形式以家族四合院（或类似的因地制宜—主要是适应坡地的建筑群）为主，建筑式样以徽派建筑（或模仿）为主要特点，有的房屋以木框架作为承重，利于抗震，墙体作为围护分隔。新建了一定数量的为群众服务的公共建筑，如公社，供销店等。60年代末开始人口出现不正常流动，流动定居落户人口新建的房屋以土墙草顶为主，其他有少量使用竹木结构的简易房屋。此时，民居一般不使用砖瓦。

到了80年代生产恢复，居民停止流动，由于三个原因：第一，历史房屋年久失修，需要改善居住条件；第二，家庭关系取代家族关系成为居住的主要形式，从而择地新建；第三，为70年代出生人口增加住房，所以出现了新建房屋的第一次高潮，新建住宅受新中国成立后出现的精简的公用建筑影响，不再沿用历史形式，窑制红砖（尺寸沿用至今）逐步取代青砖、土坯砖、土打墙，大（楞）灰瓦取代小瓦、竹草，房屋结构简单、美观、实用，以三间独居为主，单间尺寸一般为3.6米×7.2米。中间一间为"堂屋"，是来人接待（客厅）和吃饭的地方（餐厅），此间前沿墙有后退约1米的，作为"门厅"，后墙不开门窗，悬挂中堂（匾、字、画）。人均居住面积约15平方米，家庭主要使用电力照明。

90年代以后，生产效率不断提高，第一次工业高潮开始，家庭收入显著增加，外出"打工"也逐步流行，民居和其他建筑一样取得革命性的变化，特别是各类新型建筑材料，主要特点有二：一是建筑水泥普遍使用；二是建筑再次向空中发展，出现2层楼房，琉璃瓦开始取代大楞灰瓦，瓷砖开始流行，但建筑式样没有显著变化。住宅内农具和锅灶的最后痕迹彻底消失。人均居住面积约20平方米。村镇规划工作在落儿岭村逐步实施、推进。

21世纪以来落儿岭村新建房屋全部按照村庄规划建设，从分散恢复到相对集中，建筑式样以2间2层别墅式楼房为主要形式，室内功能非常齐全，自来水、太阳能、有线电视普遍采用，宽带网络进入家庭。人均居住面积约25平方米。

至此，安全、卫生、方便、美观、节能、环保成为落儿岭村新建房屋的发展方向，小康型的农村民居在落儿岭村正式形成。

访问员手记：当我们2008年3月再来调研的时候，村文书储晓军已经在全村海选中当选为村委会主任。在调研的过程中，储晓军同志给我们提供了重要的村委会资料和相关数据。

参 考 文 献

费孝通:《江村经济——中国农民的生活》,商务印书馆,2001。

费孝通、张之毅:《云南三村》,社会科学文献出版社,2006。

费孝通:《乡土中国》,生活·读书·新知三联书店,1985。

陆学艺:《"三农论":当代中国农业、农村、农民研究》,社会科学文献出版社,2002。

陆学艺主编《当代中国社会阶层研究报告》,社会科学文献出版社,2002。

陆学艺主编《内发的村庄》,社会科学文献出版社,2001。

陆学艺主编《当代中国社会结构研究报告》,社会科学文献出版社,2002。

王开玉主编《社会学家谈发展热点》,合肥工业大学出版社,2003。

王开玉主编《中国中部地区城市社会结构变迁——合肥市社会阶层分析》,社会科学文献出版社,2004。

李守经主编《农村社会学》,高等教育出版社,2000。

王开玉主编《中国中等收入者研究》,社会科学文献出版社,2005。

霍山地方志编纂委员会编《霍山县志》,黄山书社,1993。

六安地区地方志编纂委员会编《六安地区志》,黄山书社,1997。

后　记

　　"百村经济社会调查"是国家社科基金"九五"重点项目（批文为98ASH001号），后经国家社科基金会同意，又延续为国家社科基金"十五"重点项目，同时被列为"十五"国家重点图书出版规划项目。《大别山口的美丽家园》一书是"中国百村经济社会调查——落儿岭村经济社会调查"课题的研究成果。

　　2006年3月，在陆学艺先生的指导下，总课题组确定本项目由安徽省社会科学院王开玉研究员主持并负责完成，安徽省社会科学院和中共霍山县委、县政府组成调查组，由霍山县委书记束学龙和王开玉研究员担任组长，由郑保华、方金友担任副组长。在历时两年半的时间里，调查组对安徽省霍山县落儿岭镇落儿岭村的经济社会状况进行了全面的、系统的调查。调查组成立后，霍山县委宣传部成立专门办公室，负责调查的协调工作。在前期调研中，调查组抽调来自县直20多部门的徐业斌、胡道明、储召阳、刘宝、纪敏之、李明、李名传、郑国奋、程圣国、朱如林、葛巍、吴正贵、柯永升、张永莉、李学平、杨奉成、汪德国、杨发勇、周基楼、朱德良、陶有志、董峰、张新明、项学文、吕刚、罗会付、黄诚等同志参加调研，他们都结合自身的工作领域写出了很有质量的调研报告，为本书的写作打下了坚实的基础。同时，为了做好问卷调查，调查组从霍山县高级职业中学幼师班调集60名中专生参加了培训，束学龙书记、郑保华部长、王开玉研究员、方金友主任、宋文娟硕士都担任了培训老师。培训结束后，在入户调查过程中，安徽省社科院办公室副主任孙峻山先生，霍山县高级职业中学幼师班班主任董文老师，安徽大学新闻学院周春霞副教授、博士，安徽大学中文系王方霞硕士等参与了调查和指导工作。

　　本书的课题设计和写作框架由王开玉研究员承担，书稿完成后，由王开玉、方金友、周艳、吴丹统稿。在写作过程中，得到了安徽师范大学社会学院副院长方青博士的指导和帮助。在本课题立项过程中，得到了安徽省社会科学院社会学所副所长胡必成、邢军、吴树新的帮助。在调研过程中，得到了霍山县落儿岭镇朱健书记、怀庆珍副镇长以及落儿岭村陈庆泉书记的大力支持。霍山县委办公室纪昌国同志、落儿岭村村主任储晓军同志提供了大量资料。在本书编辑出版的过程中，得到了社科文献出版社社长谢寿光的大力指导、支持和帮助，同时，中国百村经济社会调查总课题组、中国社会科学院社会学所马福伦先生对本书的出版也给予了积极的关注和帮助。社会科学文献出版社皮书出版中心邓泳红主任、丁凡、郑嬿编辑付出了艰辛的劳动。在此，一并表示感谢！

　　本书涉及的大量统计数据和图表，由于来源、口径不同，可能出现不尽一致的情况。由于受作者水平所限，书中难免有不当之处，希望得到读者的批评与指正。

　　此书成稿之时，惊闻四川汶川发生特大地震，灾区的家园遭到毁灭性破坏，数以万计无辜生命的逝去成为中华民族永久的伤痛。但灾难压不垮中国人民，中华民族万众一心、达成共识、共克时艰的精神感动了世界。我们必将重建家园，使家园更加美丽。

2008 年 6 月

社会科学文献出版社网站

www.ssap.com.cn

1. 查询最新图书　　2. 分类查询各学科图书
3. 查询新闻发布会、学术研讨会的相关消息
4. 注册会员，网上购书

　　本社网站是一个交流的平台，"读者俱乐部"、"书评书摘"、"论坛"、"在线咨询"等为广大读者、媒体、经销商、作者提供了最充分的交流空间。

　　"读者俱乐部"实行会员制管理，不同级别会员享受不同的购书优惠（最低7.5折），会员购书同时还享受积分赠送、购书免邮费等待遇。"读者俱乐部"将不定期从注册的会员或者反馈信息的读者中抽出一部分幸运读者，免费赠送我社出版的新书或者光盘数据库等产品。

　　"在线商城"的商品覆盖图书、软件、数据库、点卡等多种形式，为读者提供最权威、最全面的产品出版资讯。商城将不定期推出部分特惠产品。

咨询 / 邮购电话：010-65285539　　邮箱：duzhe@ssap.cn

网站支持（销售）联系电话：010-65269967　　QQ：168316188　　邮箱：service@ssap.cn

邮购地址：北京市东城区先晓胡同 10 号　社科文献出版社市场部　邮编：100005

银行户名：社会科学文献出版社发行部　　开户银行：工商银行北京东四南支行　　账号：0200001009066109151

图书在版编目（CIP）数据

大别山口的美丽家园/王开玉,束学龙主编.—北京:社会科学文献
出版社,2008.8
（中国百村调查丛书·落儿岭村）
ISBN 978 - 7 - 5097 - 0267 - 3

Ⅰ.大...　Ⅱ.①王...②束...　Ⅲ.乡村 - 社会调查 - 霍山县
Ⅳ.D668

中国版本图书馆 CIP 数据核字（2008）第 097998 号

大别山口的美丽家园　·中国百村调查丛书·落儿岭村·

主　　编／王开玉　束学龙
副 主 编／郑保华　方金友

出 版 人／谢寿光
总 编 辑／邹东涛
出 版 者／社会科学文献出版社
地　　址／北京市东城区先晓胡同 10 号
邮政编码／100005
网　　址／http://www.ssap.com.cn
网站支持／（010）65269967
责任部门／皮书出版中心　（010）85117872
电子信箱／pishubu@ssap.cn
项目负责人／邓泳红
责任编辑／丁　凡　郑　嬿
责任校对／樊　志
责任印制／岳　阳

总 经 销／社会科学文献出版社发行部
　　　　　（010）65139961　65139963
经　　销／各地书店
读者服务／市场部　（010）65285539
整体设计／孙元明
排　　版／北京中文天地文化艺术有限公司
印　　刷／北京季蜂印刷有限公司

开　　本／787×1092 毫米　1/16
印　　张／19.25
插图印张／0.25
字　　数／273 千字
版　　次／2008 年 8 月第 1 版
印　　次／2008 年 8 月第 1 次印刷

书　　号／ISBN 978 - 7 - 5097 - 0267 - 3/D·0109
定　　价／45.00 元

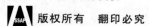